みぢかな刑法（総論）

内田文昭　編
山本輝之

不磨書房

はしがき

　本書は，刑法を，より「みぢか」なものにすることができるよう，いわゆる「刑法総論」といわれている部門について，その「しくみ」・「考え方」などの基本を平易に解説・論及したものです。法学部で，刑法を初めて学ぶ諸君にとってはもちろん，広く一般市民の方々にも一読を奨めたいと思います。刑事裁判に対する関心が，以前とは比較にならないほど高まっているのも，現実であるからです。諸種の「情報」に盛られる刑法上の「用語」・「理論」などについて，必要な知識・理解力を習得して，視野が広まることと思います。

　ところで，「刑法は難解でよくわからない」とか，「刑法は学説の対立が烈しすぎてついてゆけない」といった声をきくことがあります。

　たしかに，明治時代の難解な表現・漢字を多く取り入れた文章は，最近の人々には親しめないものがありました。辞書で調べても，簡単には検索できない言葉もありました。しかし，平成7年の改正で，大幅に平易になった筈です。また，学説の対立ですが，これは，それぞれの「説」を極端に対比させる傾向の所産にほかならないのではないかと思われます。「犯罪」とは，純粋に客観的な現象でもなければ，逆に，単なる主観的な態度でもありません。極端に抽象的・観念的な「対立」をもってしては解決できない筈なのです。

　さらに，「犯罪」は社会現象の一つです。社会現象は，自然現象と違って，なかなか割り切れない場合があります。裁判が，裁判官の多数意見と少数意見に分れるのも，やむをえないものがあるといわざるをえないでしょう。しかし，それはまた，国民全体の多数意見と少数意見に違いないと思われます。

　本書の執筆者は，いずれも，若手・中堅の刑法研究者で，各大学において，鋭意教育・研究に専念されております。刑法学の「対立点」や刑事裁判の「むずかしさ」についても，充分にわきまえた上で，みずからの学問的良心を傾注されています。必ず読者諸賢の興味・関心を喚起しこれを深めるものと信じます。改めて執筆担当の各位に深甚の謝意を表します。

　最後に，本書の作成に当たり，項目の選定や構成については，名古屋大学の

山本輝之教授に労をとっていただき，編集その他については不磨書房の稲葉文彦氏に多大の努力をいただいたことを記してお礼を申し上げます。

　　平成16年3月

　　　　　　　　　　　　　　　　　　　　　　　　　　内 田 文 昭

目次

はしがき

第1章 刑法の意義と役割 …………………………………… 2
  1 刑法とは何か　2
  2 刑法の役割は何か　5
  3 刑法学はどのような意味を持っているか　9
  4 刑法理論とは　13

第2章 刑法の約束事 ………………………………………… 17
  1 罪刑法定主義　17
  2 法益保護の原則　29
  3 責任主義　30

第3章 刑法の適用範囲 ……………………………………… 31
  1 刑法の適用とは　31
  2 時間的適用範囲　31
  3 場所的適用範囲　36
  4 人的適用範囲　42

第4章 犯罪の意義 …………………………………………… 45
  1 犯罪とは　45
  2 犯罪の本質とは　49
  3 犯罪の種類にはどのようなものがあるか　52
  4 犯罪論の体系とは　54

第5章 行為論 ………………………………………………… 58
  1 行為概念の役割とは　58

2　行為論にはどのようなものがあるか　　59

第6章　構成要件 ……………………………………66
　　1　構成要件とは　　66
　　2　構成要件の役割とは　　69
　　3　構成要件の内容はどのようなものか　　71

第7章　因果関係 ……………………………………80
　　1　因果関係とは　　80
　　2　因果関係論の現状は　　83
　　3　条件関係とは　　86
　　4　相当因果関係説とは　　94

第8章　不作為犯 ……………………………………103
　　1　不作為犯とは　　103
　　2　不真正不作為犯とは　　104

第9章　違法性 ………………………………………115
　　1　違法性とは何か　　115
　　2　違法阻却とは　　120
　　3　可罰的違法性とは　　123

第10章　違法性阻却事由 ……………………………130
　　1　法令行為・正当業務行為とは　　130
　　2　正当防衛とは　　137
　　3　緊急避難とは　　144
　　4　自救行為とは　　152
　　5　被害者の承諾とは　　153
　　6　安楽死・尊厳死とは　　156

目　次　vii

第11章　責　　任 …………………………………………………159
　1　責任とは　159
　2　責任能力とは　163
　3　原因において自由な行為とは　165
　4　故意とは　168
　5　錯誤とは　171
　6　過失とは　179

第12章　未　　遂 …………………………………………………183
　1　未遂とは　183
　2　未遂犯の処罰根拠は何か　187
　3　実効の着手とは　188
　4　不能犯　194
　5　中止犯とは　199

第13章　共犯論 ……………………………………………………204
　1　意　　義　204
　2　共犯の立法形式と正犯概念　204
　3　正犯と共犯との区別　205
　4　共犯の処罰根拠　206
　5　共犯の基礎理論　207
　6　共同正犯　209
　7　間接正犯　212
　8　教唆犯　212
　9　幇助犯　214
　10　共犯と身分　216
　11　共犯の中止と離脱　218
　12　共犯と錯誤　219

第14章　罪　数　論 ……………………………………………… 221
　1　罪数論の基礎知識　　221
　2　法　条　競　合　　222
　3　包　括　一　罪　　225
　4　科　刑　上　一　罪　　228
　5　併　合　罪　　230

第15章　刑　罰　論 ……………………………………………… 233
　1　刑　罰　と　は　　233
　2　刑罰の正当化根拠とは　　234
　3　刑罰の種類にはどのようなものがあるか　　235
　4　保安処分とは　　239
　5　保護処分とは　　243

事　項　索　引 …………………………………………………………245
判　例　索　引 …………………………………………………………253

【参考文献】（ゴチック体は，本文中の引用文献）

阿部純二・刑法総論（日本評論社　1997年）
板倉　宏・刑法総論（新訂版・勁草書房　1998年）
植松　正・刑法概論Ｉ（勁草書房　1974年）
内田文昭・刑法総論Ｉ（補正版・青林書院　1997年）
内田文昭・刑法概要上・中（青林書院　1995年，1999年）
大越義久・刑法総論（第2版・有斐閣　1996年）
大塚　仁・刑法概説〔総論〕（第3版・有斐閣　1997年）
大谷　實・新版刑法講義総論（成文堂　2000年）
香川達夫・刑法講義〔総論〕（第3版・成文堂　1995年）
川端　博・刑法総論講義（成文堂　1995年）
木村亀二・刑法総論（阿部純二増補・有斐閣　1978年）
木村光江・刑法（第2版・東京大学出版会　2002年）
斎藤信治・刑法総論（第3版・有斐閣　1999年）
佐伯千仭・刑法講義〔総論〕（4訂版・有斐閣　1999年）
佐久間修・刑法講義〔総論〕（成文堂　1997年）
曽根威彦・刑法総論（成文堂　2000年）
立石二六・刑法総論（成文堂　1999年）
団藤重光・刑法綱要総論（第3版・創文社　1990年）
内藤　謙・刑法講義総論（上），（中），（下）Ｉ，Ⅱ（有斐閣　1983年，1986年，1991年，2002年）
中　義勝・講述犯罪総論（有斐閣　1980年）
中野次雄・刑法総論概要（第3版補訂版・成文堂　1997年）
中山研一・刑法総論（成文堂　1982年）
西原春夫・刑法総論（1977年）（改訂版・上巻・成文堂　1991年）
野村　稔・刑法総論（補訂版・成文堂　1998年）
林　幹人・刑法総論（東京大学出版会　2000年）
平野龍一・**刑法の基礎**（東京大学出版会　1966年）
平野龍一・刑法総論Ｉ，Ⅱ（有斐閣　1972年，1975年）
平野龍一・刑法概説（東京大学出版会　1977年）
平場安治・刑法総論講義（有信堂高文社　1952年）
福田　平・全訂刑法総論（第3版・有斐閣　1996年）
藤木英雄・刑法講義総論（弘文堂　1975年）

堀内捷三・刑法総論（第2版・有斐閣　2004年）
前田雅英・刑法総論講義（第3版・東京大学出版会　1998年）
牧野英一・刑法総論上巻（全訂版），下巻（全訂版・有斐閣　1974年，1948年）
町野　朔・刑法総論講義案Ⅰ（第2版・信山社　1995年）
松宮孝明・刑法総論講義（第3版・成文堂　2004年）
山口　厚・刑法総論（有斐閣　2001年）
山中敬一・刑法総論Ⅰ，Ⅱ（成文堂　1999年）

みぢかな刑法（総論）

第1章 ■刑法の意義と役割

1 刑法とは何か

(1) 刑法とは、まず第1に、「犯罪と刑罰の関係を規定した法律」であるといってよいでしょう。憲法31条は、「法律の定める手続」によらなければ「刑罰」を科せられないと規定しており、直接的には「刑事訴訟法」による処罰を明言しておりますが、その前提としては、刑罰を定めた「法律」すなわち「刑法」が必要であることを予定しているといえます。「罪刑法定主義」(第2章1)とは、このことを指します。

しかし、刑法とは、さらに法律以外にも存在するといわなければなりません。「政令」による処罰(憲法73条3項)、「省令」・「命令」による処罰(国家行政組織法12条3項・13条2項)、地方公共団体の「条令」による処罰(地方自治法14条3項)が、「法律の委任」がある場合に限り、許されているからです(これらが刑法と呼ばれる根拠については、後にも述べます)。

したがって、刑法とは、犯罪と刑罰の関係を規定した「法令」であるといった方が、実体に即しているということになります。

現在、わが国では6,000を超える「法令」が施行されており、うち「法律」は1,700余りです。そのうち「刑罰」の規定をもっているものは800近くあり、大半が「法律」です。刑罰を規定した「法令」が刑法であるといっても、中心はやはり「法律」なのです。

(2) このように、わが国では、多数の刑法(令)が存在しますが、その基本は「刑法」(明治40年法律45号)です。これを「刑法典」と呼ぶのが一般です。「刑法典」は、施行以来、十数回の改正を受け、現在に及んでいます。なかでも、平成7年の「改正」で、従来の文語調の文体から口語調のそれに代ったこと、句読点が付けられて読みやすくなったことなどが注目に値します。ただ、

表現が平易になっただけではなくして，規定の意味が変わってしまったのではないかという疑問のあるものもあります（たとえば，61条や246条1項）。

　刑法典は，刑法の最も基本的な法律です。これ以外に特殊な事項に対処するために制定された多数の刑法があるわけです。刑法典の刑法を「普通刑法」・「基本刑法」と呼び，それ以外の刑法を「特別刑法」と呼ぶのが一般的です。

　刑法典の「総則」の原則は，他の特別刑法にも妥当するのが本則です（8条）。たとえば，刑法38条1項本文は，「罪を犯す意思のない行為は，罰しない」と宣言しています。これは，強い取締りの必要から特に制定された「特別刑法」の犯罪すら，「罪を犯す意思」すなわち「故意」がなければ処罰されないのが「原則」であることを明言したものなのです。もっとも，特別刑法でも，「過失」を処罰することは可能です。その旨を特に明定すればよいのです。刑法38条1項ただし書を読めばわかります。210条が，「過失により人を死亡させた」場合を，特に罰することを規定しているのを確認してください。特別刑法でも，「過失」による犯罪を処罰できるわけですが，その数はごく少なく，過失による「脱税」などは，各種税法中に規定されていません（なお，第11章4，6）。刑法の謙抑主義の現われといえましょう。

　「特別刑法」には，比較的軽微な犯罪を規定した「軽犯罪法」（昭和23年法律39号）や，公害がもたらす危害に関する「人の健康に係る公害犯罪の処罰に関する法律」（昭和45年法律142号）のように，その法律全体がまとまった刑法であるものと，「国家公務員法」（昭和22年法律120号）109条以下や「所得税法」（昭和40年法律33号）238条以下，「商法」（明治32年法律49号）486条以下のように，本来は「犯罪」と「刑罰」にあまり縁のない法律中に刑法が挿入されているものに区別されます。前者は簡単に確認できますが，後者は簡単ではありません。しかし，違反行為に「刑罰」が科されることになっているかどうかを調べることによって解決されるのです。

　(3)　ところで，「刑罰」とは，わが国では「死刑」・「懲役」・「禁錮」・「罰金」・「拘留」・「科料」をいいます（9条）。他に「没収」という刑罰がありますが，これは「付加刑」といって，それだけを単独には言い渡せないものです（9条）。「公安条例」などには，普通地方公共団体が「2年以下の懲役若しくは禁錮，100万円以下の罰金，拘留，科料」を規定することができることに

なっているので（地方自治法14条3項），これらを規定したものは，さきにも一言しましたが，「刑法」といえるわけなのです。

これに対して，「民法」（明治29年法律89号）84条は，現在では50万円以下の「過料」を言い渡すことができると規定しています。しかし，「過料」は，刑法9条に規定された刑罰に含まれていません。したがって，民法第1編第2章第5節「罰則」84条などは「刑法」とはいえないのです。地方自治法14条3項は「5万円以下の過料」を規定することをも認めていますが，この過料を規定した部分も刑法ではないわけです。法律中に「罰則」と表示されているからといって，「刑法」とは速断しないでください。また，「罰金」は，現在では「1万円以上」とされており（15条），数百万円の罰金もありますが（たとえば，所得税法238条，独占禁止法89条），刑法典の「罰金」は，そんなに高額ではないのが普通です。高額でも「過料」は刑罰ではなく，低額でも「罰金」は刑罰であることを忘れないでください。なお，「科料」は，わずか「1,000円以上1万円未満」です（17条）が，やはり刑法9条の「刑罰」なのです。「科料」はこれを「とがりょう」と呼び，「過料」はこれを「あやまちりょう」と呼んで区別することも必要でしょう。

(4)「刑罰」は，まさに法律の定める手続を踏んで，刑事裁判で厳正に言い渡されますが，「過料」ではその必要がありません。地方自治法に基づく「条令」による「過料」は，普通地方公共団体の長が科するのです（地方自治法149条3号）。また，民法の「過料」は「非訟事件手続法」（明治31年法律14号）に基づく「民事手続」によって言い渡されます（同法206条以下）。「過料」の手続にも，罪刑法定主義に準じるものが必要ではないかという声があるのも理由があると思われます。

さらに，一定の事項を「禁止」しておきながら，その禁止違反に対しては，刑罰も過料も科さない場合もあります。「売春防止法」（昭和31年法律118号）3条は，「何人も，売春をし，又はその相手方となってはならない」と規定していますが，「売春そのもの」を処罰する規定は設けられていません。「良くないこと」・「悪いこと」だから禁止するわけですが，違反行為のすべてを罰する必要はないという趣旨に思われます。ここにも，刑法の謙抑主義が窺われるのです。

2　刑法の役割は何か

　(1)　以上のような刑法は，実は，もともと「みぢか」なものです。いや，憲法はもちろんのこと，すべての法律は「みぢか」なのです。われわれの「生活利益」（これを「法益」といいます（第2章2））を守るために国会その他の機関で制定されたものだからです。一見，人の生活利益にかかわりを持たないかにみえる「動物の愛護及び管理に関する法律」（昭和48年法律105号）でも，動物愛護が直接の目的であるばかりでなしに，少なくとも間接的には「人の生命，身体及び財産に対する」動物からの侵害を防止しようとするものなのです（同法1条）。そして，同法27条以下は，所定の違反行為につき，刑罰を科することを定めています。この部分は，「刑法」なのです。「特別刑法」も「人間」のためにあるのです。純粋に自然のために考え出された「法律」などはありえないのです。

　ところで，「普通刑法」では，犯罪は内乱罪（77条）などの国家的犯罪，放火罪（108条以下）などの社会的犯罪，殺人罪・窃盗罪（199条・235条）などの個人的犯罪に分類されるのが一般です（放火は，ドイツや日本では多数市民の生命・財産に対し危険を生じさせる犯罪なのです）。国家・社会と個人とを対立させようとする考え方もあるかも知れませんが，近代国家の理念からして，それは正しくありません。「社会」は公衆の集合体であり，「国家」はその政治的組織体にすぎないからです。したがって，内乱罪は，わが国の「統治の基本秩序」を守ることを目的として，きわめて重い刑罰を規定していますが，その内容には，国民一人一人の生命・身体・財産の安全が含まれているのです。国家犯罪・社会犯罪・個人犯罪というのは，一応の形式的な分類にすぎないといえましょう。しかし，わが現行刑法は，おおよそこの区分に従って，犯罪の配列を行っていることになります。

　特別刑法は，公的見地から「公共」のために制定されることが多いのですが，国家・社会も個人とは切り離しえないのですから，特殊なものはないといってよいでしょう。

　(2)　刑法は，本来「みぢか」なものですが，われわれは日常あまり刑法を意

識しないで生活しています。それは，われわれ自身が，国家・社会のルールによって，さらには，われわれ個人のモラル・自律によって，互いに傷つけ合わないように訓練されているからにほかなりません。しかし，一生「法律」の世話になったことがないという人はいないはずなのです。「出生」・「死亡」は，「戸籍法」（昭和22年法律224号）に従って届け出なければなりません。財産相続の法律問題も出てきます。

　そして，不幸にもいったんわれわれの「安全」が他人によって害されたとき，われわれは，否応なしに刑法に直面せざるをえないことになります。就寝中に放火されたり，窃盗に入られたりしたとき，仕事中に事故に遭ったとき，帰宅途中に暴漢に襲われたときなど，枚挙にいとまがありません。このようなときにこそ，われわれは，「被害」を体験し，刑法を肌で感じないわけにはゆかないのです。まさに，刑法は「みぢか」なのです。

　「みぢか」な刑法を，よりみぢかなものにするため，刑法の基本的な考え方を勉強することは，社会人としても是非必要なことではないでしょうか。

　(3)　さて，刑法は，われわれの日常の生活利益すなわち「法益」を守るための法律（令）であることは，さきに述べましたが，何故「権利」を守るための法令といわないのでしょうか。これには，深い理由があります。

　かつて，犯罪は「神」に対する冒瀆であり，刑罰は「神の怒り」を和らげるためのものであるという理解が行われてきたといわれます。「刑罰」の絶対的根拠を説明し，君主の権威を強固なものにするためには，このような説明も有効だったと思われます。後にも触れますが，カント（1724年〜1804年）の考え方にも，このような理解の「名残り」を読みとることができると思われます。ところが，フォイエルバッハ（1775年〜1833年）は，犯罪と刑罰を神から解き放し，「人間」のものにしようと努力を傾けました。そして，犯罪とは，人間の「権利侵害」であると規定しました。刑罰は，後に触れますが，主として将来の「権利侵害」を予防するための「手段」であると考えようとしました。内乱罪も，国家という「人間」を「殺そうとする犯罪」なのです。他方，ある種の「性犯罪」や「乞食」・「大酒飲み」は，人の権利を侵害しないことが多いので，これらは，「犯罪」ではなくして，単なる「警察違反」にとどまり，「刑罰」には値しないというのです。

フォイエルバッハの考え方は，画期的なものだといえますが，すこし補正を要します。「乞食」や「浮浪者」をどう扱うかという問題は，実は世界中がかねて苦慮してきたところでした。わが国でもそうでした。そして，直接人の権利を侵害しないまでも，多数の人に著しい「迷惑」を及ぼすことがあるに違いないことを考えますと，これを，単に「警察違反」として「取締り」の問題に放逐してしまうことは妥当とは思われません。やはり，多数市民の「法益」を侵害し，または，これに危険を及ぼす限りでは，適正な「刑罰」を加える必要があります。最近の「ストーカー行為等の規制等に関する法律」（平成12年法律81号）や，すこし前の「酒に酔って公衆に迷惑をかける行為の防止等に関する法律」（昭和36年法律103号）を想起する必要があります。
　フォイエルバッハの考え方は，上述の点をも含めて，さらに種々の批判を受けました。そして現在，犯罪とは「権利侵害」というよりも，「法益侵害」・「法益危殆化」といった方がより適切であるという理解が一般化するに至りました。
　たしかに，「権利侵害」と「犯罪」とを直結させない方が，多くの点でより妥当な帰結をもたらします。
　第1に，「権利」と「法益」とは一致しないことを指摘しなければなりません。たとえば，民法752条は，夫婦の同居・協力協助義務を求め，770条1項1号は，不貞な行為を離婚原因の1つにしていますが，これは，配偶者相互間の貞操遵守請求権とでも呼べるものを前提にしていると思われます。昭和22年の刑法改正までは，妻の不貞は，「姦通罪」（183条）を成立させていましたから，この「権利侵害」は「法益侵害」でもあったわけですが，改正により，183条は削除されています。今や，姦通は権利侵害ではあっても，法益侵害ではなくなったのです。夫婦間の貞操義務は，すぐれて個人的なモラルの問題に根拠をおくもので，刑罰をもって臨む必要があったかどうかは疑問ですから，この改正は妥当であったといえるでしょう。やはり，ここでも，刑法の謙抑主義が窺われるわけです。逆に，刑法130条の「住居侵入罪」は，たとえば賃貸借契約違反により「住居権」・「借家権」を喪失してしまった「賃借人」に対しても，なお成立する可能性があります。貸主が，居住権を失った者を追い立てるために，勝手にその家屋に立ち入る場合には，したがって，住居侵入罪が成立する

ことがあるのです。住居侵入罪の「法益」は、民法上の権利ではなくして、住居の「事実上の平穏」であると考えられるからです。また、公衆の面前で、突然全裸で踊り出す行為などは、後でも述べますが、公衆の「性的不快感」を生じさせるものとして、「公然わいせつ罪」（174条）を成立させますが、「権利侵害」があるとはいえないのが普通です。

このように、「権利侵害」と「法益侵害」とは、相互に「くい違い」をもってもよいのです。

さらに、第2には、「一般的」な権利侵害と、刑法上の「特殊的」な法益侵害との「かかわり」を指摘しなければなりません。一般的な権利侵害は、民法709条・710条により、「不法行為」として「損害賠償」の責任を負わなければなりません。公務員の「不法行為」に対しても、国・公共団体にその責任を求めることができます（憲法17条）。つまり、「不法行為」は、金銭的な「損害賠償責任」を生じさせるのです。「不貞」も、「不法行為」となるでしょう。

一方、「犯罪」も、通常は「不法行為責任」を伴います。殺人罪（199条）は、刑罰を受けると共に、生命という基本的な「権利」を侵害したものとして、民法709条の損害賠償責任を負わなければなりません。窃盗罪（235条）も同様です。刑罰を受ければ済むというわけではないのです。自動車事故で人を死亡させた場合、業務上過失致死罪（211条）の責任と、損害賠償責任との双方を負わなければならないことを想起してください。

しかし、「犯罪」が不法行為を伴わないこともあります。さきに述べましたが、公衆の前で全裸の踊りをしたような場合には、「公然わいせつ罪」が成立します。しかし、個々の人のどのような「権利」を侵害したことになるのか判定できないのが普通です。したがって、「不法行為」を構成させないわけです。「公然わいせつ罪」は、「性的に汚いものから自由に離れていたい」という「生活利益」を危険に曝すだけなのが普通です。

このように眺めてきますと、一般的な権利侵害としての不法行為とは、人の具体的な「権利」を侵害するが故に、生じた損害について金銭的な賠償責任を生じさせるものであるのに対して、刑法上の特殊な「法益」を侵害・危殆化する犯罪とは、権利というよりは、より現実的で「みぢか」な事実上の「生活利益」そのものを害するが故に、国家がこれに刑罰を科するに充分の合理性があ

るものということになります。そして，犯罪が不法行為を伴うときは，刑罰のほかに損害賠償責任を負わなければなりませんが，そうでないときは，刑罰を受けるだけにとどまるわけです。

(4) フォイエルバッハの考え方は，このようなかたちに補正されるべきですが，さらに重要な副産物があります。犯罪と不法行為の間には，質的差異というよりは量的差異がみられるだけだということです。犯罪とは，即物的な「権利」・「法益」の侵害としてではなくして，すぐれて「人倫的悪行」としてとらえられなければならないという考え方が，今なお根強く残っていないわけではありませんが，フォイエルバッハの出発点は，この考え方を否定するところにあったと思われます。

もちろん，単なる生活利益は，とうてい，法の保護に値いしません。盗んだダイヤモンドも，高価な生活利益に違いありません。しかし，「法益」として，窃盗犯人の「事実上の所持」を保護する必要はないのです。「所有権」などが窃盗罪の法益なのです。この限り，フォイエルバッハの基本的な理解はこれを否定してはならないのです。

3 刑法学はどのような意味を持っているか

(1) 「刑法学」は，刑法の役割を可能な限り適確に実現させるための科学です。犯罪原因の自然科学的（生物学的）・社会学的追求を主眼とする「刑事学（犯罪学）」，社会現象としての非行・悪行を確認し，犯罪として刑罰をもって禁圧することの必要性の有無を模索する「刑事政策学」と共に，主として現行法上の犯罪・刑罰を「誤りなく確認する」ための科学として，きわめて重要な「社会科学」の一翼を担うものです。犯罪と，犯罪と似て非なるもの（単なる不法行為・債務不履行）の「選別」，犯罪相互の「区別」（殺人罪か傷害致死罪かとか横領罪か背任罪かの区別など）を「誤りなく確認する」ことなどが，その主たるものですが，たとえば，人を殺しても「許される場合」を確認するのもまた，刑法学の任務にほかなりません。

また，社会科学としての刑法学は，存在するものを在りのままに確認する科学とは違って，「在るべきものを確認する」科学です。その意味では「規範科

学」ということができます。社会科学であり，規範科学でもある刑法学は，「社会のあるべき姿」を模索しなければなりません。それは誠に困難な学問であるといわなければなりません。差し当たっては，「誤りのない刑事裁判」に奉仕することが急務であるといわざるをえません。「誤りのない適正な刑事裁判」は，人と人とが傷つけ合うことなしに自己を発展させるためには「どうしたら良いか」を展望する契機となるに違いないからです。

　(2)　「誤りのない適正な刑事裁判」に到達するためには，精密な理論の積み重ねが必要です。たとえば，「殺人事件」があったとします。「殺人だから悪いに違いない」と速断してはならないのです。殺人でも，「正当防衛」(36条)であることもあります。正当防衛でなくても，「善悪の区別」のつかない「精神病者」(39条1項)の殺人も頻繁にみられます。正当防衛としての殺人も，完全な精神病者の殺人も，決して「犯罪」とはいえません。正当防衛としての殺人は，客観的・一般的見地から，すべての人に「許容される殺人」であり，精神病者の殺人は，許容されはしないものの，主観的・個人的見地から，その人については「赦される殺人」となります。いずれも「無罪」ということです。刑事裁判では，まず，「殺人」といえるかどうかを確認します。傷害致死や過失致死は，この限り除かれなければなりません。もちろん，傷害致死(205条)や過失致死も「犯罪」である限り処罰されます(当然，正当防衛としての傷害致死は犯罪ではありませんから，処罰されません)。

　つぎに，「許容される殺人」かどうかを確認します。許容される殺人としては，「正当防衛」のほかに，「カルネアデスの板」で著名な「緊急避難」(37条)としての殺人や，「死刑」の執行のように「法律に基づく行為」(35条)としての殺人もあります。

　さらにつぎには，「赦される殺人」かどうかが確認されなければなりません。「精神病者」などのほかに，14歳に達しない「少年の殺人」も，画一的ではありますが，その個人的な特性を考慮して「赦されます」。刑法41条が規定するところです。

　(3)　犯罪を確認してゆく作業のうち，たとえば，「殺人かどうか」を確認するための議論を「構成要件論」というのが普通です。第2の「許容される殺人」かどうかの確認作業を「違法論」と呼びます。最後の「赦される殺人」か

どうかの確認作業が「責任論」です。

　構成要件論・違法論・責任論を基軸として犯罪成立の有無を確認する議論をドイツや日本では「犯罪論」といっています。1906年，ベーリング（1866年〜1932年）は，その著書『犯罪論』においてこのような考え方の必要性を強く要請し，その後多くの賛同を得て，ドイツ，日本，韓国などで通説的地位を占めています。それまでは，せいぜいのところ，犯罪の客観面（不法）と主観的（責任）の分析によって犯罪成立の有無が検討されるだけだったのですが（フォイエルバッハでもそうでした），ベーリングは，さらに，「構成要件」という概念の導入を強く要請したのです。構成要件という「大枠」を想定し，これに当てはまる行為・結果を「構成要件該当行為・結果」といい，この「当てはめ」の判断を「構成要件該当性判断」といいます。たとえば，殺人罪の構成要件該当性判断とは，違法か違法でないかを問わず，そして，責任があるかないかを問わず，とにもかくにも，「人を殺した」といえるかどうかの判断なのです。殺人罪の構成要件該当性をもつ行為・結果だけが，つぎに，殺人罪の違法性をもつかどうかの吟味を受けます。最後に，これが肯定されたものだけが，殺人罪の責任を負うべきかどうかの吟味を受けるのです。殺人罪の「構成要件」に該当し，「違法」で「責任」のある行為・結果だけが，殺人罪という「犯罪」を構成するのです。

　ベーリングは，以上のように考えました。犯罪を，「構成要件該当性」・「違法性」・「責任（有責）性」の3段階に区分けして論じる「犯罪論」なので，「三段階の犯罪論」・「三分体系の犯罪論」と呼ばれることもあります。ベーリングの考え方にも種々の問題があり，たとえば，殺人罪と過失致死罪は，「人を殺す」という「同一の構成要件」に該当する行為・結果を前提としながら，「故意」と「過失」という「責任」に相違がある「犯罪」にほかならないというのですが，それは妥当でないと思われます。「ことさらに故意に殺す」のと「うっかりして人を死亡させる」のとは，「大枠」としても相違があると考えた方が妥当であると思います。しかし，それはそれとして，ベーリングの着想は正当であったといわなければなりません。

　(4)　ベーリングの「犯罪論」を，わたくしは，「三段階テストの犯罪論」と呼んだ方がよいのではないかと考えています。われわれの日常生活では，3回

のテストで物事を決めるのが普通であり，犯罪の確認も，少なくとも3回のテストを必要とするのではないか，そしてそれは，われわれの「日常の決断法則」にも合致するのではないかと考えるからです。論理学的な「三段論法」から入学・入社試験に至るまで，3つのテストのもつ意味を想起してください。試験でよくみられる書類審査・学力試験・面接試験の類いなのです。試験は「良いもの」を選び出す作業ですから，犯罪の確認とは逆の目的で行われますが，論理は同じではないかと思います。ベーリングの犯罪論は，このようなかたちで，「安定した犯罪論」として受容されたのではないかと思われます。ベーリングに反対する人々も，「3という数字の魔力」だけは否定しないのです。

「犯罪の三段階テスト」では，特に注意を要する点があります。

第1は，「違法」は「構成要件該当性」を前提とし，「責任」は「違法」を前提としなければならないという点です。構成要件に該当しない行為・結果について，違法かどうかを考える必要はないし，違法でないものについて責任があるかどうかを考える必要もないからです。心で邪悪なことを思っているだけでは，「市民刑法」は動き出さないのです。フォイエルバッハも，早くからこの点を力説しました。

第2は，特に「構成要件」と「違法」の関係ですが，両者は「体系の論理」としては分離されなければならないという点です。さきに述べましたが，「殺人は悪いに違いない」と速断してはならないということです。

以上は，ベーリングの考え方を基本としながらも，わたくし自身の年末の主張を取りまとめたものです。場合によっては，以下の各章とくい違いがあるかも知れませんが，「誤りのない刑事裁判」を求める各人の努力の跡であることを特に強調しておきたいと思います。

なお，最後に，犯罪認定の論理は，「思考の順番の論理」であって，現実の犯罪が，構成要件該当行為に違法行為が続き，さらに有責行為が追加されるわけではないことを付言しておきます。

4　刑法理論とは

(1)　刑法理論とは，かなり漠然としており，犯罪論も刑法理論といえないわけではありません。しかし，ここでは，いかなる「人間像」を措定して刑法を考えようとするのかという議論に限定することにします。

この意味での「刑法理論」は，大別して，2つの流れを辿って現在に至っていると思われます。第1は，人間の意思は「自由である」という考え方（自由意思論）をとるものであり，第2は，逆に，人間の意思は「決定されている」・「自由ではない」という考え方（決定論）をとるものです。

第1の考え方は，古代ギリシャ哲学などの流れを汲むもので，カントの「先験的自由意思論」によって一応の完結をみたところを前提にするものといわれています。そして，犯罪は「自由の濫用」にほかならないと考えるわけです。カントは，犯罪者が自由を濫用して不法を行ったという理由それだけで処罰されなければならないというのです。したがって，刑罰は，犯罪の「当然の帰結」として加えられる「応報」にほかならないのです（「絶対的応報主義」）。

しかし，カントの「自由意思」は，経験を超えた「形而上学的な観念」であって，とうてい「証明」に親しみません。ひたすら「憧れる」ことができるだけです。また，本当に意思が何物にも「拘束されない自由」なものであるならば，「刑罰」を加えたところで，何の効果もないはずです。カントが，刑罰法規を，それ自体のためにのみ遵守されるべき「定言命令」としてとらえざるをえなかったのも，ある意味では当然のことのように思われます。さきにも一言しましたが，カントにとっては，「すべての公権は神に由来する」のです。

(2)　カントの「人間像」は，抽象的・理性的人間像であり「形而上学的な人」であったといってよいでしょう。これに対して，フォイエルバッハは，人間の「絶対的能力」としての「自由」を前提としながらも，「経験的な人」を想定したといわなければなりません。その著名な「心理強制説」がこれを物語ります。犯罪によって得られる利益（欲望満足）と刑罰が加えられることによる不利益（苦痛）とを比較して，後者が前者を上回るときは，「人」は犯罪を犯さないはずであるという考え方から，フォイエルバッハは，打算的較量に基

づく不利益（刑罰）を，法律に明記して，人に「心理的圧力」を与えることにより，犯罪を「予防」することができると考えたわけです。罪刑法定主義の要請に合致します。しかし，刑罰の「執行」は，やはり，過去の犯罪に対して行われるのです（相対的応報刑主義）。

　フォイエルバッハの「刑法理論」に対しても，諸種の批判が向けられました。ヘーゲル（1770年〜1831年）は，「心理強制説」は人を犬と同視する議論ではないかと批判しました。たしかに，心理的に威嚇すれば足りるというのは，一面的にすぎるといわざるをえません。人間は，決して飼い馴らされる生物ではないのです。また，フォイエルバッハの刑罰による「威嚇」と現実の「執行」とは，その意味も目的も同じではないといわなければなりません。フォイエルバッハは，刑罰の「執行」に，市民の「同意」を措定した第二義的な意味・目的しか付与しえなかったという批判（M. グリュンフート）も行われております。

　(3)　これに対して，リスト（1851年〜1919年）は，イタリアのロンブローゾ（1835年〜1909年）などの影響を受けながら，「決定論」に基づく「刑法理論」を樹立しました。

　19世紀後半の資本主義経済は，著しい犯罪の増加をもたらしました。失業者・乞食の激増は，「自由意思論」の空しさを露呈させたことになります。そこで，リストは，血の通った現実的・具体的な「人間像」を掲げ，実証主義的な「刑法理論」を確立しようと努めました。意思は「決定」されており，犯罪は素質と環境の産物にほかならないから，刑罰は，「その人」に適合する「目的刑」でなければならず，「応報」ではなくして「予防」であらねばならないというのです。フォイエルバッハの「刑罰法規による予防」は，「一般予防」であるのに対して，リストの「処遇による予防」は，その人が将来犯罪を重ねないようにするための「特別予防」なのです。

　その後，刑法理論は，フォイエルバッハを祖とする学説とリストに従う学説の対立となって現代に及んでいます。フォイエルバッハの流れを汲む旧派・古典派とリストに代表される新派・近代派の対立です。

　しかし，この対立は止揚される方向にあるように思われます。

　(4)　旧派と新派の対立止揚の方向づけを示唆するものとして，以下の諸点を挙げられます。

第1は,「自由意思論」と全く同様に,「決定論」も証明不能な議論ではないかという点です。たしかに, 人には時代文化の変遷に大きく影響を受けている部分もあるでしょうが, 同一時刻に出生した一卵性双生児でさえ, その辿る運命が全く同一とは限らないように, 人が一定の方向に流されざるをえないという証明もできないはずだからです。むしろ, 人は, あるときは「解放感」・「満足感」を味合い, あるときは「閉塞感」・「挫折感」を感じるに違いありません。その「原因」がどこにあるのか「証明」はできません。しかし, これは確実に「経験」できるのです。わたくしは, これを「経験的自由意思」と呼びたいと思います。証明できなくても確信はできます。「神の存在」がその最たるものでしょう。ロンブローゾなどの「生来犯罪人説」は, 大量観察に基づく1つの決論であって, すべてではありません。だからこそ, カントのような「理性的人間像」も必要なのです。

　したがって, 第2に, 真に「決定論」が妥当するならば, 刑罰は無意味な強制にすぎなくなることを指摘せざるをえません。犯罪者は「犠牲者」にほかならないのですから, これを「隔離」したり「処罰」したりすることはできないはずなのです。

　第3に, これは象徴的なことなのですが,「死刑」に対するフォイエルバッハとリストの見解を指摘できると思われます。フォイエルバッハにとって, 死刑は強烈な威嚇力をもつものでした。しかし, フォイエルバッハも, 死刑廃止論に耳を傾けざるをえませんでしたが, ただ, 時期尚早であるというのです。一方, リストにとり, 死刑は「特別予防」と矛盾します。しかし, リストも, 刑罰が「力」を失ったときには,「死刑」が残されざるをえないというのです。いずれも, 一方的に死刑に賛成したり反対を唱えるわけではないことに注目する必要があるのではないでしょうか。

　(5)　学派の対立は, わが国では, ドイツと少し違う様相を呈してきました。「応報刑」か「目的刑」かというよりは,「応報刑」か「教育刑」かという対立だったといってよいと思われます。

　「教育刑」も「目的刑」の1つでしょうが, 単なる「予防」を超えた「教育」としての意味を刑罰にもたせるものです。しかし, 刑罰に教育としての「目的」を付与するのは「ゆきすぎ」だといわざるをえません。ドイツでも,「教

育刑」を主張するのは，ごく少数（M.リープマンが代表者です）でした。
　また，旧派の刑法理論を「客観主義の刑法理論」といい，新派のそれを「主観主義の刑法理論」というのも，わが国の特徴といえると思います。
　たしかに，旧派は，一般に「行為」を問題としたのに対して，リストは，「罰せられるべきは行為ではなくして，行為者である」と主張しました。この限りで，主観的な行為者特性が強調されたことになります。しかし，単にそれだけのことで，客観主義と主観主義という「色分け」をするのは妥当とは思われません。そもそも「行為」とは意思（主観）が客観化し，外部的に現われ出たものであることに思いを致すべきでしょう。
　(6)　結局，刑法理論は，一面的な説明に親しまない「人間の意思」に働きかけ，その者の心情・性向・人格はどうであれ，とにもかくにも「他者を傷つけることなしに自己を発展させうる規範定立」を可能ならしめるための「筋道」を示すことで満足する必要があると思われます。

第2章 ■刑法の約束事

刑法には，(1)罪刑法定主義，(2)法益保護主義，(3)責任主義という約束事があります。これらはそれぞれ，後述する犯罪の成立要件と密接に関係する刑法の基本原則です。

1 罪刑法定主義

(1) 意 義

刑法における第1の約束事は，「罪刑法定主義」です。これは，ある行為を犯罪とし，それに対して刑罰を科するには，そのことをあらかじめ法律に規定しておかない限り，どのような行為も犯罪として処罰することはできない，という原則です。「法律なければ犯罪なし」，「法律なければ刑罰なし」という標語によって表されます。この原則を犯罪論に反映させたものが「構成要件」という要件です。

(2) 歴 史

絶対専制主義国家においては，「罪刑専断主義」がとられていました。これは，どのような行為を犯罪とし，それに対してどのような刑罰を科すかを国家機関（国王あるいは裁判官）の判断に委ねるとするものであり，そこでは，国民の権利と自由は著しく害されていました。そこで，市民階級が近代国家を形成する過程で，国家権力による刑罰権の恣意的な行使から自らの権利と自由を守るために，国家権力との不断の闘争によって勝ち取ったのが，この原則でした。その意味で，罪刑法定主義は，近代刑法の基本原理です。

この原則の淵源は，1215年のイギリスのマグナ・カルタにまでさかのぼることができます。その39条は，「自由人は，その同僚の適法な裁判により，かつ国の法律によるのでなければ」処罰などを受けないと規定しています。これが，その後，アメリカにわたり，1776年のフィラデルフィアの植民地総会における

宣言など，各州の権利宣言に盛り込まれ，その後，アメリカ合衆国憲法に規定されることになりました。そこでは，事後法の禁止と法の適正な手続条項が規定されたのです。この原則は，その後，フランス革命における人権宣言（1789年）の8条で，「法律は，厳格かつ明白に必要な刑罰のみを定めねばならず，何人も犯罪に先立って制定公布され，かつ適法に適用された法律によらなければ処罰され得ない」としてより明確な形で定められました。この原則は，その後，1810年のフランス刑法典に規定されたのをはじめ，西欧諸国の憲法典，刑法典に広く取り入れられるようになり，近代刑法における普遍的原理となったのです。

　（3）　わが国における罪刑法定主義

　わが国においても，フランス刑法を模範として作られた旧刑法（1883年施行）が，罪刑の法定（2条）と刑法不遡及の原則（3条）を明文で規定し，はじめて罪刑法定主義を宣言しました。しかし，旧刑法制定当事においては，「法律」といっても，それは議会の議決によるものではなく，行政命令を意味するにとどまっていたため，国民の権利と自由を守るという点においては，はなはだ不十分なものでした。もっとも，明治憲法23条は，「日本臣民ハ法律ニ依ルニ非スシテ逮捕監禁審問処罰ヲ受クルコトナシ」と規定し，罪刑法定主義は憲法上の原則とされました。

　これに対し，現行刑法（1909年施行）は，罪刑法定主義を宣言する規定を設けませんでした。当時の通説は，当時の明治憲法がすでにこれを規定しているから，重ねて刑法で規定する必要はないだけであり，罪刑法定主義の原則そのものは維持されていると説明していました。しかし，旧刑法と比較して，犯罪類型を包括的に規定しており，また法定刑の幅も著しく広くなり，犯罪の成立と量刑について裁判官に広い裁量を認めている現行刑法典は，そもそも犯罪と刑罰を法定することにより，国家権力による刑罰権の恣意的な行使を制限しようとする罪刑法主義の原理とは合致しない面を内在しており，そのことが，罪刑法定主義を直接刑法典に規定しなかったことに影響を与えたとする指摘もあります。

　これに対し，第二次世界大戦の敗戦を契機として制定された日本国憲法は，明治憲法下においては，国家権力に対して，国民の基本的人権が十分保障され

ておらず，そのことが敗戦という悲惨な結果を招来した，という歴史的な反省から，アメリカ合衆国憲法に倣って，罪刑法定主義の内容を詳細に規定しました。すなわち，憲法31条は，「何人も，法律の定める手続によらなければ，その生命若しくは自由を奪われ，又はその他の刑罰を科せられない」と規定して，犯罪と刑罰の内容は法律で定めなければならないという，法律主義を定めています。また，同39条は，「何人も，実行の時に適法であった行為……については，刑事上の責任を問われない」と規定して，事後法の禁止を宣言しています。さらに，同73条6号但書は，「政令には，特にその法律の委任がある場合を除いては，罰則を設けることができない」と規定して，法律主義を裏から保障しています。

　（4）　根　　拠
　罪刑法定主義の柱は，①「法律主義」と②「事後法の禁止」があります。
　前者は，どのような行為を犯罪とし，それに対してどのような刑罰を科すことになるかを「法律」で定めなければならないという原則です。これは，どのような行為を犯罪とし，それにどのような刑罰を科すかは，主権者である国民自身がその代表機関である議会を通じて「法律」により決定する，という「国民主権主義」，「民主主義」に基づいています。
　後者は，ある行為を犯罪として処罰するためには，そのことをその犯罪が行われる前に，「あらかじめ」法律で規定しておかなければならないという原則です。これは，国民にどのような行為を行えば犯罪として処罰されるかについての予測可能性を与えることにより，彼らの行動の自由を保障する，という「自由主義」と，国家権力による恣意的な刑罰権の行使を禁止することにより国民の基本的人権を保障するという要請に基づくものです。

　（5）　内　　容
　(a)　**法律主義**　　憲法31条は，「何人も，法律の定める手続によらなければ，その生命若しくは自由を奪われ，又はその他の刑罰を科せられない」として，法律主義を宣言しています。ここに規定されている「法律の定める手続」とは，処罰の手続を法律で定めなければならないということのみを規定しているようにもみえますが，そうではなく，処罰する根拠となる法律自体の存在も必要であるということも同時に定めていると解されています。ここでいう「法律」と

は，国民の代表機関である，国会の議決によって成立する形式的意味の「法律」に限るという趣旨です。

（ⅰ）慣習刑法の禁止　「法律」は制定法に限られます。したがって，慣習法は，刑法の直接の法源とはなりえません。その意味で，法例2条は，刑法には妥当しないのです。もっとも，刑罰法規を解釈するにあたって，慣習を考慮することは，法律主義に反するものではありません。たとえば，水利妨害罪（123条）は，他人の「水利権」を妨害する犯罪ですが，その水利権が誰に属しているかは，多くの場合慣習によって認められています。そのため，水利妨害罪が成立するか否かについては，慣習を考慮しなければならないのです。

（ⅱ）命令と罰則　行政機関が制定する政令以下の命令に独立して罰則を設けることは，原則として許されません。しかし，複雑で，変化の早い現代社会に対応するためには，犯罪と刑罰をつねに「法律」で規定することは，事実上無理といえます。そこで，憲法も，法律が個別・具体的に委任する場合（これを「特定委任」といいます。）に限って，政令に罰則を設けることを認めています（73条6号ただし書）。また，憲法には直接規定されていませんが，法律による特定委任の要件を満たす限り，政令よりも下位の命令に罰則を設けることも許されると解されています（このことを認めた判例として，最判昭25・2・1刑集4巻2号73頁）。

「特定委任」とは，具体的・個別的な委任のことをいいます。それは具体的には，処罰される行為の範囲と法定刑の範囲とを特定して行う委任のことです。したがって，「ポツダム宣言ノ受諾ニ伴ヒ発スル命令ニ関スル件」（昭20勅令542号）における「連合国最高司令官ノ為ス要求ニ係ル事項ヲ実施スル為特ニ必要アル場合ニ於テハ命令ヲ以テ所要ノ定ヲ為シ必要ナル罰則ヲ設ケルコトヲ得」というような規定は，憲法上許されません（もっとも，この規定の合憲性が問題となった最判昭23・6・23刑集2巻7号722頁は，超憲法的なものとして，その効力を認めました）。

これと関連して，法律が一定の刑だけを規定し，犯罪の成立要件の全部または一部を政令以下の命令に委任している刑罰法規である，「白地刑罰法規」がどこまで許されるかが問題となります。このことが問題となった判例として，猿払事件に関する最大判昭49・11・6刑集28巻9号393頁があります。その事

案は，郵便局勤務の公務員である被告人が，選挙用ポスターを自ら公営掲示場に掲示した行為が，国家公務員法102条1項に違反するとして起訴されたものです。同条項は，「職員は……選挙権の行使を除く外，人事院規則で定める政治的行為をしてはならない」と規定し，同法110条1項19号が，102条1項に違反した者は3年以下の懲役または10万円以下の罰金に処することを定めています。そこで，被告人側は，このように処罰の対象となる「政治的行為」の内容を人事院規則（14—7）に委任していることが，憲法31条に違反するとして争いました。これに対し，最高裁は，「なお，政治的行為の定めを人事院規則に委任する国公法102条1項が，公務員の政治的中立性を損なうおそれのある行動類型に属する政治的行為を具体的に定めることを委任するものであることは，同条項の合理的な解釈により理解しうるところである」として，国家公務員法の規定を合憲としました。しかし，これに対しては，このように事項を特定することなく委任することを合憲とすることは，妥当ではないという批判があります。

(iii) 条例と罰則　憲法は，地方公共団体に条例制定権を認めています（94条）。しかし，条例に罰則を定めることを認めた規定は憲法には存在しません。これ対して，地方自治法14条3項は「普通地方公共団体は，法令に特別の定めがあるものを除くほか，その条例中に，条例に違反した者に対し，2年以下の懲役若しくは禁錮，百万円以下の罰金，拘留，科料若しくは没収の刑……を科する旨の規定を設けることができる」と規定し，条例に対し，かなり包括的な委任を認めています。そのため，これが憲法31条に反するのではないかが問題となります。しかし，条例は，命令とは異なり，その地方の住民の代表機関である議会の議決により成立する法規範であるため，法律に準ずる性質を有していると解することができます。そのため，条例に一定の範囲で罰則を設けることとしても，法律主義の趣旨に反するものではなく，憲法に違反するものではないと解することができます。

判例もそのことを認めています。それは，被告人が，大阪市の街路等における売春勧誘行為等の取締条例2条1項に違反し，「売春の目的で街路その他公の場所において他人の身辺につきまとい又は誘う行為」を行ったとして起訴された事案に関する最大判昭37・5・30刑集16巻5号577頁です。最高裁は，地方自治法14条5項（当時）による罰則の範囲が限定されているとしたうえで，

「条例は，法律以下の法令とはいっても，……公選の議員をもって組織する地方公共団体の議会の議決を経て制定される自治立法であって，行政府の制定する命令等とは性質を異にし，むしろ国民の公選した議員をもって組織する国会の議決を経て制定された法律に類するものであるから，条例によって刑罰を定める場合には，法律の授権が相当な程度に具体的であり，限定されておれば足りると解するのが正当である。そうしてみれば，地方自治法2条3項7号及び1号のように相当に具体的な内容の事項につき，同法14条5項のように限定された刑罰の範囲内において，条例をもって罰則を定めることができるとしたのは，憲法31条の意味において法律の定める手続によって刑罰を科するものということができるのであって，所論のように同条に違反するとはいえない」としています。

(iv) 刑罰法規明確性の原則　しかし，法律に定めてありさえすれば，その内容はどのようなものでもよいというわけではありません。たとえば，刑法に「悪い行為を行った者は，その悪さに応じて死刑又は無期懲役若しくは3年以上の懲役に処する」という規定を定めて，殺人行為を行った者，窃盗行為を行った者を処罰することが許されるでしょうか。たしかに，それは，法律主義の原則に形式的には違反しないでしょう。けれども，社会には多種多様の「悪い行為」が存在します。人を殺害する行為，他人の財物を盗む行為も悪い行為であれば，嘘をつく行為，授業をさぼる行為も悪い行為でしょう。そうだとすると，このような規定を刑法に定めても，一般の人々には，犯罪として処罰される行為とそうでない行為とを区別することはできないのです。これでは，実質的には何も定めていないのも同じことになってしまいます。

　このようなことから，刑罰法規は，犯罪と刑罰の内容をただ単に規定しているだけでは足らず，それらを具体的かつ明確に規定しなければならないということが必要となります。このことを「刑罰法規明確性の原則」といいます。国民の行動の自由を保障し，国家権力による刑罰権の恣意的な解釈・運用を防止するためには，犯罪と刑罰の内容が明確に定められていなければならないのです。刑罰法規が不明確である場合には，憲法31条に違反し無効となります。判例には，法文に規定された犯罪と刑罰の内容が不明確であるということを理由として，刑罰法規を違憲・無効としたものはまだありませんが，この原則を認

めた判例はあります。そのようなものとして，福岡県青少年保護育成条例事件に関する最大判昭60・10・23刑集39巻6号413頁をあげることができます。

その事案は，被告人は，A子（16歳）が18歳に満たない青少年であることを知りながら，ホテルの客室で性交し，青少年に対し淫行を行ったというものです。被告人は，「何人も，青少年に対し，淫行又はわいせつの行為をしてはならない」と定めている福岡県青少年保護育成条例10条1項違反（その違反者には，2年以下の懲役又は10万円以下の罰金を科している（16条1項））の罪で起訴され，1，2審では，有罪とされました。被告人側は，同条項の「淫行」の範囲は不明確であり，また広く青少年に対する性行為一般を処罰する危険があるから，同規定は憲法31条に違反すると主張して，上告しました。最高裁判所は，上告を棄却し，次のように判示しました。

「本条例10条1項の規定にいう『淫行』とは，広く青少年に対する性行為一般をいうものと解すべきではなく，青少年を誘惑し，威迫し，欺罔し又は困惑させる等その心身の未成熟に乗じた不当な手段により行う性交又は性交類似行為のほか，青少年を単に自己の性的欲望を満足させるための対象として扱っているとしか認められないような性交又は性交類似行為をいうものと解するのが相当である。けだし，右の『淫行』を広く青少年に対する性行為一般をさすものと解するときは，『淫らな』性行為を指す『淫行』の用語自体の意義に添わないばかりでなく，たとえば婚約中の青少年又はこれに準ずる真摯な交際関係にある青少年との間で行われる性行為等，社会通念上およそ処罰の対象として考え難いものをも含むこととなって，その解釈は広きに失することが明らかであり，また，前記『淫行』を目して単に反倫理的あるいは不純な性行為と解するのでは，犯罪の構成要件として不明確であるとの批判を免れないのであって，前記の規定の文理から合理的に導き出され得る解釈の範囲内で，前叙のように限定し解するのを相当とする。このような解釈は通常の判断能力を有する一般人の理解にも適うものであり，『淫行』の意義を右のように解釈するときは，同規定につき処罰の範囲が不当に広過ぎるとも不明確であるともいえないから，本件各規定が憲法31条の規定に違反するものとはいえ［ない］」。

この判例は，刑罰法規明確性の原則を認めているだけでなく，その判断基準をも明確に示した点で重要なものです。学説もおおむねこのような判断基準を

妥当なものとしています。

　(v)　**絶対的不定期刑の禁止**　刑罰法規明確性の原則は，犯罪の内容だけではなく，刑罰のそれにも妥当します。たとえば，「人を殺した者は，処罰する」と定めたらどうでしょうか。犯罪の内容は明確ですが，実際にそれを行った場合にどのような刑罰を科すかは，裁判官の完全な自由裁量に任されるということになります。これでは，刑罰をあらかじめ法律で定めることを要求した意味がなくなってしまうでしょう。したがって，刑罰法規においては，刑罰の種類とその量とをあらかじめ明確かつ具体的に定めておかなければ，法律主義に反し，許されないということになります。この原則を「絶対的不定期刑の禁止」といいます。これには，①刑種と刑量を定めない場合（たとえば，「人を殺した者は，処罰する」というような規定）だけではなく，②刑種だけを定めて，刑量を定めない場合（たとえば，「他人の財物を窃取した者は，懲役に処する」というような規定）も含まれます。

　これに対し，たとえば，少年法52条に定められている「相対的不定期刑」（長期と短期を定めて言い渡す不定期刑）は，罪刑法定主義に反するものではないとされています。

　(vi)　**刑罰法規適正の原則**　もっとも，刑罰法規の内容は，明確でありさえすればよいというものではありません。たとえば，「公園をアベックで散歩した者は，3年以下の懲役に処する」と定めたり，「他人の財物を窃取した者は，死刑又は無期懲役に処する」と定めることは許されるでしょうか。たしかに，これらの規定は，犯罪行為の内容もそれに対する刑罰の種類，量も明確に定めています。しかし，「公園をアベックで散歩する行為」を犯罪として処罰する必要があるでしょうか。また，「他人の財物を窃取する行為」は，犯罪として処罰する必要があるとしても，「死刑又は無期懲役」という刑罰を科すに値するほどの行為ではないでしょう。

　刑罰法規の内容は，明確であるとともに，適正なものでなければなりません。そうでなければ，国民の人権を実質的に保障することにはならないからです。このことを「刑罰法規適正の原則」といいます。この原則に反する場合も，その刑罰法規は憲法31条に違反し，無効となります。

　この原則の内容は，①処罰すべき合理的根拠のない行為を広く処罰する刑罰

法規を定立することは許されないということ，②犯罪と刑罰との釣り合いがとれていない刑罰法規を定めることは許されない，ということです。判例にも，この2つの内容を，理論的に認めたものがあります（前者については，前述した福岡県青少年保護育成条例違反事件に関する最大判昭60・10・23。後者について，前述した猿払事件に関する最大判昭49・11・6が，「刑罰法規が罪刑の均衡その他種々の観点からして著しく不合理なものであって，とうてい許容しがたいものであるときは，違憲の判断を受けなければならない」としています）。

(b) 事後法の禁止　行為後に施行された刑罰法規をその施行前の行為に遡及適用して処罰することは許されないという原則を，「事後法の禁止」といいます（憲法39条）。

これには，①行為の時に適法であった行為を，事後に制定された法律で処罰することだけではなく，②行為の時すでに違法であったが，罰則がなかった行為（たとえば，売春防止法3条は，売春行為を禁止していますが，同法はその違反についての罰則を定めていない）について，後に法律を改正して処罰すること，および，③法律を改正して行為の時に規定されていた刑よりも重い刑罰で処罰することも含まれます。

事後法禁止原則は，主刑および付加刑を加重する場合ばかりでなく，労役場留置期間を延長する場合，刑の執行猶予に関する条件を加重する場合にも妥当します。判例は，労役上留置期間の延長についてそのことを肯定しています（大判昭16・7・17刑集20巻425頁）が，執行猶予に関する条件の加重については，それは刑の執行方法に関する規定の変更であり，刑自体の変更ではないとして，遡及適用を肯定しています（最判昭23・6・22刑集2巻7号694頁）。しかし，執行猶予の条件は，刑の適用に関するものですから，その変更は刑の変更に該当すると解するべきでしょう。

問題となるのは，公訴時効期間の変更です。学説においては，このような場合は刑の変更にあたらないという理由により，事後法の禁止原則の適用を否定する見解もありますが，行為者に不利益がもたらされる変更である以上，憲法39条の基礎にある，実質的人権保障の原理に反するという理由により，事後法禁止原則の適用を肯定する見解が有力です。

これに対し，刑法6条は，犯罪後法律が改正されて軽い刑罰に変更された場

合には，後者の刑罰法規を遡及させて適用するとしています。これは，軽い刑罰に変更した刑罰法規には遡及効を認めたものです。「犯罪後」とは，実行行為の終了後を意味すると解されています。

それでは，犯罪後，刑が廃止された場合はどうでしょうか。これは，刑法6条の極限的な場合ですが，それについては，刑事訴訟法337条2号が，「犯罪後の法令により刑が廃止されたとき」には，免訴の言渡しをしなければならないと規定しています。もっとも，刑罰法規を廃止する場合，「この法律廃止後も，廃止前に行われた行為に対する罰則の適用については，従前の例による」，あるいは「廃止された法律の規定は，なお効力を有する」というような規定がおかれる場合があります。このような場合には，その刑罰法規が存在する間に行われた犯罪行為にはその法規に追求効が認められるのであるから，刑の廃止にはあたりません。

問題は，このような規定が存在しない場合にも，廃止前の行為に追求効を認めることができるかということです。かつては，存続期限を明示した時限立法である「限時法」について，このような規定が存在しない場合にも，追求効を解釈によって認めようとする理論（これを「限時法の理論」という）が主張されました。しかし，現在の学説では，このような場合，法律廃止後も処罰しようとするならば，前述したような追求効を認める規定を設けるべきであり，このような明文の規定なしに処罰することは罪刑法定主義の趣旨に反するとする見解が有力です。

それでは，判例が被告人にとって不利益に変更された場合，それを遡及適用して，被告人を処罰することが許されるでしょうか。通説は，判例は刑法の法源ではなく，したがってそれが変更された場合でも，それは「法」が新たに作られたのではなく，法の解釈が変更されただけであるから，遡及処罰の禁止の原則は適用されないとしています。

近時の判例にも，そのようなものがあります。それは，最判平8・11・18刑集50巻10号745頁です。その事案は，被告人は，岩手県教職員組合の中央執行委員でしたが，日教組が昭和49年4月11日全国規模で行った全1日ストライキに際し，同年3月，傘下の公立学校教職員に対し，同盟罷業の遂行のあおりを企て，かつ，これをあおったとして，地方公務員法違反の罪で起訴された，と

いうものです。被告人側は，本件行為は，行為当時の都教組事件判決の法解釈を適用すれば無罪であったのに，原判決は，行為後に判例を変更した岩教組学力調査事件判決の判旨を適用して被告人を処罰している，このように，処罰範囲を拡張する判例変更があった場合に，変更後の判例を遡及適用して被告人を処罰することは，遡及処罰を禁じた憲法39条，罪刑法定主義を定めた憲法31条に違反すると主張しました。最高裁は，「行為当事の最高裁判所の判例の示す法解釈に従えば無罪となるべき行為を処罰することが憲法39条に違反する旨をいう点は，そのような行為であっても，これを処罰することが憲法に右規定に違反しないことは，当裁判所の判例……の趣旨に徴して明らかであ」る，と判示しました。しかし，近時の学説においては，判例もその規定の意味内容を確定するものであるから，間接的法源性を有している，国民は確立した判例を信じて行動するから，判例が不利益に変更されそれにより処罰がなされる場合には，国民の予測可能性に基づく行動の自由が害されることになるなどを根拠として，とくに最高裁判所が判例を変更してそれまで不可罰としてきた行為を処罰する場合，あるいは従来軽い罪としてきた行為に重い罪を認める場合には，判例変更を将来に向かって宣言するだけで，当該事案には適用すべきではないとする見解が有力となっています。

(c) **類推解釈の禁止**　事後法禁止原則の趣旨は，刑罰法規を定めるときだけではなく，それに規定された条文を解釈する場合にも妥当します。すなわち，明文に規定されている事項と，その適用が問題となっている明文で規定されていない事項との間に類似の性質があることを理由として，前者に関する刑罰法規を後者に適用して処罰することは許されません。この原則を，「類推解釈の禁止」といいます。たとえば，看護師Ａが，職業上知りえたＢの秘密をＣに漏らした場合に，刑法134条の秘密漏示罪の主体として規定されている「医師」と「看護師」との類似性を理由として，Ａの行為に刑法134条を適用して，Ａを処罰することは，類推解釈として許されません。これが許されないのは，行為の時には処罰が明示されていなかった行為に事後に解釈によって創設した刑罰法規を遡及適用して処罰する点で事後法の禁止に反するばかりでなく，「解釈」という名により，裁判官が刑罰法規を創設するものである点で，法律主義にも反するものだからです。

判例も、この原則を明言しています。被告人が、「公選による公職の選挙において、特定の候補者を支持し又はこれに反対すること」を定めた人事院規則に違反したとして起訴されたという事案に関する最判昭30・3・1刑集9巻3号381頁は、「昭和24年9月19日人事院規則14—7『政治的行為』5項1号にいう『特定の候補者』とは、……『法令の規定に基く立候補届出または推薦届出により候補者としての地位を有するに至った特定人』を指すものと解すべきであって、原判決が『立候補しようとする特定人』もこれに含まれると解したのは、あやまりであるといわなければならない。けだし、『特定の候補者』というのが、『立候補しようとする特定人』を含むものと解することは、用語の普通の意義からいって無理であり、同規則の他の条項ないし他の法令との関係で、是非そのように解さなければならないような特段の根拠があるわけでもないのに、『国家公務員法102条の精神に背反する』というような理由から、刑罰法令につき類推拡張解釈をとることは、あきらかに不当というべきだからである」と判示しています。

これに対し、刑法では、一般に、一定の言葉が示す固有の概念を可能な範囲まで拡張して解釈する「拡張解釈」は許されると考えられています。これと類推解釈とは、理論的には、その事項が法規に定められた文言の客観的に可能な意味の範囲内に含まれると解釈できるか否かという基準により、区別することが可能ですが、実際上は、その限界設定は、きわめて困難です。

拡張解釈の例として、古い判例には、ガソリンカーを転覆させた事案で、それも過失往来危険罪（129条）にいう「汽車」に含まれるという判断を示したものがあり（大判昭15・8・22刑集19巻540頁）、また、近時のものとして、マガモを狙い矢4本を発射したが、命中せず、鳥獣を自己の実力支配内に入れられず、かつ、殺傷するに至らなくても、鳥獣法1条の4で禁止されている「捕獲」にあたるという解釈を示したもの（最判平8・2・8刑集50巻2号221頁）などがあります。しかし、これらはすでに拡張解釈の範囲を超えているのではないかという批判もあります。

2　法益保護の原則

　刑法の第2の約束事は，「法益保護の原則」です。これは，刑法は，たとえ道徳的・倫理的に悪い行為であっても，それが刑罰をもって保護するに値する重要な生活利益（これを「法益」という）を侵害あるいは危険にするものでない限り，犯罪として処罰することができないという原則です。これは，刑法の任務から導き出されるものであり，これを犯罪論に反映させたものが，違法性という要件です。

　判例にも，このことを前提として判断したとみられるものがあります。それは，最判昭35・1・27刑集14巻1号33頁です。その事案は，HS式無熱高周波療法を法定の除外理由がないのに，料金を取って行った被告人の行為が，当時の「あん摩師，はり師，きゅう師および柔道整復師法」12条に違反する「医業類似行為」にあたるか否かが問題となったというものです。最高裁は，「前記法律が医業類似行為を業とすることを禁止処罰するのも人の健康に害を及ぼす虞のある業務行為に限局する趣旨と解しなければならない」と判示し，被告人を有罪とした原判決は，被告人が行った療法が「人の健康に害を及ぼす虞があるか否かの点については何ら判示するところがな」いとして，原判決を破棄し，差し戻しました。この判例は，たとえ形式的に医業類似行為にあたる行為であっても，「人の健康」という法益を侵害するおそれのない行為は犯罪として処罰することはできない，という原則を示したものであり，妥当なものでしょう。

　これに対し，その後の判例には，法益侵害の積極的な危険性が認められない場合であっても，処罰できる旨を判示したものがあります。それは，被告人は，会社の業務に関し東京都知事の許可を受けず，法定の除外事由なく，クエン酸またはクエン酸ナトリウムを主成分とする「つかれず」および「つかれず粒」を販売したとして，薬事法24条1項，84条5号の罪に問われたという事案に関する最判昭57・9・28刑集36巻8号787頁です。最高裁は，「本件『つかれず』及び『つかれず粒』は，いずれも……その主成分が，一般に食品として通用しているレモン酢や梅酢のそれと同一であって，人体に対し有益無害なものであ

るとしても、これらが通常人の理解において『人又は動物の疾病の診断、治療又は予防に使用されることが目的とされている物』であると認められることは明らかであり、これら［は］薬事法2条1項2号にいう医薬品にあたる」として、薬事法24条1項、84条5号の罪の成立を認めました。しかし、このような場合まで処罰することが妥当かは疑問であるように思われます。

3 責任主義

「責任なければ犯罪なし」、「責任なければ刑罰なし」という標語によって表される「責任主義」が刑法の第3の約束事です。その内容は、行為が法益を侵害したり、あるいは侵害の危険性を生じさせる場合であっても、そのことについて行為者を刑法的に非難することができなければ、犯罪として処罰することができないという原則です。このことを犯罪論に反映させたものが有責性という要件です。

　行為者に責任を認めるためには、彼に刑法的な非難を加えるに足りる一定の心理的要件、具体的には、故意または過失があることが最低限必要です。刑法38条1項は、このことを規定したものです。このことの妥当性が問題となる場合として、①結果的加重犯、②業務主体処罰規定、③客観的処罰条件などがあります。

第3章　■ 刑法の適用範囲

1　刑法の適用とは

　すでに見たように，罪刑法定主義によれば，ある行為を処罰するためにはそのことを明示した刑罰法規がなければなりません。しかし刑罰法規が存在したときでも，ただちにそれによって行為者を処罰できるというわけでもないのです。たとえば海外旅行中の日本人が外国の重要な物品に落書きをしたというような事件がときおり報道されます。その旅行者は現地の刑法で処罰されることはあるかもしれませんが，帰国後，日本刑法の器物損壊罪（261条）に問われ処罰されることはありません。なぜなら，後に詳しく述べるように，わが国の刑法では，日本人が器物損壊行為をしてもそれが国外での出来事であった場合には器物損壊罪の規定を適用しないことになっているからです。刑法の適用が及ばない行為は犯罪だと評価されませんから，日本の検察官は彼を起訴することができないし，仮に誤って起訴されたとしても，裁判所は公訴を棄却する（刑訴339条1項2号）か無罪判決を言い渡さなければならないのです（刑訴336条）。
　刑罰法規が適用できるかどうかは，この例のように「犯罪がどこで行われたか」のほか，「いつ行われたか」「誰によって行われたか」で決定されます。刑法典の「第一編　総則　第一章　通則」には，これらの視点から刑法が適用されるべき範囲を定めた諸規定が置かれており，それらのルールは刑法典上の犯罪ばかりでなく，刑法8条によって他の法令上の犯罪についても原則として及ぶのです。

2　時間的適用範囲

　法令は新設・改正・廃止されて時間とともに変化するものですから，問題と

なる行為があった時点とそれについての裁判が行われる時点では、刑法の内容が異なっていることがしばしばあります。そのような場合、裁判所は行為時の刑法と裁判時の刑法のどちらを適用するべきなのでしょうか。

(1) 基本原則

わが国の憲法は、「何人も、実行の時に適法であつた行為……について、刑事上の責任を問はれない」と規定しています（憲39条前段）。これにより、①たとえばバスや電車の中で携帯電話をかけるという現在のところ犯罪ではない行為が法改正により犯罪になったとしても、改正前に電話をかけた者に対して改正後の新法をさかのぼらせて適用し処罰することは禁じられます（遡及処罰の禁止）。これは、ある行為を犯罪として処罰するためには、前もって法律によりそのことを明示しておかなければならないとして、人々の行動の自由を保障しようとする罪刑法定主義の理念に基づいた規定です。もっとも、憲法は「適法であった行為」に遡及処罰されない保障を与えているので、②たとえば売春の相手方となる行為（売春防止法3条で禁止されていますが、罰則はありません）のように「犯罪ではないけれども違法な行為」が法改正により罰則が設けられ「犯罪行為」となった場合には遡及処罰をしてもよいかのように見えます。しかし、罪刑法定主義はおよそ行為者の予測を裏切るような不利益を与えてはならないとするものですから（予測可能性の保障）、憲法もまたその趣旨で理解されるべきだとして、通説はこの場合にも遡及処罰が禁じられると考えています。さらに同様の理由から、③たとえば行為時には罰金刑であった犯罪が裁判時には懲役刑になっていた場合のように、すでに行為時において犯罪であり法改正によって刑罰が重く変更されたにすぎないときであっても、改正後の重い刑を定めた新法を適用してはならないと解されています。

(2) 刑法6条

以上で見た①〜③の例は、いずれも行為時の法状態よりも裁判時の法状態が行為者にとって不利益に変更されていたという場合でした。そしてこのような場合については、事後の不利益な刑法をさかのぼって適用してはならないのであり、これが罪刑法定主義の要請に基づくものであることはすでに述べたとおりです。ところで、刑法6条は「犯罪後の法律によって刑の変更があったときは、その軽いものによる」と述べています。これを上の3つの例に当てはめて

みると，いずれも「軽い」のは行為時の方ですからこれを適用すべきことになり，結局，裁判時の法を遡及適用してはならないという憲法39条と同じ結論になるので，この限りでは刑法6条は憲法に合致しています。ところが刑法6条は「軽い」方を適用せよというのですから，④たとえば行為時に懲役刑であった犯罪が裁判時に罰金刑となっていた場合には，軽い裁判時の刑法を「さかのぼらせて」適用すべきことになってしまいます。これは一見，憲法違反のようにも見えます。しかしよく考えると，裁判時法を用いるのは遡及適用には違いないのですが，軽い刑罰で処断するのなら行為者にむしろ利益を与えることになるのですから，実は罪刑法定主義に反するわけではないのです。確かに，この場合にも①～③と同様に原則どおり行為時法を適用し重く処断することにしたとしても，行為者の予測を裏切るものではないので罪刑法定主義に反しません。けれども立法者は行為者の利益を図るという政策的な理由から，この場合には軽い新法を遡及適用させることにしたのです。

では，⑤犯罪であった行為が「違法だが無罰則」になったという場合や，⑥刑罰法規が廃止されてしまった場合のように，事後の法改正によりその行為にもはや刑罰が加えられないことになっていたときはどうでしょうか。「刑罰がない」ほど軽いものはないのですから，刑法6条によれば，この場合にも事後法を遡及適用して「罰しない」としなければならないはずですが，適用すべき「法」自体が存在していません。実は，このような場合については刑事訴訟法337条2号に定めがあり，裁判所は判決で免訴の言渡しをしなければならないことになっています。免訴とは，犯罪事実の有無を判断することなく言い渡す形式裁判である点で無罪判決とは異なりますが，刑罰を科されず，その判決に一事不再理効が認められる点では無罪判決と全く同じ効果を有しています。

刑法6条が適用できるのは，「犯罪後」に「法律による刑の変更」があった場合でなければなりません。法律が効力を有するようになるのは，公布時期からではなく施行時期からです（施行期日は原則として法例1条1項により公布の日から起算して20日を経た時ですが，公布された法に特に明記されていればそれによります。中には「公布の日から施行する」と明記されているものも多く，この場合には公布時期がまさに問題となりますが，判例は当該法令の公布を記載した官報を一般国民が販売所で購入・閲覧できるようになった最初の時点であるとしていま

す)。したがって，まず問題なのは，刑を変更する新しい法律が施行された時点が「犯罪後」であったかどうかです。たとえば殺意をもってピストルで人を撃ち，重傷を負った被害者が病院で死亡するまでの間に新法が施行されたとすると，これは「犯罪後」なのでしょうか。通説によれば，犯罪後とは実行行為の終了後の意味であるので，この場合には死亡という結果はまだ発生していなかったけれども犯罪後にあたることになり，刑法6条は適用できます。他方，実行行為の途中で新法が施行された場合は犯罪後ではないので，刑法6条の適用はなく行為全部に新法が適用されます。たとえば殺害行為が今まさに行われている最中に新法の施行があったとすれば，このときは刑法6条の適用はないのです。問題があるのは，結合犯（たとえば，強盗犯人が暴行・脅迫後，財物を奪取するまでの間に法改正があった場合），継続犯（たとえば，監禁犯人が被害者を監禁中に法改正があった場合），包括一罪（たとえば無免許医業を行っていた期間中に法改正があった場合），科刑上一罪（たとえば，文書偽造後，それを行使するまでの間に法改正があった場合）などですが，判例はこのような場合のすべてについて犯罪後ではないとして刑法6条の適用を拒否しています。しかし学説には反対するものもあり，とりわけ本来的には複数の犯罪である科刑上一罪についてはそれぞれの罪を分離させて刑法6条を適用した後に刑法54条による処理をすべきであるという批判が多く寄せられています。なお，教唆や幇助行為が行われたときには軽い刑であったが正犯行為が行われた時点では重い刑になっていたような場合，かつての判例は正犯者とともに共犯者も新法で重く処断されるとしていました。しかし，戦後，共犯行為は法改正前に終了しているのだから共犯者は旧法で軽く処断されるべきだとする下級審判例が登場し（教唆犯について東京高判昭28・6・26東高時報4巻3号69頁，幇助犯について大阪高判昭43・3・12高刑集21巻2号126頁），通説はこの判例の変化を好意的に受けとめています。

次に「刑の変更」とは何を指すのかについても問題があります。判例はこれを主刑の変更のみであって附加刑（没収）の変更は含まないとしており（大判大2・1・31刑録19輯151頁。大判昭16・7・17刑集20巻425頁は労役場留置期間の変更も含まれるとしています），学説にもこれを支持するものがあります。しかし近時の学説の多数は，刑法6条は行為者の利益を図る趣旨の規定であるから

実質的に考えるべきであるとして，没収の要件や労役場留置期間ばかりでなく執行猶予の要件の変更等も含まれると広く理解しています。もっとも，実質的に行為者の利害を考える立場を貫けば公訴時効期間，親告罪，証拠法，さらには三審制などの変更までも含めることになりますが，このような訴訟法規定の変更までは含まれないと理解する論者も多く，必ずしも学説の足並みが揃っているとはいえない状況です。

（3） 限時法の問題

　以上のように，わが刑法は，事後の法によって刑の変更があった場合には軽い刑を定めている法を適用するというやり方を採用しています。このことは行為時法と裁判時法との間にさらに中間時法があった場合にも妥当するので，中間時法が最も軽い刑を定めているのならこれを適用することになります。そしてすでに述べたように「刑の廃止」があれば免訴判決を下さなければならないので，たとえば行為時では懲役刑であったが，その後刑が廃止され，裁判時に再び罰金刑となっていたような場合には，結論として免訴にしなければならないことになるのです。

　このように行為後に刑が廃止されれば（たとえ裁判時に再び刑が復活していたときであっても）免訴判決により刑の執行を免れられるのだとすると，次のようなことが起きます。たとえば，ある行為を禁じている刑罰法規Ａが近々廃止されることが国会で決議されたとしましょう。するとそれを知った人々の中には，仮に逮捕されても裁判時にはすでに法が失効しており免訴判決が得られることを期待して，廃止前であるにもかかわらず堂々と違反行為をする者が現れるかもしれません。その期待は廃止日が近づくにつれて高まるので，徐々に違反者は増えるでしょう。そうなると刑罰法規Ａはまだ廃止されていないのに威嚇力を失い，全くのザル法になってしまうわけです。このような不都合を回避する方法としては，刑罰法規Ａの廃止法に「この法律の施行前にした行為に対する罰則の適用については，なお従前の例による」というような附則を設けて，刑罰法規Ａの失効前に行われた行為については失効後も刑罰法規Ａによって処罰することを明示しておくやり方が考えられます。これは刑法6条の適用を排除する特別規定ですが，すでに述べたように行為時の法によって「重く」処罰してもそれ自体は罪刑法定主義に反するものではなく，また刑法6条に反して

不利に扱うことを予告しておけば予測可能性を害することにもなりませんから，このような附則をつけるやり方は広く普及しています。ところで，刑罰法規の中には一時的な事情に対処するために臨時的に設けられ，あらかじめその失効する期日が明示されて立法されたものがあります。このようなものを限時法といいます（広い意味では，将来失効することが漠然と示されているにすぎないものも含まれます）。限時法は，前記のような不都合をいわば生まれながらにして抱えているものですから，立法の際に予防策として「従前の例による」の附則を設けていることが望ましく，事実そのように手当てされたものもあります。しかし何ら手当がされていなかった場合にはどうするべきでしょうか。かつては，明文の附則がなかった場合でも限時法はその性質上特別に扱われる必要があるとして，その法律が妥当する期間内に行われた行為については失効後もその法律を適用して処罰するべきだという学説（限時法の理論）が有力でした。しかし，近年では，不都合を回避しようとするなら立法時に附則を設ければ済むことであり，それがなされていないのにあえて刑法6条に反して行為者を不利益に扱うことは予測可能性を害するので罪刑法定主義に抵触し不当である，と考える学説の方がむしろ多数を占めるようになっているといってよいでしょう。

3　場所的適用範囲

　刑法は「どこで」行われた行為に適用することができるのでしょうか。これが刑法の場所的適用範囲の問題です。わが国の刑法は第1条から第4条の2までの5カ条においてこの問題への対応を明示していますが，大ざっぱにいえば，それは1つの基本原則とそれを拡張する3つの補充原則から成り立っています。以下では，それらについて見てゆくことにしましょう。

(1)　基本原則

　刑法1条1項は「この法律は，日本国内において罪を犯したすべての者に適用する」と述べて，わが国の領域内で犯罪が行われた場合には，犯人の国籍・身分等にかかわらず，国内犯として等しく日本刑法の効力を及ぼす旨を宣言しています。このように自国内での犯罪行為には自国法を適用するという刑法の運用を属地主義といい，日本をはじめほとんどの国家はこれを刑法の基本原則

としています。この原則があるため，東京駅でアメリカ人が中国人を殺害した場合にも，アメリカ人を日本刑法の殺人罪で処罰することができるのです。では，東京湾を航行中のアメリカ商船の中で，アメリカ人の乗員が中国人を殺害した場合はどうでしょうか。この場合も，そのアメリカ人乗員に日本刑法を適用してよいのです。というのは，「日本国内」には領土ばかりでなく領海（領海法1条にもとづいて沿岸の基線からその外側12海里までの海域）・領空（領土および領海の上空）も含まれるのであり，その範囲内にあればたとえ外国の大公使館内の出来事であろうと，この例のように外国の船舶内の出来事であろうと構わないと解されているからです。したがって，先の商船が東京湾ではなくさらに沖合の領海外を航行中であったならば，このときは日本刑法は適用できないことになります。しかしこのように領海外にあるときでも，その船が日本船舶であったとしたら，やはり日本刑法が適用されます。それは，刑法1条2項が「日本国外にある日本船舶又は日本航空機内において罪を犯した者についても，前項と同様とする」と定めているからです。このように自国の国旗や標識を掲げる権利を持つ船舶・航空機内部には自国法を適用するという考えを旗国主義といいます。日本の国籍を有する船舶・航空機はもちろん本項の適用を受けますが，船舶については日本国民の所有するものであれば船籍はなくてもよいとされています（最決昭58・10・26刑集37巻8号1228頁）。判例には，領海外で無許可漁業を行った者につき，日本船舶を利用したことを理由として日本刑法の適用を認めたものがあります（大判昭4・6・17刑集8巻357頁など）。

　ところで，犯罪は犯人による行為とその結果から成り立っています。たとえば殺人罪は，人に向けたピストルの発射行為があり，その結果被害者が死亡した場合に成立します。多くの場合，行為と結果は近接して存在するので問題はないのですが，場合によっては両者がそれぞれ別の場所に存在することもありえます。たとえばニューヨークから国際電話で東京にいる人を脅迫したときは，「害悪の告知」という行為が行われたのは外国ですが「意思決定の自由の侵害」という結果が発生したのは日本です。そこで，このような場合でも「日本国内で罪を犯した」といってよいかが問題となります。現在の通説は，構成要件に該当する事実の一部でも存在すればその場所が犯罪地であるとして，「行為」「結果」のいずれかが日本国内にあればよいとしています（遍在説）。したがっ

て上の例はもちろんのこと，逆に東京からニューヨークに脅迫電話をかけた場合でも，脅迫罪の適用ができることになります。さらには，ニューヨークから東京に毒入りの食品が郵送され，受取人が東京でそれを食べて旅行に出かけソウルで死亡した場合のように，犯罪の中間影響地が日本であるときでもよいとされています。もっとも学説の中には，刑法は規範の命令に背いた人の行為を罰するのではなくあくまでも国民の生活利益（法益）を保全するために存在するという理解から，結果発生地を基準とするのが基本的に正しいとしたうえで，行為が国内で行われ結果が国外で発生した場合には，それが後述する国外犯として処罰可能な犯罪であり日本刑法が国外での結果発生についても未然の防止を図ろうとしているときに限って刑法1条により処罰してよいとする見解もあります。この立場によれば，たとえば東京からニューヨークに毒物を送って相手を殺害した者には日本刑法の殺人罪を適用してよいが，東京から電話をかけてニューヨークにいる人を脅迫した者には（脅迫罪が国外犯処罰の対象ではないので）日本刑法を適用できないことになります。

　刑法1条をめぐっては，さらに共犯の問題があります。共犯には各人が「正犯」である共同正犯（広義の共犯）と，正犯に従属して処罰される教唆犯・幇助犯（狭義の共犯）がありますが，前者については，実行共同正犯であれ共謀共同正犯であれ，そのうちの一人に国内犯が成立すれば他の者も国内犯として処罰してよいと解されています。また，後者については，教唆・幇助行為が行われた場所が国内であれば日本刑法の適用があるのはいうまでもありませんが，たとえその場所が国外だったときでも，正犯が国内犯として罰されるときには教唆・幇助者も国内犯として処罰できるとされています。判例にも，薬物や拳銃をわが国に密輸入した正犯に対して国外でそれらの物品を調達するなどの幇助行為をした者を「日本国内で罪を犯した」としているものが多数あります（東京地判昭57・7・28判時1073号159頁，名古屋高判昭63・2・19高刑集41巻1号75頁など）。

　　（2）　3つの補充原則

　「日本国内において罪を犯した」者に日本刑法の適用があるという刑法1条を反対解釈するなら，それ以外の者，すなわち国外で罪を犯した者には適用がないということになります。しかしわが刑法は，第2条以下において一定の

「例外」を設けているのです。それらの規定は，国外での犯罪行為にも日本刑法を及ぼすという意味で，実質的には第1条の基本原則を補い刑法の適用範囲を広げる役割を果たしているといえます。

(a) **日本人の国外犯** 刑法3条は「この法律は，日本国外において次に掲げる罪を犯した日本国民に適用する」と述べ，放火，私文書偽造，強姦，殺人，傷害，逮捕・監禁，略取誘拐，名誉毀損，窃盗，強盗，詐欺，恐喝など，かなり多くの犯罪を列挙しています。犯人が自国民である限り犯罪地がどこであろうと自国法を適用するというやり方を（積極的）属人主義といいますが，わが刑法はこれを一定限度で採用しているわけです（はじめのところで述べた器物損壊罪はその対象外になっています）。問題は，このように自国民であることを根拠として処罰することが許されるのは何故かです。わが国で伝統的に採られてきたのは，国民は母国への忠誠を果たすため国外にあっても母国法を守るべきであるという説明（国家忠誠説）でした。しかしこのような考えは国家主義的なもので，現代の刑法の理念としてふさわしいかは疑問があります。そこで犯罪に対する国際的な協力が重要視されつつある近年では，本来外国で犯された犯罪はその国の刑法で処罰するべきなのだが，犯人が処罰を免れて帰国したときは，罰すべきであった外国に代わって母国が処罰するのだという説明（代理処罰説）も有力になってきています。ただ，代理処罰なのだとすると当該行為が行為地である外国においても犯罪となっていることが前提になるでしょうが，刑法3条にはそのような限定が付されていません。また，外国で処罰された場合には，帰国後はもはや処罰できないとするのが一貫していますが，後述するようにわが刑法はその場合でもなお罰しうることにしています。これらのことから，現行刑法の説明として代理処罰説を採ることには無理があるとされ，依然として国家忠誠説が通説的地位を占めているようです。なお，「日本国民」とは犯罪行為の時点で日本国籍を有する者をいうとするのが通説です。これは，国家忠誠説によるならば当然の帰結でしょう。これに対して代理処罰説によれば，行為の時点で日本国籍があったことは必ずしも必要ではなく，裁判の時点で存在すれば足りるとすることになると思われます。

(b) **すべての者の国外犯・国民以外の者の国外犯** 刑法の適用方法には，自国の利益を害する行為には犯罪地・犯人のいかんを問わずに自国法を適用す

るというものもあります。これを保護主義といいます。つい先頃まで、わが国の刑法は「国家の利益」を害し日本国の存立を危うくさせるような数種の重大犯罪（内乱、外患、通貨・公文書・有価証券等の偽造など）に限って保護主義を採用していました（3条）が、平成15年7月に行われた刑法改正で、日本国外において日本国民に対して一定の犯罪（強制わいせつ、強姦、殺人、傷害、傷害致死、逮捕監禁、同致死傷、略取誘拐、強盗、強盗致死傷など）を犯した外国人に日本刑法を適用する旨の規定（3条の2）が新設されました。このように、「自国民の利益」を害する行為に自国法を適用するやり方を、保護主義の中でもとくに消極的属人主義と呼んでいます。実は、戦前の刑法にも、日本国民が被害者となった場合に犯人である外国人を日本刑法で処罰する旨の規定がおかれていました（3条旧2項）が、外国における国民の保護は当該外国に任せるのが国際協調にかなったやり方であるとの考えから、占領下の昭和22年の改正でこの規定は削除された（属地主義に徹しているアメリカには、3条旧2項があまりにも国家主義的に見えたのであろうという指摘もあります）という経緯があります。それにもかかわらず今回の改正で消極的属人主義を「復活」させた理由は、国際的な人の移動が日常的になった現在、国民が海外で殺人・強盗・誘拐などの重大犯罪に巻きこまれ被害者となるケースが増加したので、これに対処する必要が高まったからだと説明されています。そのため、今回新設された3条の2の対象犯罪は、3条旧2項のそれ（国民の国外犯の対象犯罪と同じでした）に比べると、かなり限定された範囲にとどめられています。しかしそれでも、新規定によって罰しようとする行為が犯罪地の刑法では犯罪とされていない場合もありえないわけではなく、そのような場合に日本刑法で処罰するのは他国の主権侵害になってしまうのではないかという懸念があります。そこで、立法段階では、国際協調主義の立場から、たとえばドイツ刑法がそうであるように、当該行為が犯罪地法でも処罰の対象となっている場合に限るべきではないか（双方可罰性の要件）という意見が出されましたが、結局採用されるには至りませんでした。学説も、行為地国で属地主義による適切な処罰が期待できるならばそれを尊重するのが当然であるが、適切な処罰が期待できないようなまさに例外的な場合について、日本刑法により国民の保護を全うしようとするのが新規定の立法趣旨であるから、双方可罰性を要求することはむしろ適当でないとす

る立場が有力なようです。

なお，刑法4条によれば「日本国の公務員」が虚偽公文書作成や収賄などを国外で犯した場合にも日本刑法の適用があります。この規定を，前述の「日本人の国外犯」を公務員について拡大したものであり属人主義だと理解する見解もありますが，多数説は，日本国の公務の適正を国外においても保護しようとする規定であり，保護主義に基づくものだと理解しています。

(c) **条約による国外犯**　属地主義・属人主義・保護主義による限り「自国外での，自国民以外の者による，自国の利益を害しない」行為に対しては自国の刑法が適用できないことになります。従来は，自国に全く関係のない犯罪行為に自国法の適用がないことはむしろ当然であったといえるでしょう。しかし，政治的テロやハイジャックのように国境を越えた犯罪が増加してきたことに伴い，国際社会は協力してこれらの犯罪に対処しなければならなくなってきました。すなわち，各国は自国と無関係な犯人に対しても自国の刑法をもって臨む必要が出てきたのです。このように，犯人および犯罪地のいかんにかかわりなく自国法を適用するというやり方を世界主義といいます。わが国も，1987（昭和62）年の刑法一部改正の際に，刑法典上の犯罪であって「条約により」国外で犯された場合であっても処罰すべきだとされている行為をしたすべての者には日本刑法を適用するという4条の2を新設して，一定の範囲で世界主義を取り入れました。具体的にどのような行為がこの条文に従い日本刑法の適用を受けるかはそれぞれの条約において示されています。現在のところ，これに関する条約には「人質をとる行為に関する国際条約」「国際的に保護される者（外交官を含む。）に対する犯罪の防止及び処罰に関する条約」「核物質の防護に関する条約」があります。

（3） **外国判決の効力**

すでに見たように，たとえば日本国民が殺人を犯したときは犯罪地が国外であっても日本刑法の適用を受けます（3条）。しかし，裁判権は原則として自国の領域でしか行使できませんから，国外犯に対して現実に日本刑法を適用する（すなわち裁判にかける）ためには，まず犯人の身柄を日本に移さなければなりません。ところが，わが国はこのような犯罪人の引渡についてはアメリカ合衆国と条約を結んでいるだけで，その他の国々とはケース・バイ・ケースの

解決が図られているにすぎないのです。引渡が行われなければ，犯人である日本人は，ほとんどの国は属地主義を原則とするため犯罪地で裁判にかけられ，その国の刑法が適用されて有罪判決を受け，さらには刑の執行が行われることになります。刑法5条は，こうして外国で刑の執行を終えた日本人が帰国したようなときでも，同じ犯罪行為について今一度日本刑法で処罰してよいとしつつ，犯人がすでに外国で刑の全部または一部の執行を受けたときは必ず刑を減軽または免除しなければならないとするものです。1947（昭和22）年以前は裁量的な減免であったことに照らすと，「必要的減免」には刑法の世界主義化があらわれています。しかし，外国の刑事判決に一事不再理効を認めない点については問題だとする声も多くあります。最高裁は一事不再理は国内法上の問題にとどまるから刑法5条は憲法39条違反ではないとしました（最大判昭28・7・22刑集7巻7号1621頁）が，刑法が国際協力の方向で動きつつある現在，外国の判決に一定の法的効力を認めることも検討されてよいでしょう。

4　人的適用範囲

　刑法は「誰が」行った行為に適用できるかという問題があります。すでに見てきたように，刑法3条（国民の国外犯）や4条（公務員の国外犯）にはそれぞれ「日本国民」「日本国の公務員」という限定が付されていますが，1条（国内犯），2条（すべての者の国外犯），4条の2（条約による国外犯）はいずれも「すべての者に適用する」と書かれているので，それらについては行為者がいかなる者であろうと日本刑法を適用してよいことになります。もっとも，実際には一定の身分ないし地位にある者について「処罰できない」場合があり，かつてはそれらを「すべての者」の例外だと考える立場もありました。もしこのように刑法の適用自体が排除される者が例外的にせよいるのだとすると，その者に対しては正当防衛が行えず，またその者の行為に加担しても共犯となりえないなどの不都合が生じることになります。しかし現在の学説は，これらの者に対しても刑法の適用はあるのだが，特殊な人的事情があるために刑罰権の発動が妨げられたり（人的処罰阻却事由），または刑事裁判を遂行する条件が欠けて訴追できない（訴訟障害）ので処罰されないだけだと理解することでほぼ一

致しています。以下では，そのような例を見てみましょう。

（1） 天皇・摂政

摂政とは天皇が18歳未満である場合や精神・身体上の重患等で国事行為を自ら行えない場合におかれる天皇の代行者ですが，皇室典範21条は「摂政は，その在任中，訴追されない」と規定しています。これはその地位に鑑みて訴訟上の特権を与えたものですから，任期が終われば訴追し処罰することはできます。一方，天皇については直接の規定はないものの，摂政に関する規定とのバランスからやはり在任中は訴追できないと考えられています。そして天皇には退位がありえないので，事実上，終生処罰されないことになるのです。なお，皇族にはこのような訴訟障害は認められていません。

（2） 国会議員

国会議員は「議院で行った演説，討論又は表決について，院外で責任を問はれない」（憲法51条）という免責特権を持っています。この規定は，議員が国民の代表としてあらゆる圧力に屈することなく自由闊達な議会活動を行うことができるように，院内における言論の自由を最大限に尊重して一定の行為に対する刑罰権の発動を控えた人的処罰阻却事由だと解されていますが，一定の行為についての合法性を認めて犯罪の成立それ自体を否定する事由だとする考え方もあります。

（3） 国務大臣

国務大臣は「その在任中，内閣総理大臣の同意がなければ，訴追されない」（憲法75条本文）。内閣総理大臣の同意があれば訴追できるのですから，これは明らかに訴訟障害の場合に当たります。内閣総理大臣自身も（広義の）国務大臣の一人としてこの特権を有しますが，その特権は自らが訴追を拒否する限り失われないという意味で一段と強力なものです。しかし，「これがため，訴追の権利は，害されない」（憲法75条ただし書）のですから，他の国務大臣と同様に，退任すれば訴追されうることは言うまでもありません。

（4） 外国の元首・外交官

外国の元首，外交官などの外交使節とその家族，一部の国際機関の職員には国際法上の慣例または条約により滞在国の刑事裁判権からの免除という特権（いわゆる治外法権）が与えられています。そのため，これらの者については刑

法の適用はあっても訴追することができないのです。もっとも，彼らがその特権を放棄した場合や，身分を失った後では，訴追は可能になると解されています。

（5） 駐留する外国軍隊の構成員・軍属

　現在わが国にはアメリカ合衆国の軍隊が日本国の承認を得て駐留していますが，その構成員や軍属，それらの家族の法的地位については日米安全保障条約6条に基づく「地位協定」に定めがあります。それによれば，これらの者が①もっぱら合衆国の財産もしくは安全のみに対する罪，またはもっぱら合衆国軍隊の他の構成員・軍属・それらの家族の身体や財産に対する罪を犯した場合，および②公務執行中の作為・不作為から生じる罪を犯した場合には，これらの者に対する第一次の裁判権は合衆国の軍当局にあるとされ，日本の裁判権は軍当局が裁判権を放棄したときに二次的に認められるにすぎません（同協定17条1項・3項）。そのため，たとえば基地外の一般道路上を走行する米軍のトラックが人身事故を起こしても「公務執行中」だと認められれば日本刑法で処罰することは事実上できないことになります。これは一種の訴訟障害であるといえます。

　ちなみに，彼らの公務外の犯罪行為については日本に第一次裁判権があります。しかし，被疑者は基地内で軍の捜査機関によって逮捕されるケースも多く，そのような被疑者の訴追には困難が伴うのです。というのは，地位協定には「日本国が裁判権を行使すべき合衆国軍隊の構成員又は軍属たる被疑者の拘禁は，その者の身柄が合衆国の手中にあるときは，日本国により公訴が提起されるまでの間，合衆国が引き続き行う」という規定（17条5項(c)）があり，これが日本の捜査機関による証拠収集活動の妨げとなっているからです。近時，日本にある米軍施設の75％を抱える沖縄県を中心として地位協定の抜本的な見直しを要求する声が高まりつつありますが，日米政府は運用面での改善（日本側から公訴提起前に被疑者の身柄引渡要求がなされた場合，これに応じるかどうかは米側の裁量による。その際，米側は，被疑事件が殺人・強姦であるときは「好意的配慮」を，その他の犯罪であるときは「十分な考慮」をする。）で十分であるという態度をとり続けています。

第4章 ■犯罪の意義

1 犯罪とは

（1） 2つの犯罪概念

「犯罪とは何か」という問いに対しては、さまざまな答えがありえます。

たとえば、社会で現実に発生する殺人・傷害・窃盗・放火などの事件を考えるならば、犯罪とは広く「われわれの生活利益を侵害する行為」ということができるでしょう。その中には、14歳に満たない者による犯行のように、実際には処罰されない行為も含まれます。犯罪学（刑事学）の対象としての「犯罪」は、このようなものとして理解されています。これを「実質的意義における犯罪」（実質的犯罪概念）と呼んでいます。

これに対して、刑法学、特に刑法総論では、「犯罪とは何か」という問いに対して、「刑法によって処罰される行為」と答えます。これを「形式的意義における犯罪」（形式的犯罪概念）と呼んでいます。「犯罪と刑罰に関する法」である刑法では、「われわれの生活利益を侵害する行為」のなかで、刑罰という厳しい制裁に値する行為（＝当罰的行為）であり、かつ、刑罰法規によって現実に処罰することが可能な行為（＝可罰的行為）のみを「犯罪」とするのです。

そして現在では、「刑法によって処罰される行為」と判断されるためには、どのような要素を備えていることが必要かという観点から、犯罪とは「構成要件に該当する違法で有責な行為である」とするのが一般的です。すなわち、「犯罪」とは、「構成要件該当性」「違法性」「有責性」という3つの属性をもつ「行為」であると解するのです。これは、成立要件に着目した「形式的犯罪概念」ということができます。

（2） 犯罪の成立要件

犯罪とは「構成要件に該当する違法で有責な行為である」とする考え方の具

体的内容は，以下のようなものです。1つの事例として，「Aが殺意をもってBにナイフを突き刺して死亡させた」というケースを想定し，これがどのようなプロセスを経て「犯罪」と判断されるか，という観点から見ていくことにします。

① 犯罪はまず，「行為」でなければなりません。これは，「犯罪は行為である」という行為主義（第5章参照）の原則から導かれるものです。このことは第1に，思想や人格それ自体は処罰されることはなく，「行為」となって外部にあらわれた場合に初めて処罰の対象となることを意味しています。「何人も思想の故に処罰されることはない」という法諺はこうした内容をあらわしたものです。第2に，行為が「人」の身体活動を意味することから，自然の力や動物の行動などは，刑法上の「犯罪」とされることがないということも意味しています。上掲の事例で，AがBにナイフを突き刺したことはもちろん「行為」にあたります。

② 犯罪が成立するためには，次に「行為」が「構成要件」に該当することが必要です。「構成要件」の内容をどのように理解するかについてはさまざまな見解がありますが（第6章参照），一般的には「違法行為の類型」と捉えられています。これは，刑法が処罰に値する行為の中から立法政策に基づいて類型化した，一定の法益侵害（の危険）を生じさせる行為の型を意味します。たとえば，スリ・万引き・侵入盗などがいずれも窃盗とされるのは，各行為が「他人の財物を窃取した」という窃盗罪（235条）の構成要件に該当するからです。このような「構成要件」に該当しなければ，いかに重大な生活利益を侵害する行為であっても，犯罪とすることはできません。これは，「法律なければ犯罪なく，刑罰なし」とういう罪刑法定主義（第2章1参照）の原則に基づくものです。

上掲の事例では，Aの行為は，「人を殺した」という殺人罪（199条）の構成要件に該当するといえます（さらに，「人の生命を侵害した」という意味で，殺人罪・傷害致死罪（205条）・過失致死罪（210条）の構成要件に該当すると捉える見解もあります）。

③ 犯罪が成立するためには，「行為」が「構成要件」に該当し，さらに「違法」であることが必要です。「違法性」とは，一般的には，その行為が有す

る「法的に許されない性質」をいいますが，刑法では，法益侵害（またはその危険）が存在することを意味すると解されています（第9章参照）。刑法の任務は法益保護にあり，法益侵害のないところには違法性も犯罪もないという法益保護の原則（第2章2参照）が，犯罪成立要件としての「違法性」を要請しているのです。行為が構成要件に該当しても，違法でなければ，犯罪は成立しません。

　上掲の事例で，Aの行為は，（殺人罪の）構成要件に該当するので，原則として「違法」であると考えられます。しかし，たとえばBが突然ナイフを持って襲いかかってきたので，Aは自己の生命を守るためにナイフを奪ってBに突き刺して死亡させたのであれば，Aの行為は正当防衛（36条1項）となり，違法ではないことになります。刑法では，正当防衛のように，一方では法益が侵害されていても，他方で別の法益が保護されており，かつ，後者を保護する必要性が優越する場合（あるいは，そもそも侵害された法益を保護する必要性自体が存在しない場合）には，実質的にみて，違法性が阻却される（＝欠ける）と解しており，そのような場合を類型的に「違法阻却事由」と呼んでいます。違法阻却事由は，刑法に明文で規定されているもの（正当防衛のほかに，正当行為（35条）・緊急避難（37条）など）に限られず，超法規的なもの（たとえば，「被害者の承諾」）もあると解されています（第10章参照）。

　④　犯罪が成立するためには，「構成要件」に該当する「違法」な行為が「有責」になされることが必要です。「有責性」は「責任」ともいいます。刑法における「責任」とは，違法な行為を行ったことについて，行為者を刑罰という手段によって「非難」できること（法的非難可能性）を意味します（第11章参照）。歴史をさかのぼるならば，およそ客観的に法益侵害の結果が発生した以上は「責任」を認めて刑罰を科すという「結果責任」（客観的責任）の思想が支配的であった時代もありましたが，現在ではこのような考え方は否定され，犯罪の成立には行為と行為者の主観的な関連性（主観的責任）があることが前提となります。これは，「責任なければ刑罰なし」という責任主義（第2章3参照）の要請に基づくものです。

　上掲の事例で，構成要件に該当し，違法な行為を故意に行ったAについて，通常は非難が可能であり，「責任」が認められるといえるでしょう。「責任」が

認められれば、Aは「犯罪」を行ったことになります。しかし、たとえばAが重度の精神障害のために是非善悪の判断能力を欠いていた場合には、責任無能力者の一種である心神喪失者（39条1項）として「責任」はなく（すなわち「非難」することができず）、犯罪は成立しません。あるいは、Bがふざけてナイフを突きつけてきたのを見て、自分を襲ってきたのだと誤解したAが正当防衛のつもりでナイフを奪ってBに突き刺して死亡させた場合（「誤想防衛」）には、有力な見解によれば故意が阻却されて過失致死罪の問題となり、過失もなければ「責任」がなく犯罪は不成立となります。構成要件に該当する違法な行為について特別な理由から責任を排除する場合を、類型的に「責任阻却事由」とよんでいます。刑法は、責任を基礎づける要件として故意または過失を規定し（38条1項）、責任阻却事由として責任無能力を規定していますが（39条1項・41条）、学説では、違法性の意識の可能性の不存立、あるいは期待可能性の不存在なども責任を阻却する場合と解する立場が一般的です（第11章参照）。

（3） 処罰条件と処罰阻却事由

以上のように、「犯罪」を成立要件の面から定義するならば、「構成要件に該当する違法で有責な行為」であるということになります。（1）で述べたことに対応させるならば、「構成要件該当性」によって「可罰的行為」か否かを、また「違法性」と「有責性」によって「当罰的行為」か否かを判断するものということができるでしょう。重要なのは、この「構成要件該当性」「違法性」「有責性」という成立要件（属性）は、それぞれ罪刑法定主義・法益保護の原則・責任主義という刑法の基本原則によって導かれるものであり、また、犯罪がこれらの属性を備えた「行為」であるということも、行為主義の原則によって支えられていることです。「構成要件に該当する違法で有責な行為」は「犯罪」すなわち「刑法によって処罰される行為」であり、原則としてこれに対して国家の刑罰権が発生します。

ただし、「構成要件に該当する違法で有責な行為に対しては国家の刑罰権が発生する」という説明には、若干の例外があります。まず、犯罪が成立しても、刑罰権の発生が、他の一定の条件に依存している場合があります。たとえば、事前収賄罪（197条2項）では、「公務員に就任すること」が処罰されるための要件となります。これを「（客観的）処罰条件」とよんでいます。次に、一定

の事由があることによって，刑罰権の発生が妨げられる場合があります。たとえば，窃盗罪（235条）・詐欺罪（246条）などのいくつかの財産犯において，犯罪が親族間で行われることは刑が免除される理由となります（244条，251条，255条。刑の免除は有罪判決の一種であり（刑訴334条），犯罪は成立しているものの刑を言い渡さないという特殊な場合です）。これを「（人的または一身的）処罰阻却事由（刑罰阻却事由）」とよんでいます。これらの「処罰条件」および「処罰阻却事由」は，構成要件該当性・違法性・有責性という犯罪の成立要件とは無関係な政策的事由と解するのが一般的ですが，その位置づけについては，学説上，争いがあります。

2　犯罪の本質とは

（1）「法益侵害」としての犯罪

先に，「実質的犯罪概念」について述べました。これは，犯罪をその「本質」から理解しようとする考え方ということができるでしょう。犯罪の本質をどのように捉えるべきかをめぐっては，歴史的にもさまざまな議論がなされてきました。

19世紀初期の刑法学においては，犯罪の本質を「権利の侵害」と解する立場が有力でした。この立場は，ドイツのフォイエルバッハ（1775-1833）による「権利侵害説」に代表され，啓蒙主義的人権思想を背景としながら，犯罪の成立範囲を明確化しようとする目的で主張されたものでした。しかし，すべての犯罪を権利の侵害として捉えることに困難があったために，しだいにビルンバウム（1792-1872）の提唱した「法益侵害説」が支持されるようになりました。これは，実証主義的観点から，犯罪を「国家が権利の対象として保護している財（Gut）を侵害し，または危険にさらすもの」として理解するものです。また，リスト（1851-1919）は刑法による保護の客体としての「法益」概念を確立し，「法益（Rechtsgut）とは，法的に保護された利益である。すべての法益は生活利益であり，個人または共同体の利益である」と定義しました。殺人罪の法益は「人の生命」であり，窃盗罪の法益は「人の財産」であるとされるのです。この考え方は，その後の学説によって継承され，現在の通説となるまでに

発展してきました。違法の本質をいわゆる結果無価値に求める見解（第9章1参照）は，基本的に法益侵害説を引き継いでいるとみる立場が有力です。

その後，20世紀に入り，「法益」概念を異なる角度から捉えようとする学説があらわれ，各刑罰法規における立法目的を法益と解するホーニッヒの見解，刑法における解釈および概念構成の指標を法益と解するシュビンゲの見解などが主張されました。これらの学説においては，法益概念の内容がかなり希薄化していますが，さらにナチス時代のドイツでは，犯罪の本質を，法益侵害ではなく，「義務の違反」，すなわち社会共同体の発展を支える義務・人倫的義務に違反する行為として捉えるべきものとする見解があらわれました。こうした考え方の一部は，第二次世界大戦後のドイツにおいて，ヴェルツェル（1904-1977）が，目的的行為論（第5章2参照）の立場から人的不法概念を提唱し，「不法」を単に結果無価値としての法益侵害だけでなく，行為者に関係づけた人的に不法な行為無価値をも考慮しなければならないとしたことに引き継がれているとみることができます。

刑法の機能を法益保護に求めていくことを前提とするかぎり，犯罪の本質についても「法益侵害説」が支持されるべきでしょう。犯罪の本質を義務違反に求める見解の背景には，刑法の社会倫理的機能（社会倫理を維持する機能）を強調しようとする傾向が看取されます。しかし，法益に対する侵害（またはその危険）があるという理由ではなく，社会倫理に反するという理由で当該行為を処罰できるとするならば，必ずしもその内容が明確ではなく，歴史的にも容易に変化しうるものを根拠として国家の刑罰権が行使されることとなります。また，価値観の多様化を許容する現代社会においては，他者とは異なる「倫理」に基づいて行動する自由も認められる必要があります。さらに，社会倫理機能を強調していくならば，結果的に，刑法が原則として人の内心にまで介入することを認めざるをえなくなるでしょう。本来，社会倫理は，刑罰によって強制すべきではない性質のものと考えられます。

（2）「法益」概念の実質化

もっとも，「法益侵害説」に立脚するとしても，「法益」の内容が常に一義的に決まるわけではありません。「法益」の内容を単に「法によって保護された利益」といったように抽象的・包括的にのみ捉えるならば，国家理念そのもの，

あるいは政府のあらゆる利益がそこに含まれることになり，ナチス時代の刑法のように，「社会共同体の発展を支える義務」に反することを犯罪の実質とみることも可能になってしまいます。その意味で，現代社会における「法益」概念は，より実質的・限定的内容をもたなければなりません。その具体的検討は，刑法各論の課題となりますが，一般的には「憲法の基本原理と構造からみて刑罰法規による保護に値する生活利益」と捉える見解が有力です（憲法的・実質的法益概念）。

ここでは，さまざまの価値観をもつ個人の尊厳を保障しようとする日本国憲法の基本原理からみて，宗教的・倫理的・政治的価値観などは，刑罰法規による保護の対象としての「法益」には含まれないことが意図されています。同時に，「法益」の内容としての「生活利益」は「刑罰法規による保護に値する」ものでなければならないことから，「法益」概念は，刑法の「謙抑性」の原則とも結びつくものであることが要請されているのです。

(3) 「法益」の種類

「法益」は，一般に，その利益の主体が個人・社会・国家のいずれであるかによって，個人的法益（生命・身体・自由・財産など）・社会的法益（公共の安全・通貨や文書に対する公共の信用など）・国家的法益（国家の存立・統治作用など）に分類されています。これに応じて，犯罪も，3つの種類に分類されます。これは，刑法各論において特に意味をもちますが，現行刑法典も，ほぼ，国家的法益に対する罪（第2編第2章から第7章まで。ただし，第25章を含む），社会的法益に対する罪（第24章まで），個人的法益に対する罪（第26章以下）という順序でおのおのの犯罪を配列しています。これについては，個人に最高の価値をおく日本国憲法のもとでは（憲13条参照），個人的法益に対する罪から配列すべきであるという意見も有力に主張されています。

ところで，最近の傾向として，従来の法益概念には必ずしも還元できない，観念的な利益に対する保護の要求が強まり，実際にも刑事立法が行われるということがあります。これは，特に環境保護の領域，あるいは生命倫理の領域において見られるものです。たとえばわが国では，2000年に「ヒトに関するクローン技術等の規制に関する法律」（いわゆる「クローン技術規制法」）が立法され，クローン個体産生行為が処罰の対象となりました（同法3条・16条）。この

行為は，どのような「法益」を侵害すると考えられているのでしょうか。同法1条では，法益の1つに「人の尊厳」ということが掲げられていますが，こうした観念的な利益が「法益」たりうるのか，そうであるとすればどのような内容をもつものなのか（個人的法益なのか社会的法益なのか）については，今なお議論が続いています。

3 犯罪の種類にはどのようなものがあるか

（1） 分類の方法

刑法上の犯罪は，さまざまな観点から分類することができます。たとえば，①行為の主体という観点からは，身分犯と非身分犯に区別されます。また，②行為の形態からは，作為犯と不作為犯，実質犯と形式犯，挙動犯と結果犯，侵害犯（実害犯）と危険犯などに区別することができます。さらに，③行為者の主観からは，故意犯と過失犯に区別され，④構成要件の基本形式と修正形式という観点からは，既遂犯と未遂犯，単独犯と共犯に分かれます。これらについては，本書で後述される基本的概念との関係で理解すべきものと解されますので，ここでは最も一般的な犯罪の種類として，(a)重罪，軽罪および違警罪，(b)自然犯（刑事犯）と法定犯（行政犯），(c)政治犯と普通犯，(d)親告罪・非親告罪について見ておくことにします（なお，本章2で述べた，個人的法益に対する罪・社会的法益に対する罪・国家的法益に対する罪という分類も，刑法各論における「犯罪の種類」ということができます）。

（2） 具 体 例

(a) 重罪，軽罪および違警罪という区別は，抽象的な意味での犯罪の重大性に着目したものであり，それぞれに対する刑罰の種類・程度に差を設けるものです。1791年のフランス刑法に由来するとされ，諸国の立法例においても広く採用されました。わが国でも旧刑法1条はこうした区別を規定していました。そこでは，最も重い犯罪が重罪，それに次ぐ重さの犯罪が軽罪，最も軽い犯罪が違警罪に分類されていました。重罪では未遂の場合も必ず処罰されたのに対して，軽罪では各則に規定がある場合に限って未遂が処罰され，違警罪では未遂は処罰されないという違いがありました（旧刑法113条）。しかし現行刑法は

これらの区別を廃止しています。現行刑法のように，法定刑の幅を緩やかにして，具体的情状を考慮しようとするときには，犯罪それ自体の重さという一般的な区別は必ずしも適当ではないからです（もっとも，刑法施行法29条以下では，旧刑法の残存規定との関連規定においてこの区別が見られます）。

　(b)　自然犯（刑事犯）と法定犯（行政犯）という区別は，犯罪の性質に着目したものです。自然犯とは，法律の規定をまつまでもなく当然に犯罪とされるものであり，法定犯とは，その性質上当然に犯罪とされるものではないが，（特に行政取締目的から）法律の規定によって犯罪とされるものをいいます。こうした区別はローマ法に由来するとされ，現在でも英米法において用いられるmala in se（それ自体の悪）と mala prohibita（禁じられた悪）の区別と同様のものといえます。これまで，殺人罪，傷害罪，窃盗罪など刑法典に規定されている主な犯罪は前者の例であり，道路交通法に規定された犯罪は後者の例であるとされてきました。しかし，両者の区別は必ずしも明確なものではなく，時代により，あるいは社会によって相対的・流動的であるといえます。ひき逃げ，酒酔い運転のように，当初は法定犯として規定されたものが刑法的非難の対象とされたり（法定犯の自然犯化），堕胎罪，単純賭博罪のように，自然犯として規定された刑法上の犯罪が実質的には「それ自体当然に犯罪である」とはいえなくなる（自然犯の法定犯化）こともあります。その意味で，こうした区別の実益は徐々に小さくなっているといえるでしょう。

　(c)　政治犯と普通犯という区別は，犯罪の目的に着目したものです。政治犯は，国家の政治的秩序を侵害する目的で行われる犯罪であり，それ以外の目的で行われる普通犯と区別されます。政治犯の典型は内乱罪（77条）であり，政治犯については裁判は常に公開されるべきものとされ（憲82条2項ただし書），国際間の犯罪人引渡も一般に認められていません（犯人引渡2条1号・2号）。なお，政治犯は，自己の政治的確信に基づいて犯されるため確信犯とよばれることもあります。ただし，確信犯には，ほかに道徳的・宗教的確信によって犯された犯罪を含める場合もあります。

　(d)　親告罪・非親告罪という区別は，本来は刑事訴訟法上の概念ですが，刑法において規定されているので，ここで便宜上ふれておくことにします。親告罪とは，訴追の要件として，告訴権者の告訴を必要とする犯罪をいいます。親

告罪ではない一般の犯罪が非親告罪です。親告罪が存在する理由は，①起訴されることによって，被害者の名誉・プライヴァシーが侵害されるおそれがある（強制わいせつ・強姦罪［176条～179条］など），②被害が私的で比較的軽微である（私用文書等毀棄・器物損壊罪［259条，261条］など），③個人的な事情が関係するため，被害者の意思を無視してまで起訴しない（未成年者略取・誘拐罪［224条など］），④法政策上，親族間の紛争に国家は干渉すべきではない（親族間の犯罪に関する特例［244条2項など］），といった点に求められます。

4　犯罪論の体系とは

（1）「体系」の意義と役割

　刑法学，特に刑法総論のなかで，すべての「犯罪」に共通する一般的な成立要件を解明する分野が「犯罪論」です。また，「体系」とは，何らかの一定の原理に基づいて組み立てられた知識の統一体をいいます。したがって，「犯罪論体系」とは，一定の原理に基づいて犯罪の一般的成立要件を組織化することによって，犯罪論の基礎を提示しようとするものということができます。

　こうした犯罪論体系は，刑法の目的・機能を前提として，刑法の適正な実現に奉仕するためのものです。その意味で，犯罪論体系は，単に学問的な研究対象にとどまらない，「目的論的体系」であることが求められます。したがって，第1に，その体系は「犯罪になるもの」と「犯罪にならないもの」とを明確に区別できるものでなければなりません。第2に，その体系は，犯罪の認定に際して感情論や恣意性が介入することを排除できるものでなければなりません。これらの要請を満たすことができるときに，犯罪論体系は，その「目的論的体系」としての役割を果たすことができるのです。

（2）「体系」の具体的内容

　すでに見たように，わが国では，「犯罪」を構成する要素としては，行為・構成要件該当性・違法性・有責性（責任）を掲げるのが一般的です。そこで，「犯罪論体系」としても，犯罪の一般的成立要件に対応させつつ，「行為」が構成要件該当性→違法性→有責性という順で成立要件を充足したときに，「犯罪」が成立すると解する考え方が支持されています。そのことは，この「犯罪論体

系」が，上述した要請に応えているということを意味していると考えられます。それは，具体的にはどのような意味においてでしょうか。

　まず，犯罪は「行為」でなければならないとすることによって，必ずしも明確に認定できない思想や人格は処罰されることなく，「行為」となって明確に外部に示されたときにはじめて処罰の対象となることを保障しています。

　次に，その「行為」が「構成要件」すなわち刑法の予定する犯罪類型に該当するかどうかという判断を行うことによって，比較的明確に認定できる客観的・外部的要素について，処罰感情や直感を離れて犯罪の成否を検討することができます。衝撃的な事件が起こると，法律上は処罰規定がなくても感情的な処罰要求が生ずることがありますが，そのような事態にも対処しようとしているのです。

　さらに，その構成要件に該当する「行為」が「違法性」すなわち法益侵害性をもつかどうかを判断することによって，客観的・外部的要素についての検討を深化させるとともに，刑法の法益保護機能にかなった適用を行うことを可能にしています。同時にここでは，行為者の動機・心情の悪質さだけで処罰する危険を回避しようとするのです。

　そして，以上の段階を経て構成要件に該当する違法な「行為」が認定されたときに，その「行為」について行為者を法的に非難できるかという「有責性」の判断を行うことによって，比較的不明確な主観的・内部的要素を中心にして犯罪の成否を検討することになります。ここでは，被害（法益侵害）の重大さだけで処罰しようとすることを回避するという意味があります。

　以上のように，「行為」が構成要件該当性→違法性→有責性という順で成立要件を充足したときに「犯罪」が成立すると解する犯罪論体系は，「犯罪になるもの」と「犯罪にならないもの」とを明確に区別しようとしています。そして，犯罪の客観的・外部的要素と主観的・内部的要素を分けたうえで，まず客観的・外部的要素を確定したのちに主観的・内部的要素の判断を行うことで，判断者に対して，直感的・感情的にではなく慎重かつ理性的な認定を可能にするものということができるでしょう。

（3）「体系」に関する諸見解

　犯罪論体系は，刑法の適正な実現を目ざすという目的との関係で意味をもち

ますが，それ自体として自己目的をもつわけではありません。犯罪論体系は，現実の裁判において裁判官の思考過程を整理・統制するための手段として存在するのです。したがって，唯一の「正しい」体系があるわけではありません。たとえば，かつてドイツにおいては，犯罪の客観的要素と主観的要素からなる体系（ビルクマイヤー，H.マイヤー），あるいは行為と行為者からなる二元的犯罪論体系（ラートブルフ，ミッターマイヤー）などが主張されたこともあります。しかし，ベーリング（1866-1932）が，構成要件該当性・違法性・有責性という3段階の評価からなる犯罪論体系を示してから，少なくともこれらの成立要件を基礎とする体系が，ドイツにおいても，またわが国においても，支持を集めています。

　もっとも，わが国では，上述した①行為→構成要件該当性→違法性→有責性という体系のほかにも，②構成要件→違法性→有責性とする体系，③行為→違法性→有責性という体系が提示されています。このように見解が分かれるのは，(a)犯罪概念の第一要素を何に求めるか，すなわち「行為」か「構成要件」かという問題，(b)構成要件と違法性の関係をどのように捉えるかという問題について対立があるからです。

　(a)の犯罪概念の第一要素を何に求めるかという問題については，①と③の体系が「行為」を第一概念とするのに対して，②の体系が「構成要件」を第一概念とする点に違いがあります。後者の考え方は，罪刑法定主義を基本原則とする刑法学においては，犯罪は刑罰法規の定める構成要件に該当するものでなければならないから，犯罪の構成要素としても，単なる行為自体ではなく，構成要件に該当する行為こそが問題とされるべきであるとします。これに対して前者の考え方は，たしかに犯罪として処罰の対象となるのは構成要件該当行為だけであるとしながら，行為が構成要件に該当するという判断を行うためには，それ以前に判断の対象となる行為が所与として予定されていなければならないと主張します。そして，行為にのみ構成要件に該当する可能性があるのだから，あらかじめ行為論の段階で「行為」と「非・行為」を選別しておき，次に構成要件該当性の段階で構成要件に該当する行為とそれ以外の行為を選別するほうが合理的であるとするのです。

　次に(b)の構成要件と違法性の関係をどのように捉えるかという問題について

は，①と②の体系が構成要件を違法性から独立した犯罪要素とみるのに対して，③の体系が構成要件を違法性に含めて（解消して）理解している点が異なります。構成要件に該当するということは，通常，その行為が違法であることを推測させます。後者の考え方は，そのような構成要件の「違法推定機能」を徹底させたものということができます。前者の考え方は，たとえば，こうした推定機能は「論理的」なものではなく，あくまでも「事実上」のものであるとします。すなわち比喩的にいえば，単なる殺人も正当防衛のための殺人も，（違法性の段階では評価が異なるとしても）殺人罪の構成要件に該当するという点ではまったく「対等の資格」であるとするのです。あるいは，構成要件に該当するという判断は形式的な事実判断であって事実に対する実質的な価値判断ではなく，他方，違法性は実質的な否定的価値判断であるとして，両者の区別を主張しています。現在では，構成要件と違法性の機能の相違を重視する，前者の考え方のほうが多くの支持を集めています（第6章参照）。

　いずれの体系を採用するとしても，重要なことは，犯罪の成否については客観的な要素から主観的な要素へ，また事実的・形式的判断から評価的・実質的判断へという順で検討されるべきであるという点です。それによって，犯罪の成否を決定するにあたって，恣意性が排除され，安定性が確保されると考えられるのです。

第5章 ■行　為　論

1　行為概念の役割とは

（1）　行　為　主　義

　犯罪は，形式的には，「構成要件に該当する違法で有責な『行為』」と定義されます（第4章「犯罪の意義」参照）。このことは，犯罪の実体が「行為」であり，しかも構成要件該当性，違法性，有責性という3つの性質をもった「行為」であることを示しています。たとえば，あなたが頭の中で「Xを殺したい」と思ったとしても，こうした思考（・思想）・心情が「行為」という形で外部に現れないかぎり処罰の対象とはなりません。「行為が存在しなければ犯罪は存在しない」というこのような原則は，「行為主義」と呼ばれています（このことは，35条〜37条，39条，41条，54条1項などからも明らかであるといえます）。また，いうまでもないことですが，「行為」は「人の」行為でなければなりません。ですから，「人の行為」であるということが，「犯罪」と「自然現象」とを区別する第1の基準だということになります。

（2）　行為概念の機能

　犯罪は，人の「行為」でなければならないとすると，「行為」といえないものは犯罪ではないことになります。ですから，「行為」という概念は，犯罪の成立要件の1つとして，犯罪にあたるものとそうでないものとを限界づける機能（限界要素としての機能）を有しているといえます。しかし，「行為」という概念をどのような内容をもつものとして理解するかという議論（後述の「行為論」）と密接に関係していますが，人の態度が刑法上の「行為」ではないとして犯罪の成立が否定される場合は実際にはほとんどなく，こうした機能は，それほど大きな役割を演ずるものではありません。次に，「行為」は，あらゆる犯罪の基礎となる概念であり（基本要素としての機能），さらに，構成要件該当

性，違法性，有責性という法的評価の対象となることから，こうした法的評価を相互に結びつける機能（結合要素としての機能）を有しているといわれています。つまり，構成要件に該当する「行為」についてのみ，その違法性が問題となり，構成要件に該当し，かつ違法な「行為」について，その責任（有責性）が問題とされることになるのです。

2　行為論にはどのようなものがあるか

(1)　行為論の目的

　行為論の目的は，先ほど述べた行為概念が果たす3つの機能を満たす「行為」の内容を明らかにすること（最終的には，行為でないものを犯罪概念から排除すること）にあるといわれています。ですから，「行為」は，まず，基本要素としての機能に着目して，あらゆる犯罪を含む内容をもつものでなければならないことになります。犯罪は，その外部に現れる行為態様に着目して分類すると，作為犯（作為によって犯される犯罪）と不作為犯（不作為によって犯される犯罪＝第8章参照）に分類されます。作為とは，たとえば首を締める，ナイフで刺すといった積極的な行動に出ることであり，不作為とは法律上行うことが期待された積極的な行動（たとえば，溺れている人を救助するという行動）に出ないことです（ある「行為」が作為か不作為なのかを区別することは，一般的には，それほど難しくはありません。しかし，たとえば，医師が，患者に装着された人工呼吸器のスイッチを切って死亡させた場合に，スイッチを切るという作為によるものなのか，それともそれまで継続してきた治療を中止して救命治療を行わないという不作為によるものか迷う場合のように，両者を区別することが難しい事案も存在します）。また，犯罪は，行為者の意思内容に着目して分類すると，故意犯と過失犯とに分けられます。故意（第11章4参照）とは，特定の犯罪を犯す意思のことであり，過失（第11章6参照）とは，うっかりしていた（不注意）という心理状態のことです。つまり，刑法における「行為」概念は，これらを組み合わせた4種類の行為（故意に基づく作為，過失に基づく作為，故意に基づく不作為，過失に基づく不作為）を含む内容をもつものでなければならないことになります。

次に、結合要素としての機能に着目すると、「行為」は、特に、違法性、有責性という法的評価の対象ですから、「行為」の判断に際して、こうした法的評価を先取りするような内容であってはならないことになります。

最後に、限界要素としての機能に着目すると、「行為」概念は、刑法的評価の対象としてふさわしくないものを含むものであってはならないことになります。

しかし、問題は、こうした（後述のように、相反する性質の）3つの条件を満たす「行為」概念を考えることがはたして可能かという点です。この問題に関して、従来、さまざまな行為論が展開されてきました。

（2） 因果的行為論（有意的行為論）

「行為」とは、「(何らかの) 意思に基づく身体の動静である」とする伝統的な行為論です。人間の意思が身体の動静という外部的な動作（さらには、結果の発生）を因果的に引き起こす点に着目したこのような「因果的行為論」によると、人の「行為」は、「(何らかの) 意思に基づく」という主観的要素（有意性）と「身体の動静」という客観的（外部的）要素（有体性）から構成されることになります。つまり、「因果的行為論」によれば、単なる思想・心情は、有体性を欠いていることから「行為」ではなく、他方、反射的な動作、睡眠中の動作、無意識の動作、抵抗不能な強制下での動作は有意性を欠いていることから「行為」ではないということになります（たとえば、あなたが駅のホームで列車の到着を待っていたとしましょう。ところが、あなたが、突然誰かに後ろから突き当たられて、そのはずみであなたの体が前方に押されてしまい、あなたの前に立っていた人にぶつかったため、その人がよろけてホームから転落し、駅に到着した列車に轢かれて死亡したという事例を考えてみてください）。

確かに、このような行為概念は、限界要素および結合要素としての機能をはたすことができます。しかし、たとえば、5歳の子供を浜辺で遊ばせていた父親が居眠りしているあいだに子供が海に入って溺れ死んだ場合を考えてみてください。このような場合は、忘却犯（認識のない過失に基づく不作為犯）と呼ばれていますが、このような場合には、そこに「(何らかの) 意思」を認めることは困難です。ですから、こうした忘却犯の「行為」性を説明できないという点で、「因果的行為論」に基づく行為概念には、基本要素としての機能を果た

すことができないという問題点があるといえます。

そこで、学説のなかには、基本的には「因果的行為論」を支持しながらも、行為概念から「（何らかの）意思に基づく」という有意性の要件を排除して、「行為」を純客観的に「人の身体の動静」と理解するものがあります。こうした行為概念は、忘却犯の「行為」性を難なく基礎づけることができ、基本要素としての機能を徹底することができるといえます。

しかし、こうした行為概念によれば、有意的行為論が有意性が欠けることを理由にその「行為」性を否定した前述の「反射的な動作、睡眠中の動作、無意識の動作、抵抗不能な強制下での動作」はすべて「行為」にあたることになり、限界要素としての機能はもはや期待できないことになります。

（3） 目的的行為論

人の「行為」は、単なる因果的なできごとではなく、「目的活動を遂行すること」にほかならないとする行為論です。「目的的行為論」によれば、人の「行為」は、まず（たとえばXという人を殺すという）目的を設定し、その目的を実現するのにふさわしい手段（たとえばピストルでの射殺）を選択し、目的の達成に向けて行動をコントロールする（たとえばXの胸部をねらってピストルの引き金を引く）という構造をもつものであるとされています。ですから、このような行為論によれば、目的を設定し、その実現に向けて自らの行動をコントロールする意思が「行為」の中心的な要素であり、こうした意思によってコントロールされたといえないもの（たとえば、反射的な動作、睡眠中の動作、無意識の動作、抵抗不能な強制下での動作など）は「行為」ではないことになります。

先ほど述べた「因果的行為論」（有意的行為論）も、人の意思（有意性）を「行為」の重要な要素として理解しています。しかし、そこでは意思の「内容」は、責任（第11章１参照）の問題であって、「行為」性の判断においては「（何らかの）意思」だけが問題になると理解するのです。これに対して、「目的的行為論」では、「行為」性の判断に際して、まさに「意思の内容」、つまり、故意と過失の有無が問題とされ、その意味で「故意行為」と「過失行為」とでは「行為」の構造が異なるものとして理解されるわけです。

「目的的行為論」は、単なる行為論にとどまらず、犯罪論体系全体に大きな影響を及ぼしました（第４章４参照）が、基本要素としての機能を十分に果た

す行為概念を完成させることはできなかったといわれています。このことに関しては，まず第1に，過失行為を「目的的行為」として説明できるかが問題となります。たとえば，自動車を運転していた人が，不注意で歩行者をはねて死亡させるという交通事故の事案からも明らかなように，過失犯の場合，行為者は，結果の発生（たとえば，歩行者の死亡）を目的としてはいませんから，過失行為に目的実現意思を認めることは困難であるからです。「目的的行為論」を支持する学者は，この問題に関して，確かに過失犯の場合は，故意犯の場合のように構成要件に該当する結果（たとえば，「人を殺す」）の実現に向けられた目的的行為は存在しないが，構成要件的に重要でない結果（たとえば，目的地までの自動車の運転）に向けられた「目的的行為」が存在するとして，過失行為も「目的的行為」であり，過失犯の場合にはこうした「目的的行為」を不注意に行ったことがその違法性評価にとって重要であると説明しています。しかし，こうした説明に対しては，構成要件的に重要でない結果に向けられた目的を，刑法上の行為概念の本質的な要素とすることは適切でないという批判が加えられています（もっとも，こうした批判が適切なものかどうかはあらためて検討を要するといえます）。

　第2に，不作為を「目的的行為」として説明できるかが問題となります。たとえば，溺れた人を救助する法律上の義務があるのに殺意をもって救助せず死亡させた場合を考えてみましょう。この場合，救助活動を行わないという不作為は，人が溺れ死ぬという現実のプロセスを放置してなりゆきにまかせただけで，こうした不作為には，結果発生（人の殺害）に至るまでのプロセスを（人を殺すという）目的的な実現意思に基づいてコントロールするという「目的的行為」を認めることは困難だからです（このことは，先ほど述べた「忘却犯」の事案にもあてはまります）。「目的的行為論」を支持する学者も，このことを認め，不作為の「行為」性を否定したうえで，作為と不作為に共通する概念として「行態」という新たな概念を作り出さざるをえなくなっています（もっとも，なりゆきにまかせて現実の「事態を傍観する」ことも「目的的行為」であるとする見解もあります）。

　以上のように，「目的的行為論」に基づく行為概念は，限界要素としての機能を果たすことができますが，基本要素としての機能（さらには，違法性また

は責任評価に関連する行為者の意思内容を「行為」性の判断において先取り的に考慮することから，結合要素としての機能も）を果たすことができないという問題点をもっているといえます（もっとも，「目的的行為論」は，本来，こうした3つの機能をすべて満たす統一した行為概念を考えようとしたのではなく，法規範の対象としての人間行動の構造を明らかにしようとした理論なのだといわれています）。

（4） 人格的行為論

「行為とは，人の人格の主体的現実化とみられる身体の動静」であるとする行為論です。この理論によれば，「行為」というのは，人の人格が外部に現れた（現実化した）ものであり，しかもその人の「主体的態度」によって行われるものであることになります。そして，この理論によれば，「目的的行為論」では「行為」概念に取り込むことが困難であった忘却犯，過失犯，不作為犯もそれぞれが「人格の主体的現実化」であるとして「行為」性が認められるとしています。

「人格的行為論」は，本来，責任（第11章1参照）の基礎を行為者の人格に求める「人格的責任論」の立場から主張されたものです。しかし，こうした責任論自体に対してと同様に「人格的行為論」に対しても，「人格」や「主体的」という言葉の意味内容があいまいであるという批判が出されています。

（5） 社会的行為論

犯罪（第4章1参照）は，社会的な現象であり，犯罪「行為」も社会的な意味において理解されなければならないという前提から出発して，「社会的に重要」かどうかを基準として，「行為」性を判断しようとする行為論の総称です。現在，最も有力な行為論であるといってよいでしょう。「社会的行為論」の内容は，それを主張する人によってニュアンスの差がありますが，大別すると，次の2つの立場に分かれます。

1つは，「行為」概念から意思的要素（有意性）を排除して，「行為」を人の「社会的に意味のある態度」として理解する考え方です。こうした行為概念によれば，人の態度が自分をとりまくまわりの世界に影響を及ぼすかぎり，社会的に意味がある（重要である）ということになるとされていますので，忘却犯だけでなく，反射的な動作，睡眠中の動作，無意識の動作，抵抗不能な強制下での動作などもすべて「行為」にあたることになります。ですから，こうした

行為概念では、限界要素としての機能はもはや期待できないことになります。

　もう1つは、逆に「行為」概念における意思的要素（有意性）を重視して、「行為」を「意思による支配の可能な、何らかの社会的意味を持つ運動または静止」として理解する考え方です。こうした行為概念によれば、忘却犯の場合には、「意思による支配」の可能性があるとして「行為」性を認めることができるとされますが、「行為」概念から意思的要素を排除する考え方とは異なり、反射的な動作、睡眠中の動作、無意識の動作、抵抗不能な強制下での動作などは、「意思による支配」の可能性がないとして「行為」性が否定されることになります。

（6）　判例における「行為」概念

　判例上、「行為」性が直接的な争点となったものは少なく、判例がどのような行為論を採用しているのかは明らかではありません。しかし、「行為」概念を明らかにし、被告人の行動の「行為」性を否定して犯罪の成立を否定した大阪地方裁判所の昭和37年7月24日判決（下刑集4巻7＝8号696頁）があります。

　事案は次のようなものでした。つまり被告人は、交通事故により負傷した部分がなおらず将来の生活への不安を抱いていたことに加えて、以前かかっていた覚せい剤中毒の後遺症である妄想性の被害観念にとらわれて心的混乱を招き極度の心的緊張のため事態を正しく理解することが困難な状態に陥っていたところ、ある日の夜、妻とともに就寝したものの、心的緊張のため熟睡できず、浅眠状態にあった午前4時30分頃に、色の黒い男が3人ほど突然室内に侵入し被告人を殺そうとして後ろ側から首を締めつけてくる夢をみて極度の恐怖感におそわれたまま、被告人はこの男たちから殺されるのを防ぐため先制攻撃を加えるつもりで、後ろにふり向くと同時にこの男たちのうちの1人の男の首を両手で強く締めつけたところ、被告人がこの男と思っていたのが被告人のそばで寝ていた妻であったため同人を窒息死させてしまったというものです。なお、被告人は、自分の行動を判断、理解してこれを抑制するという意識状態にはなかったと認定されています。

　大阪地裁は、「任意の意思に基づく支配可能な行動」だけが刑法における「行為」であるという前提から出発し、本件の事案における被告人の行動は、「任意の意思に支配されていない非自覚的な行動」であるとしてその「行為」

性を否定し，被告人に無罪を言い渡しました。
　しかし，こうした判断に対しては，犯罪成立の一要件にすぎない「行為」概念をあまりにも厳格にとらえすぎる点で問題があり，本件の事案は「行為」性を肯定したうえで，責任論の段階で「責任能力」（第11章2）を否定すべきであったという批判が学説から出されています（本件の控訴審判決である大阪高判昭和39年3月29日判例集未登載も，「行為」性を肯定しつつ被告人の「責任無能力」を理由に無罪を言い渡しています）。刑法では，「責任無能力」者のふるまいも「行為」であることを前提としている（39条）ことに注意してください。

（7）まとめ

　以上のように，従来の行為論は，いずれも行為概念に期待された3つの機能のうちの何らかの機能（とくに基本要素としての機能）を重視するものの，3つの機能すべてをみたす行為概念を作り出すまでにはいたっていません。むしろ，現在では，そうした行為概念を作り出すことは，ある機能（たとえば，限界要素としての機能）を重視すると他の機能（たとえば，基本要素としての機能）をみたすことが困難であることから現実には不可能であり，また適切でもないとされているのです。つまり，行為概念の機能のうち，特に基本要素としての機能が重要であり，犯罪と犯罪にあたらないできごととを限界づける機能をはたすのは，構成要件該当性，違法性，有責性という評価を基礎とした犯罪論体系全体であり，その一要件にすぎない行為概念の限界要素としての機能を過大評価することは適切ではないとされているのです。

　刑法における「行為」は，もともと実際には，「行為」それ自体が独立して議論の対象となるのではなく，それが引き起こした（あるいは阻止しなかった）結果，たとえば，人の死，傷害といったような「構成要件に該当する結果」との関係ではじめて問題となることに注意してください。その意味では，「構成要件該当性」（第6章参照）の判断と離れた行為論は，有益ではないことになります。

第6章 □構成要件

1 構成要件とは

(1) 構成要件の意義

　構成要件とは，刑罰法規に定められた個別的犯罪類型をいいます。社会には，法的に許されず非難されるべき行為（違法で有責な行為＝当罰的行為）が数多く存在しますが，そのすべてが犯罪として処罰されるわけではありません。罪刑法定主義の要請から，犯罪と刑罰はあらかじめ法律に明確に規定されていなければなりません。そこで，立法者は，当罰的行為の中から犯罪として処罰すべき行為を取捨選択し，これを抽象化・類型化して共通の法的特徴を示す形で刑罰法規に規定するのです。たとえば，殺人罪についてみると，銃殺，毒殺，刺殺，絞殺などさまざまな態様で実行されますが，これを抽象化して「人を殺した者」（199条）というように犯罪類型として規定されています。この刑罰法規に規定された刑罰を科すべき行為（可罰的行為）の類型が構成要件です。

　構成要件は，犯罪を輪郭づける「外枠」ですから，ある行為が犯罪として成立するためには，何よりもまず構成要件に該当する行為でなければなりません。構成要件に該当しない限り，犯罪として処罰されることはないのです。したがって，構成要件は，犯罪成立のための第1の要件になります。

　なお，構成要件は，必ずしも刑罰法規の条文と同じではないことに注意すべきです。構成要件の具体的内容は，刑罰法規の解釈によって得られるものです。したがって，詐欺罪（246条）における「処分行為」や，公務執行妨害罪（95条1項）における「職務行為の適法性」のように，条文には書かれていない構成要件要素も認められることになります。

(2) 構成要件の理論

　今日では，構成要件を中核として犯罪論を体系化するという考え方は，構成

要件理論として広く承認されています。しかし，刑法典には「構成要件」という用語を用いた条文はありません。そのためもあって，構成要件の意義・機能については，刑法理論ないし犯罪論の目的・機能に関する考え方の相違を反映して，さまざまな見解が主張されています。これを，構成要件と違法性・責任との関係についてみると，(a)構成要件は違法性・責任とは無関係な独立の犯罪成立要件とする行為類型説，(b)構成要件を違法行為の類型とする違法類型説，(c)構成要件を違法類型であると同時に責任類型でもあるとする違法・責任類型説が対立しています。

(a) 行為類型説　行為類型説は，構成要件を違法性および責任から切り離された行為の類型とします。構成要件は，客観的に犯罪を輪郭づける外枠として，形式的で価値中立的でなければならないことから，構成要件に該当するというだけでは，違法・有責であることは推定されず，違法性・責任の段階で積極的に違法・有責であることを確認すべきことになります（内田・86頁以下，曽根・65頁）。このように，行為類型説は，構成要件の形式的性格を確保し，価値判断を必要とする要素を構成要件から排除することにより，裁判官の恣意が防止されるという点で，構成要件の罪刑法定主義機能を重要視するものとされるのです。しかし，当罰的行為の法的類型が構成要件であることからすると，違法性・責任から完全に区別される構成要件はありえないはずですし，また，類型的に可罰的違法性のない行為までも構成要件に取り込まれることになって妥当でないと批判されています（大谷・111頁，西田・刑法の争点14頁）。

(b) 違法類型説　違法類型説は，構成要件を違法行為の類型とします。したがって，構成要件に該当すれば原則として違法な行為といえることになり，違法性の段階では，違法性阻却事由存在するかどうかという消極的な判断によって違法性が確定されます。すなわち，構成要件と違法性阻却事由は，原則と例外の関係と捉えられるのです（平野・Ⅰ99頁，内藤・196頁）。しかし，当罰的行為の法的類型が構成要件であることからすると，これを違法類型としてのみ把握するのは一面的にすぎるという批判が，違法・責任類型説から加えられています。

(c) 違法・責任類型説　違法・責任類型説は，当罰的行為すなわち違法で有責な処罰に値する行為を類型化したものが構成要件であるから，構成要件は

違法類型であると同時に責任類型でもあるとします。したがって，構成要件に該当すれば原則として犯罪といえることになります。違法性の段階では違法性阻却事由が存在するかどうかという消極的方法により違法性が確定され，次に，責任段階では責任阻却事由が存在するかどうかという消極的方法により責任が確定されるのです（大谷・114頁）。このような考え方に対しては，構成要件は価値に満ちたものになり，全体的考察に陥り，犯罪成立の一要件としての意味はほとんど認められず，構成要件の罪刑法定主義機能が失われるとの批判が加えられています（平野・Ⅰ98頁，内藤・194頁）。この批判に対しては，構成要件は，違法性・責任の判断が結びつきうる要素を類型化したものであるから，構成要件をまず違法性の側面からながめ，つぎにその違法行為について責任の側面からながめることは論理的方法といえると反論されています（大谷・115頁）。

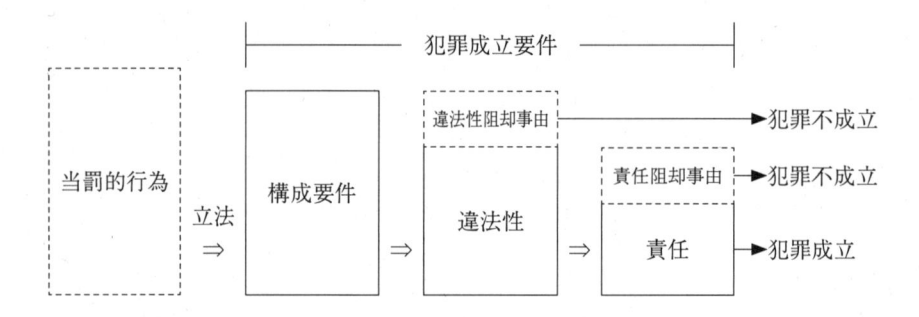

```
                    ┌─────── 犯罪成立要件 ───────┐
                                ┌違法性阻却事由┐       →犯罪不成立
┌─────┐      ┌─────┐      ┌─────┐      ┌責任阻却事由┐ →犯罪不成立
│当罰的行為│ 立法 │ 構成要件 │  ⇒  │ 違法性 │  ⇒  │  責任  │     →犯罪成立
└─────┘  ⇒  └─────┘      └─────┘      └─────┘
```

(3) 構成要件の種類

(a) 基本的構成要件と修正された構成要件 基本的構成要件とは，単独の行為者が完全に犯罪を実現する形式で定められている構成要件をいいます（単独正犯の既遂）。これに対して，修正された構成要件とは，基本的構成要件の存在を前提として，それを修正して設けられた構成要件をいいます。刑法は，既遂を修正して，犯罪の発展段階において既遂には達していないが処罰すべきものとして，未遂罪（43条）・予備罪（201条等）の犯罪類型を設け，また，単独正犯を修正して，複数の者が犯罪に関与する場合に着目して，共同正犯，教唆犯，幇助犯（60条～65条）の犯罪類型を設けています。

(b) 閉ざされた構成要件と開かれた構成要件 閉ざされた構成要件とは，刑罰法規において構成要件要素としての特徴がすべて示されているために，裁

判官による補充を必要としない構成要件をいいます。これに対して，開かれた構成要件とは，その適用にあたって裁判官による補充を必要とする構成要件をいいます。過失犯や不真正不作為犯などがその例です。過失犯では，「過失により死亡させた者」（210条）としか規定されていませんから，法律上要求される注意義務の内容は裁判官によって確定されなければなりません。不真正不作為犯における作為義務の有無・範囲についても同様です。開かれた構成要件は，罪刑法定主義および刑罰法規の明確性の原則からみて問題があり，厳格な解釈により補充することが必要となります。もっとも，この補充作業を経て得られた構成要件はつねに閉ざされた構成要件ともいえますから，開かれた構成要件の概念は不要ともいえます。

(c) **積極的構成要件と消極的構成要件**　積極的構成要件とは，犯罪の成立要件を積極的に示している構成要件をいいます。構成要件は犯罪成立の原則的要件を定めるものですから，ほとんどの構成要件は積極的構成要件といえます。これに対して，「公共の危険を生じなかったときは，罰しない」（109条2項ただし書）のように，一定の類型的要件が犯罪不成立に結びつく場合，これを消極的構成要件といいます。

2　構成要件の役割とは

犯罪の成立にとって構成要件が果たすべき役割・機能は多様であり，いずれかの機能を強調すると他の機能との抵触が生じる場合があります。いずれの機能を強調するかによって，構成要件の理論でみたように，構成要件の意義に関する見解も異なってくることに注意すべきですが，大別すると，構成要件には以下の役割・機能があります。

(a) **罪刑法定主義機能**　罪刑法定主義の要請から，刑法は刑罰法規に構成要件を定めて，処罰される行為を明確に規定しています。これによって，処罰される行為と処罰されない行為とが明らかにされ，国民に行動基準が示されます。したがって，いかに処罰の要求があっても，構成要件に該当しない限り処罰されることはないのです。このように，国民の自由と権利を保障する機能を，構成要件の罪刑法定主義機能（人権保障機能，自由保障機能）といいます。

(b) **犯罪個別化機能**　故意・過失は構成要件要素に含まれるとする立場においては，構成要件は個々の犯罪の外枠を明らかにし，犯罪の区別を可能にします。たとえば，同じ人の生命の侵害でも，殺人罪（199条）なのか，傷害致死罪（205条）なのか，過失致死罪（210条）なのか，不可抗力なのかは，構成要件によって区別されます。これにより，個々に成立した犯罪の範囲でのみ処罰されることが保障されるのです。これを，構成要件の犯罪個別化機能といいます。

(c) **違法性・責任推定機能**　違法類型説によれば，構成要件に該当する行為は原則として違法であり，例外的に違法性阻却事由が存在する場合に違法性が阻却されます。このように，犯罪の原則型である構成要件に該当すれば違法性が推定されます。この機能を構成要件の違法性推定機能といいます。違法・責任類型説によれば，構成要件に該当すれば，原則として違法であるだけでなく，有責でもあります。例外的に責任阻却事由が存在する場合に責任が阻却されます。このように，犯罪の原則型である構成要件に該当すれば違法性のみならず責任も事実上推定されることになります。この機能を構成要件の責任推定機能といいます。

(d) **故意規制機能**　犯罪は原則として故意がなければ成立しません（38条1項）。故意が成立するためには，構成要件に該当する客観的事実を認識していなければならないのですが，構成要件は，故意があるというために認識を必要とする事実の範囲を示すものです。このように，故意の内容を規制する機能を，構成要件の故意規制機能といいます。

(e) **その他の機能**　構成要件は犯罪の外枠であり，犯罪成立の第1の要件ですから，構成要件に該当しない行為については，違法性・責任判断は許されません。また，未遂犯，共犯の内容も構成要件によって規制され，罪数も構成要件を基準として確定されます。このように，犯罪論における重要な問題について解決の基準を提供し，犯罪の成立に必要な要素を体系化する機能を，構成要件の体系化機能ということがあります。

さらに，構成要件は，刑法と刑事訴訟法とを有機的に結びつける役割を演じます。検察官は，「罪となるべき事実」（刑訴335条1項）を立証した場合，「犯罪の成立を妨げる理由」については，その存在を疑わせる証拠が被告人側から

提出されたときに，その不存在を立証すればよいのです。「罪となるべき事実」とは，構成要件に該当する事実をいいます。このように，「罪となるべき事実」を指導し，同法256条3項の「公訴事実」を規制する機能を，構成要件の訴訟法的機能ということがあります。

3 構成要件の内容はどのようなものか

(1) 構成要件要素

構成要件の内容となっている個々の要素を構成要件要素といいます。構成要件該当性を判断するためには，その前提として構成要件の内容を解釈によって明らかにすることが必要です。これは，本来は個々の刑罰法規について行われますが，ここで問題とする構成要件要素は，個々の犯罪に共通する一般的な要素のことです。構成要件要素は，客観的要素と主観的要素，記述的要素と規範的要素に分けることができます。

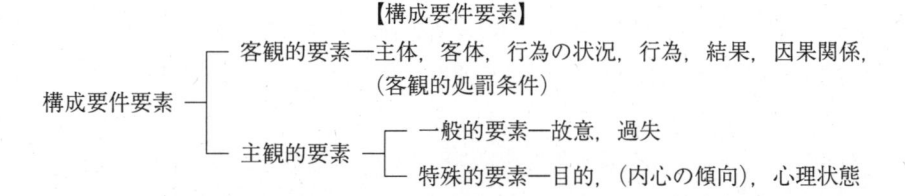

【構成要件要素】

構成要件要素 ─┬─ 客観的要素─主体，客体，行為の状況，行為，結果，因果関係，
　　　　　　　│　　　　　　　（客観的処罰条件）
　　　　　　　└─ 主観的要素 ─┬─ 一般的要素─故意，過失
　　　　　　　　　　　　　　　└─ 特殊的要素─目的，（内心の傾向），心理状態

(2) 客観的構成要件要素

客観的構成要件要素とは，その存在が外見上認識できる要素をいい，行為の主体，行為の客体，行為の状況，行為，結果，行為と結果との因果関係などがこれに含まれます。

(a) **行為の主体**　　行為の主体とは，構成要件の内容となる行為を行う者，すなわち行為者をいいます。刑罰法規に規定されている「……した者」が行為主体に当たります。行為主体は通常自然人であればよく，原則として制限はありませんが，構成要件によっては一定の身分のあることを必要とする犯罪があります。また，法人自体を処罰する刑罰法規があります。

(i) **身分犯**　　身分犯とは，行為主体が一定の身分のある者に限られている

犯罪をいいます。身分とは，判例によれば「男女の性別，内外国人の別，親族の関係，公務員たるの資格のような関係のみに限らず，総て一定の犯罪行為に関する犯人の人的関係である特殊の地位または状態」とされています（最判昭27・9・19刑集6巻8号1083頁）。身分犯には，収賄罪（197条）のように，行為者に身分があることによってはじめて犯罪を構成する真正（構成的）身分犯と，業務上横領罪（253条）のように，身分があることによって法定刑が加重または減軽される不真正（加減的）身分犯とがあります。身分犯は，特に共犯との関係が重要になります（65条）。

(ii) **法人の犯罪能力**　法人が犯罪の主体となりうるかについては，従来，①法人は意思と肉体がないから刑法上の行為能力がないこと，②法人には倫理的な自己決定ができないから責任能力がないこと，③自由刑を中心とする現行の刑罰制度は法人の処罰に適合しないことから，法人には犯罪能力はないとされてきました。しかし，①法人の機関の意思に基づく行動を法人の行為とみることができること，②法人の行為が認められる以上は，法人に対して非難を加えることは可能であること，③財産刑は法人に対しても科すことができることから，現在では法人の犯罪能力を肯定する見解が通説となっています。現行法上の法人処罰規定の多くは，従業者の違反行為につき，行為者本人を処罰するとともに，その業務主である法人も処罰する両罰規定です（独占禁止法95条等）。両罰規定は，従業者の違反行為を防止すべき選任・監督上の過失の存在を推定したもので，法人に過失がなかったことの証明があれば処罰されないとされています（最判昭40・3・26刑集19巻2号83頁）。

(b) **行為の客体**　行為の客体とは，行為が向けられる対象としての人または物をいいます。殺人罪（199条）の「人」，窃盗罪（235条）の「他人の財物」がその例です。行為の客体は，保護の客体とは必ずしも一致するわけではありません。保護の客体とは，刑罰法規がその構成要件によって保護する利益すなわち法益のことです。たとえば，公務執行妨害罪（95条1項）の行為の客体は「公務員」ですが，保護の客体は「公務の適正な遂行」です。また，行為の客体のない犯罪は存在しますが，保護の客体のない犯罪は存在しません。たとえば，単純逃走罪（97条）の場合，行為の客体は存在しませんが，保護の客体は国の拘禁作用です。

(c) **行為の状況** 構成要件によっては，一定の状況のもとで行為が行われることが要求されている犯罪があります。これは構成要件的状況ともいわれています。たとえば，消火妨害罪（114条）は，妨害行為が「消火の際」に行われることが必要です。故意犯が成立するためには，行為者にこの状況の認識があることが必要です。

(d) **行為** ここでいう行為とは，「殺す」，「窃取する」というように，構成要件に規定されている行為すなわち構成要件的行為のことです。行為は，刑法の禁止に違反する積極的な身体の挙動である作為と，刑法の命令に違反する消極的な静止である不作為とに分けることができます。また，行為は，犯罪事実を認識してその内容を実現する意思で行う故意行為と，犯罪事実を認識しないで不注意で行う過失行為とに分けられます。したがって，行為には，故意作為，故意不作為，過失作為，過失不作為の4類型があります。

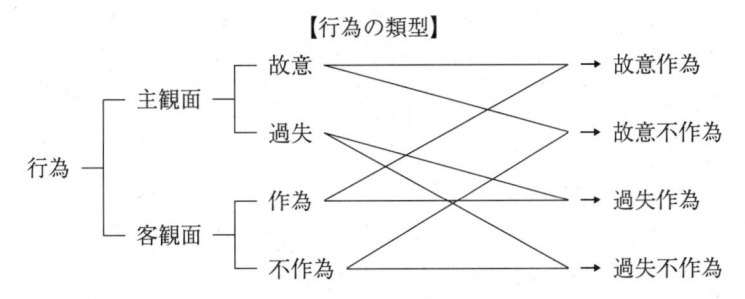

【行為の類型】

```
                   ┌ 故意 ─────→ 故意作為
         ┌ 主観面 ┤
         │         └ 過失 ─────→ 故意不作為
行為 ────┤
         │         ┌ 作為 ─────→ 過失作為
         └ 客観面 ┤
                   └ 不作為 ───→ 過失不作為
```

(e) **結果** 構成要件は，通常，一定の結果の発生を構成要件要素として規定しています。これを構成要件的結果といいます。構成要件的結果に関連して，犯罪は，次のように分類することができます。

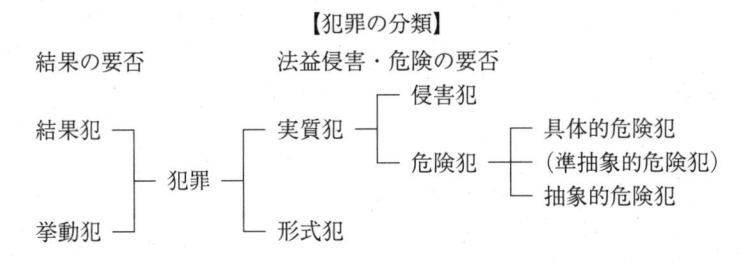

【犯罪の分類】

```
結果の要否        法益侵害・危険の要否
                              ┌ 侵害犯
結果犯 ┐           ┌ 実質犯 ┤              ┌ 具体的危険犯
       ├ 犯罪 ────┤         └ 危険犯 ────┤（準抽象的危険犯）
挙動犯 ┘           └ 形式犯                └ 抽象的危険犯
```

(i) **挙動犯（単純行為犯）と結果犯** 構成要件的結果の要否を基準として，

犯罪は挙動犯と結果犯とに分類されます。挙動犯とは、構成要件的行為として人の外部的態度があれば犯罪は成立し、結果の発生を構成要件要素としない犯罪をいいます。たとえば、偽証罪（169条）においては、宣誓して虚偽の陳述をすれば直ちに構成要件は充足されます。結果犯とは、一定の結果の発生を構成要件要素とする犯罪をいいます。たとえば、殺人罪では人の死亡が、窃盗罪では財物の占有の移転が構成要件的結果です。

なお、結果犯の一種として注意すべきものに、結果的加重犯があります。結果的加重犯とは、基本となる構成要件を実現した際に、その行為から重い結果（加重結果）が発生することを構成要件要素として、刑が加重される犯罪をいいます。傷害致死罪（205条）がその典型例です。判例は、加重結果について過失を必要としないという立場ですが（最判昭26・9・20刑集5巻10号1937頁）、責任主義の原則から、結果的加重犯が成立するためには、加重結果の発生について過失があることが必要というべきです（通説）。

　(ⅱ)　実質犯と形式犯　　法益侵害およびその危険の要否を基準として、犯罪は実質犯と形式犯とに分類されます。実質犯とは、法益侵害あるいはその危険を構成要件要素とする犯罪をいいます。形式犯とは、免許証不携帯罪（道交95条1項）のように、法益侵害の抽象的危険の発生すら必要としない犯罪をいいます。もっとも、保護法益のない犯罪は存在しませんから、犯罪はすべて実質犯ともいえます。したがって、形式犯も、単に形式的な義務違反だけで犯罪の成立を認めるべきではなく、抽象的危険犯における危険よりもさらに軽度の間接的な危険で足りるものと理解すべきことになります（団藤・130頁）。

　(ⅲ)　侵害犯（実害犯）と危険犯　　実質犯は、法益を現実に侵害したことを構成要件要素とする侵害犯と、法益侵害の危険の発生を構成要件要素とする危険犯とに分けられます。殺人罪や窃盗罪など多くの犯罪が侵害犯です。危険犯は、さらに危険の程度に応じて具体的危険犯と抽象的危険犯とに分かれます。具体的危険犯とは、法益侵害の具体的危険の発生を構成要件要素とする犯罪をいいます。自己所有非現住建造物放火罪（109条2項）などがその例であり、通常条文で危険の発生が要件とされています。抽象的危険犯とは、社会通念上一般的・抽象的に法益侵害の危険がある行為が構成要件要素とされている犯罪をいいます。実行行為が行われた以上、具体的状況のもとでこの危険が発生した

ことは必要ではありません。現住建造物放火罪（108条）などがその例です。

　このように，抽象的危険犯における危険の発生については，危険の発生は擬制されているので構成要件要素ではないと考えられてきましたが，まったく法益侵害の危険がない場合に犯罪の成立を認めるべきではないでしょう。そうすると，具体的危険犯，抽象的危険犯，形式犯の間には質的な相違はなく，法益侵害の発生の可能性の程度に差があるにとどまるということになります（内藤・209頁）。なお，抽象的危険犯の中には，本来の抽象的危険犯よりもある程度具体的な危険の発生が必要な犯罪もあり，これを準抽象的危険犯といいます（山口・危険犯の研究248頁）。遺棄罪（217条・218条）や名誉毀損罪（230条）などがその例です。

　(iv) 即成犯・状態犯・継続犯　　構成要件的結果ないし法益侵害の発生と犯罪の終了時期との関係に応じて，犯罪は即成犯，状態犯，継続犯に分類されます。即成犯とは，法益侵害または危険の発生により既遂となり，かつ犯罪は終了し法益が消滅するものをいいます。殺人罪がその例です。状態犯とは，法益侵害の発生により既遂となり，かつ犯罪は終了するが，法益侵害の状態は続くものをいいます。窃盗罪などがその例です。継続犯とは，法益侵害の発生から終了に至るまで，犯罪が継続して成立しているものをいいます。監禁罪（220条）がその例です。

【即成犯・状態犯・継続犯】
　　　　　　法益侵害・危険の発生────────────→終了
即成犯－既遂＝犯罪の終了（→法益消滅）
状態犯－既遂＝犯罪の終了（→法益侵害状態の継続）
継続犯－既遂────────→法益侵害の継続＝犯罪の継続──→犯罪の終了

　犯罪終了後は共犯は成立しませんし，正当防衛の余地もありません。また，公訴時効は犯罪が終了した時点から進行を開始します（刑訴253条）。したがって，即成犯・状態犯の場合は，法益侵害の発生後に共犯・正当防衛が成立する余地はなく，公訴時効はその時点から直ちに進行を開始するのに対して，継続犯の場合は，法益侵害の継続中は共犯・正当防衛が成立する可能性があり，公訴時効は法益侵害が終了した時点から進行を開始することになります。

　なお，状態犯においては，犯罪終了後，法益侵害状態の継続中にその状態を

利用した行為が別の犯罪を構成するようにみえても，その行為が当初の構成要件によって予定された範囲内のものである限り，新たに犯罪を構成することはありません。このような行為を不可罰的（共罰的）事後行為といいます。ただし，当初の構成要件が予定する行為の範囲を超える場合は，その行為について別の犯罪が成立します。たとえば，窃盗犯人が窃盗によって取得した財物を損壊しても，器物損壊罪（261条）は成立しませんが，窃取した貯金通帳を利用して貯金を引き出す行為は，窃盗罪とは別に詐欺罪が成立することになります（最判昭25・2・24刑集4巻2号255頁）。

(f) **因果関係**　結果犯においては，犯罪が既遂となるためには，行為と結果との間に因果関係が存在しなければなりません。殺人行為が行われて被害者が死亡しても，行為と死亡との間に因果関係が存在しなければ，殺人既遂罪は成立しないのです。構成要件該当性を犯罪成立の第1の要件とする犯罪論体系においては，因果関係は構成要件要素とされています。

(g) **客観的処罰条件**　犯罪が成立すれば刑罰権が発生するのが原則ですが，例外的に，犯罪が成立しても刑罰権の発生が一定の客観的条件に依存している場合があります。そのような条件を客観的処罰条件といいます。事前収賄罪（197条2項）における「公務員となった場合」などがその例です。客観的処罰条件は，国の政策的理由に基づくものであるで，犯罪の成立とは無関係であるとするのが通説です。しかし，これに対しては，客観的処罰条件も刑罰権発生の条件とされている以上，その条件の発生によって行為の違法性なし責任を可罰的な程度にまで高める要素としての構成要件要素であるとする見解もあります（内藤・215頁，山口・172頁等）。この見解からは，犯罪が成立するためには，客観的処罰条件の発生について少なくとも過失が必要とされています。

（3）　主観的構成要件要素

主観的構成要件要素とは，行為者の内心の態度が構成要件要素となっているものをいいます。主観的構成要件要素については，特に故意・過失は構成要件要素には含まれないとする否定説も有力です。「違法は客観的に，責任は主観的に」という客観主義を徹底し，行為者の内心の態度は責任要素であること，また，構成要件は違法類型であることが根拠とされています（内藤・217頁以下）。さらに，構成要件の罪刑法定主義機能を重視する立場からは，主観的構

成要件要素を認めると，裁判官の恣意が入り込み，行為者の内心そのものに法が干渉するおそれがあるともいわれています（平野・Ⅰ123頁）。

しかし，行為者の主観が行為の違法性の存否・程度に影響を与えることは，主観的違法要素の理論が明らかにしたものとして一般に承認されています。また，構成要件を違法・責任類型とする立場からは，主観的要素も類型化されたものは構成要件要素に含まれることになります。さらに，否定説によれば構成要件の犯罪個別化機能は認められないことになりますが，構成要件段階で犯罪を個別化することこそ罪刑法定主義の趣旨にかなうものともいえます。否定説のいうように，主観的要素を構成要件要素に含ませると裁判官の恣意が入り込むとすれば，それは主観的要素を責任要素とすることによって回避することはできず，およそ主観的要素は犯罪の成立要件とすべきではないことになりかねません（井田・法学教室166号24頁）。このような理由から，主観的構成要件要素を認める見解が多数説といえるでしょう。

主観的構成要件要素は，あらゆる構成要件に必要な一般的主観的要素（構成要件的故意・過失）と，故意・過失以外の行為者の内心の態度が類型化されて構成要件要素となっている特殊的主観的要素に区別することができます。

(a) **一般的主観的要素**（構成要件的故意・過失）　故意とは，犯罪事実（構成要件に該当する客観的事実）を認識してその内容を実現する意思をいいます。過失とは，不注意によって犯罪事実の認識を欠如することをいいます。たとえば，殺人罪と過失致死罪とは，故意・過失という主観的要素の相違によって区別されるというように，故意・過失には，構成要件要素として犯罪を個別化する機能があります。故意に基づく犯罪を故意犯といい，過失に基づく犯罪を過失犯といいます。刑法は，故意犯の処罰を原則としており，過失犯は「過失により」（209条等）というような特別の規定がある場合にだけ処罰されています（38条1項）。責任主義の原則から，故意も過失もない行為は，不可抗力として処罰されることはありません。

(b) **特殊的主観的要素**　特殊的主観的要素としては，目的犯における目的，傾向犯における内心の傾向，表現犯における心理状態があります。これらの犯罪においては，故意を超えた内心の態度（主観的超過要素）が必要となるわけです。

（i）目的犯　　目的犯とは，一定の目的を主観的構成要件要素とする犯罪をいいます。目的犯には，各種偽造罪（148条以下）の「行使の目的」のように，目的が犯罪成立要件となっている真正目的犯と，あへん煙所持罪（136条）の「販売の目的」や，親族による犯人蔵匿・証拠隠滅罪（105条）の「犯人又は逃走した者の親族がこれらの者の利益のため」のように，目的の存在が刑の加重・減免事由となる不真正目的犯とがあります。また，目的実現の観点からは，内乱罪（77条）の「憲法の定める統治の基本秩序を壊乱することを目的」のように，目的が構成要件的行為自体により実現される直接目的犯と，各種偽造罪の「行使の目的」のように，目的実現のためには別の行為を必要とする間接目的犯とに分けられます（大塚・131頁）。なお，財産罪における不法領得の意思のように，目的が条文に規定されていない場合もあります。

（ii）傾向犯　　傾向犯とは，行為者の一定の内心の傾向を構成要件要素とする犯罪をいいます。行為者の内心の傾向の表れとみられる場合にのみ構成要件該当性が肯定されることになります。たとえば，強制わいせつ罪（176条）は，自己の性欲を刺激・興奮・満足させる性的意図のもとに行われることが必要であり，もっぱら復讐目的の場合には本罪は成立しないとされています（最判昭45・1・29刑集24巻1号1頁）。しかし，これに対しては，内心の傾向は無意識の世界にまで立ち入って判断しなければならず，また，わいせつ行為の法益侵害性は行為者の内心の傾向によっては左右されないことを根拠に，傾向犯の概念を不要とする見解も有力です（大谷・137頁）。

（iii）表現犯　　表現犯とは，行為者の心理経過・状態の表れとみられる行為を必要とする犯罪をいいます。たとえば，偽証罪（169条）は，虚偽の陳述に関する主観説によれば，宣誓した証人がみずから経験したことの記憶に反する陳述を行った場合に犯罪が成立します。したがって，構成要件該当性の判断は，行為者の記憶の内容という心理状態と，陳述という外部的行為とを比較することが必要となるのです。

（4）記述的構成要件要素と規範的構成要件要素

構成要件要素は，裁判官の評価による補充を必要とするか否かに応じて，記述的構成要件要素と規範的構成要件要素とに分類することができます。

（a）記述的構成要件要素　　記述的構成要件要素とは，たとえば，殺人罪に

おける「人」を「殺した」のように，その存否の認定について，価値判断を入れずに，事実認識ないし解釈によってその内容を確定できる構成要件要素をいいます。もっとも，「人」についても，その始期は一部露出か全部露出か，終期は心臓死か脳死かというように，解釈によって確定する必要がありますが，その解釈を適用するときには，特別な価値判断を必要としませんから，これは記述的構成要件要素ということになります。

(b) 規範的構成要件要素　規範的構成要件要素とは，その存否の認定について，裁判官の規範的・評価的な価値判断を必要とする構成要件要素をいいます。規範的構成要件要素には，①「他人の」財物（235条等），「公務員」（193条）のように，法的評価を必要とするもの，②「公共の危険」（109条2項），「虚偽の告訴，告発その他の申告」のように，認識上の評価を必要とするもの，③「わいせつ」（174条等），「名誉を毀損した」（230条）のように，社会的・文化的評価を必要とするものなどがあります。罪刑法定主義の原則からすると，構成要件は明確でなければなりませんから，構成要件要素は可能な限り記述的であることが要請されます。しかし，構成要件的行為が社会的存在としての行為を基礎として類型化された法的概念である以上，裁判官の評価を一切許さないほどに記述的要素によってこれを示すことは不可能ですから，厳格な解釈によりその内容を確定して類型化をはかるべきことになります。

第7章 □因果関係

1 因果関係とは

(1) 因果関係の概要

　一般に，因果関係とは，原因と結果の関係をいうといわれています。たとえば，車幅灯を消し忘れたためバッテリーがあがった，寝冷えをしたため腹痛を起こしたという場合，車幅灯を消し忘れた，寝冷えをしたことが「原因」とされ，それと，バッテリーがあがった，腹痛を起こしたという「結果」の間に存在する関係が「因果関係」ということになります。野球やサッカーの試合で，わたしたちは「勝因」や「敗因」という言葉をよく耳にしますね。ピッチャーの交代時期を誤ったとか，主力選手がレッドカードをもらってしまったとか，その原因はさまざまでしようが，ここでも原因と結果の因果関係が語られているといえます。

　このように，意識すると否とにかかわらず，因果関係という概念はわたしたちの日常生活に深く入り込んでいるといえましょう。特に，因果関係を知ることにより「次に備える」ことが可能になるという点は注目されるべきです。「車幅灯の消し忘れ」が「バッテリーあがり」の，「寝冷え」が「腹痛」の原因であることがわかれば，降車するときはその消し忘れに注意するだろうし，寝るまえに寝冷え防止の手立てを講ずることでしょう。わたしたちは，好ましい結果をうみだし，また，わけても好ましくない結果を防止するために，因果関係についての知識を用いてきたということができるのです。

　このように，わたしたちの日常生活にも密接に関係する概念であるため，因果関係は古来，哲学をはじめとして，自然科学や社会科学のほとんどすべての学問分野で問題とされてきたといっても過言ではありません。もちろん，「刑法」もその一例にもれないということです。

ところで，先にあげた例からもわかるように，現実に因果関係が問題となるのは，とくに好ましくない結果が発生した場合だといえましょう。そして，現実に結果は発生しているのですから，何を「原因」としてピックアップするかが，最初の重要な問題として浮かび上がってきます。その際，注意すべきことは，因果関係を観察する者の関心事・因果関係を論ずる目的によってこの点が左右されるということです。

　たとえば，飛行機の墜落事故が起きたとしましょう。このとき，航空力学の専門家であれば，「垂直尾翼の破損」を第1に原因の候補とし，それと墜落との関係を入念に調べることでしょう。他方，不幸にして事故で身内を亡くした遺族などは，こみあげてくる怒りや悲しみから，つまり何らかの人為的なミスが関与しているのではないかという観点から，パイロットの操縦方法，航空会社の整備点検や業務体制の実態などに着目し，それらと墜落事故との関係を問題とすることでしょう。

　以上の点を「刑法」の立場からいいますと，他人の生命や身体，財産などの権利を侵害した，あるいは危険にさらした「人間の行為」を処罰できるかどうか，処罰する必要性があるのかどうかを問題とするのが「刑法」の本分だといえますから，「垂直尾翼の破損」そのものを原因としてピックアップすることに意味はありません。刑法にとっては，「刑事罰」の対象となるような「人間の行為」にしぼって（たとえば，整備員が垂直尾翼にあらわれていた金属疲労を見落としたなど），その原因性が検討されることになります。この点では，墜落事故で身内を亡くした遺族と同じ観点から，何が墜落の原因か，その候補の選別がなされるといってよいでしょう。

（2）　刑法における因果関係の役割

　さて，刑法が，発生した結果に対する原因として着目するのは「刑事罰」の対象となるような「人間の行為」だけですが，このような「人間の行為」と「発生した結果」の因果関係は，人の傷害や死亡という結果の発生を必要とする「結果犯」においてとくに問題となります。たとえば殺人罪についていえば，人を包丁で斬りつけるという危険な行為を行い，現実に被害者が死亡したとしても，この危険な行為と被害者の死亡との間に因果関係が認められないときは「殺人未遂」が成立するにすぎません。被害者は行為者の「斬りつけによって

死亡した」とはいえないからです。結果犯において因果関係は「未遂」と「既遂」を分ける重要な役割を果たすわけです。

　ただし，次の点に注意してください。殺人罪の場合には未遂が処罰されますが（44条・203条），前方を注視せず車を運転したために歩行者をはねて殺してしまったというような「過失致死罪」の場合は，未遂を処罰する規定がないということです。したがって，（業務上）過失致死罪の場合，因果関係のある・なしは，有罪・無罪に直結することになります。さらに「結果的加重犯」とよばれる犯罪があります。傷害致死罪がその典型例ですが，傷害罪というそれ自体処罰される犯罪から，行為者が意図しなかった致死という重い結果が発生した場合，その基となる傷害罪（これを基本犯といいます）の刑罰を重くする犯罪類型が結果的加重犯です。また，たとえば，力づくで女性をレイプしようとしたときに女性が負傷したり死亡したという強姦致死傷罪も結果的加重犯です（結果的加重犯の「重い結果」には，このように「致死」だけではなく「致傷」が含まれることもあります）。このような「結果的加重犯」の場合，行為者の行為と傷害や死亡結果の間に因果関係が否定されると，その基となる基本犯の刑罰によってのみ処罰されることになります。たとえば，XがAを殴りつけてAの死を引き起こしたが，このXの行為とA死亡の間に因果関係が認められない場合は，Xは傷害罪だけで処罰されます。結果的加重犯の場合は，（業務上）過失致死罪の場合とは異なり，因果関係のある・なしが有罪・無罪の決め手となるわけではないのですが，傷害罪あるいは強姦罪として処罰されるだけか，傷害致死罪，強姦致死傷罪として処罰されるかでは刑罰に大きな開きがあるため，因果関係のある・なしはとても重要な役割を果たすことになるのです。そして，現実に因果関係が問題となる事件は，（業務上）過失致死罪や結果的加重犯が圧倒的に多いのです。刑法における因果関係の重要性が明確にあらわされている一例といえるでしょう。

（3）　因果関係を論ずる場所

　以下，このような刑法における因果関係の問題を考えていくことにしますが，皆さんは，本書ですでに，次の点を学ばれたと思います。行為者（被告人）の行為が，①構成要件に該当し，②違法であり，そして③有責であって，はじめて何らかの犯罪が成立するということです（→第1章）。では，これから考え

る因果関係は以上のどこで議論されるのでしょうか。それは①の構成要件該当性の場面においてです（→第6章）。つまり，行為と結果の因果関係が欠けるときは，殺人罪でいうと「人を殺した」という構成要件に該当しないことになるのです。逆に，「人を殺した」といえるなら，構成要件該当性判断の一翼を担う因果関係の役割は終わることになります。「人を殺したこと」が違法であるか，違法であるとして，その点に対し行為者に責任があるかどうかは「因果関係判断」の守備範囲の外ということです。責任はAならAという「その人」に，発生した結果を帰することができるかどうかを問題とするのに対して（そのため「主観的帰責」といわれることもあります），因果関係は，この点を問題とすることなく，およそ「人間の行為」といえさえすれば，「発生した結果」をその「行為」に帰することができるかどうかだけを判断するのです（そのため「客観的帰属」といわれることもあります）。飛行機の墜落事故を例にとれば，整備員が垂直尾翼にあらわれていた金属疲労を見落としたために飛行機が墜落したこと（＝整備員の落ち度ある行為と飛行機墜落の因果関係）が明らかになったとしても，整備員「個人の知識・経験」からして，それが金属疲労であることがわからなかった場合は，結果発生の「予見可能性」が否定され，整備員に「責任」を問うことができないというようなケースは十分に考えられるのです（→第11章1，6）。

　まえに述べたように，因果関係はとくに「結果犯」（「結果的加重犯」を含む）において，とても重要な役割を果たすものですが，それは，あくまで犯罪成立の「一条件」にすぎないということに注意してください（→第4章4）。

2　因果関係論の現状は

(1)　現在のわが国における「因果関係論」

　以上の点を念頭において，刑法における因果関係について考えみることにしましょう。その際，以下では，個々の事件における因果関係のある・なしを直接検討するのではなく，それを判断するための理論的な枠組み，すなわち「因果関係論」が考察の中心になります。判例や学説は，どのような理論的な枠組みから，あるいはどのような理論的な根拠から因果関係の存否を判断している

のか，ということです。

　そのための予備的な作業として，まず，ここでは，現在のわが国における「因果関係論」がどのような動きを見せているのか，簡単に鳥瞰(ちょうかん)しておくことにしましょう。

（2）（裁判）実務と条件関係

　まず，因果関係を認めるための第一関門として，その詳細は次章に譲りますが，「条件関係」が認められなければならないとされています。この点で判例・学説の争いはありません。しかしながら，この「条件関係」の存在だけで刑法上の因果関係が認められるのかについては争いがあり，一般に判例（とくに最高裁）はこのような立場に立つといわれています。わけても「結果的加重犯」の因果関係に関してはその傾向が強いとされています。ただ「過失致死罪」に関して最高裁は，昭和42年に，明らかに条件関係が認められるにもかかわらず因果関係を否定しました（この「米兵ひき逃げ事件」は後述します）。また，条件関係のある・なしは，「pなければqなし」という公式に基づいて判断されるので，かりに条件関係の存在だけで因果関係が認められるのだとすれば，「被告人の行為がなければ結果も発生しなかっただろう。だから被告人の行為と発生した結果の間には因果関係が認められる」といった説示をしさえすれば足りるはずです。しかし，最高裁も，単純にこのようにいうだけで因果関係を認めているわけではありません。学説サイドから判例に対するさまざまな評価がなされている理由はここにあります。

　さらに，たとえばレイプの被害にあった女性が世をはかなんで自殺したという場合，条件関係を判断する「pなければqなし」という公式（以下「条件公式」と呼ぶことにします）によると，「レイプなければ自殺なし」で条件関係は認められそうですが，現実の裁判の場ではそこまで徹底されることはないという点も頭に入れておく必要があるでしょう。同様の事件で（最決昭38・4・18刑集17巻3号248頁），検察官は女性の自殺については起訴しなかったのです。つまり，ある事件を起訴するかどうかという段階で一定の「ふるい」にかけられているわけです。裁判所はそのようにして上がってきた事件だけを判断するわけですから，実務は「条件公式」を単純に適用するだけで因果関係の存否を判断しているのではないといえるでしょう。

（3） 条件関係の内容

　刑法上の因果関係として条件関係の存在だけで足りるかどうかということの他に，その条件関係の内容をどう理解するかに関しても争いがあります。これは学説同士の争いといっていいのですが，行為者の行為のほかにまったく同様にして結果を引き起こす条件が控えている場合は，「行為者の行為がなくとも結果は発生しただろう」といえるので，条件関係が否定されるのではないかという点に関する争いです。通説はさまざまな理由をつけて条件関係を肯定しようとするのですが，そのような場合には条件関係が否定されるとする学説も主張され，とくに最近では有力になりつつあります。また，「条件公式」を最初から放棄して，pとqの間に何らかの法則的な関係が認められれば条件関係も認められるとする「合法則的条件説」という見解も主張されています。以上については次章でみることにしましょう。

（4） 条件関係と相当因果関係

　さて，判例は「条件関係」の存在という第1関門を通過すれば刑法上の因果関係も肯定する傾向にあるといわれているのに対して，学説の多くは異なります。通説は第2の関門として「相当因果関係」というものを用意し，それを通過した場合だけに因果関係を認めようとします。「条件公式」を単純に適用すると，「風が吹けば桶屋が儲かる」式に因果関係はどんどん広がってしまう。たとえば，Xが殺意をもってAを斬りつけたとしましょう。血まみれのAを通行人が発見して救急車を要請した。救急車で病院に運ばれる途中，救急車は信号無視をしてきたダンプカーに衝突され，乗っていたAが死亡した，という場合を考えてみますと，Xの斬りつけがなければAの死亡もないわけで，条件関係の存在は否定できません。刃渡り数十センチの包丁で斬りつける行為は優に死亡結果を発生させうる「危険な行為」であり，また，Xには「殺意」もあります。そして因果関係が肯定されるとすれば，Xは殺人既遂で処罰される可能性がでてきます。しかし，それはおかしいと通説は考えるのです。

　また，たとえば民法416条は「債務ノ不履行ニ因リテ通常生スヘキ損害」だけに損害賠償責任が認められると書いています。お金による賠償（民法417条，722条1項）ですら，「通常生ずべき損害」に限定されるなら，人の生命や身体の自由を奪う刑罰を科するにはなおさら「通常生ずべき損害（＝結果）」に限

定されるべきである。このように考えることには十分な理由があるといえるでしょう。そして、行為から「通常生ずべき損害（＝結果）」というのは「相当因果関係」を意味すると理解されているのです。

　その他にもいろいろな理由がありますが、いずれにしても、以上のような理由から、わが国では「相当因果関係説」が通説としての地位を築きあげました。そして、最高裁も、「**米兵ひき逃げ事件**」では同様の見解を主張したのです。しかしながら、「通常生ずべき結果」かどうかは一体どのようにして判断されるのでしょうか。この点については学説においても激しく争われており、見解の一致はみられません。そのせいもあって、実務家サイドからは相当因果関係説に対する批判が提起されました。また、とりわけ後述する「**大阪南港事件**」では、「相当因果関係」の存在が高度に疑わしい事案で最高裁が因果関係を肯定したことをきっかけに、「相当因果関係説の危機」が語られるようになり、従来の考え方とは異なる見解が学説においても主張されるようになってきたというのが、わが国の理論状況といえます。

　このように「因果関係論」は、現在、学会においてもホットなテーマであるといえるのです。次章以下では、このような「因果関係論の現状」を念頭におきながら、個々に「条件関係」「相当因果関係」について、より詳しくみてみることにしましょう。

3　条件関係とは

（1）　条件関係の概要

　先にも簡単に触れましたが、「pなければqなし」といえるなら、結果（q）と行為（p）の間には条件関係が認められるということでした。「あのとき交通事故にあっていなければ、今ごろは日本代表メンバーだっただろうに」…。このような判断は、わたしたちも日頃行っていますね。この例でいうと、発話者は、代表メンバーから外されたという好ましくない結果の原因（少なくともその一条件）を、交通事故に帰せしめているといえましょう。つまり、「条件関係」の判断は、現実に結果が発生したことを前提として、原因とおぼしきものを取り除いたとき、本当に結果が発生したのかどうかを判断する「仮定的な

判断」といえます。原因とおぼしきものを「取り除く」仮定的な判断であることから、条件関係の存否の判断は「仮定的消去法」とも呼ばれています。

　これと似た判断は、実験科学の世界ではよく行われます。ある物質 a が特定の作用をもっているかどうか調べるのに、まったく同じ条件のもとで、ある対象 x に a を加えた場合と加えない場合とを相互に比較・観察し、このいずれの場合でも、x に変化（たとえば爆発）が生じたなら、物質 a には爆発を引き起こす作用がないことになる。a がなくとも爆発が生じたのだから、a は爆発の一条件ですらない。このような判断です。「条件関係」の判断は、このような「事実的判断」であり、自然科学などその他の学問領域にも共通した確固たる基盤をもつものとして、判例・学説の広い支持をえています。そして、この「条件関係」の存在だけで刑法上の因果関係を肯定できるとする立場を「**条件説**」といいます。また、たとえば何かを燃やすとき、マッチをすって火をつけるとしても、空気が存在しなければ火がつかないように、結果が発生するには複数の条件群が必要だといえます。そのどれか一つが欠けても結果は発生しません。したがって、「p なければ q なし」という条件公式は、正確にいうと「$p_1 + p_2 \cdots + p_x$ なければ q なし」、つまり $p_1 \sim p_x$ は「等価値」ということになります。そこで、「p なければ q なし」という条件公式が満足されさえすればよいとする「条件説」は「**等価説**」とも呼ばれています。

（2）　通説の立場

　ところで、因果関係論に関してどのような立場をとろうと、まず第一関門として条件関係が認められなければならない点で見解の一致があることは前述しました。したがって、具体的にどのような場合に条件関係が肯定あるいは否定されるのかの判断は不可欠です。次に、いくつかの事例をもとに、この点をみることにしましょう。

　(a)　たとえば、X が A に毒を飲ませたが、毒が効くまえに A が無関係の第三者 Y によって射殺されたとしましょう（**ケース 1**）。X の毒投与がなくとも、A は Y によって射殺されているので、X の行為がなくとも A は死亡したということになり、X の行為と A 死亡の間の「条件関係」は否定されます。X は殺人未遂で処罰されるにすぎません（もちろん Y についてはこの限りではありません）。このケースのように、X の行為に発する因果の流れが結果に到達するまえに Y

の行為に発する因果の流れによって切断ないし追い越された場合を**「因果関係の断絶」**といいます。このような場合に，条件関係が否定される点では見解が一致しています。

　(b)　それでは次のケースはどうでしょうか。死刑執行官が，死刑を執行するため絞首台のスイッチを入れようとしたまさにその瞬間，死刑囚Aに殺害された息子の父親Xが息子の復讐を果たすべく，執行官を押し退けて自らスイッチを押し，Aを殺害した（**ケース2**）。先に条件関係の存否は「仮定的消去法」によって判断されるといいましたが，そうだとすれば，Xの行為を取り除いても執行官の行為によってAの死はどのみち発生しただろうから，Xの行為とA死亡の間の「条件関係」は否定されるようにみえます。でも，それはおかしいのではないか。こう思われる人も多いのではないでしょうか。現にXが執行ボタンを押して，その結果としてAが死亡したのだから…。

　通説はこのように考えます。その根拠は次のようなものです。このケースの場合，たしかに「執行官が執行ボタンを押したならばAは死亡しただろう」。しかし，執行官は「現実には」ボタンを押していない（そのためケース2は**「仮定的因果経過」**と呼ばれています）。執行官の行為も結果を発生させるのに十分な代替原因ではあるが，このように現実化していない「仮定的な代替原因」は「付け加えて考えてはならない」。通説はこのように主張します。しかし，「pなければqなし」という「仮定的消去法」に忠実であるなら，pすなわち父親Xの行為を「消去」したうえで，その当然の裏面として，執行官の行為を「仮定」して，Aの死の発生の有無が判断されるはずです。しかし，そう判断することはないというのですから，通説は「仮定的消去法」に「修正」を加えて，常識にマッチした結論を得ようとするわけです。「現実化していない仮定的な条件は付け加えて考えてはならない」というので，**「付け加え禁止説」**と呼ばれています。

　(c)　しかし，次のケースではこの考えが使えません。XとYがAの飲み物に，それぞれ別個独立に致死量の毒を投与しAの死をもたらした。あるいはXがAの頭部を，YがAの心臓を別個独立に，しかし同時に撃ち抜いてAを死亡させた（**ケース3**）。それぞれが単独でも結果を発生させることができる複数の独立した行為が合わさって（競合して）結果を生じさせたこのような場合を，**「択

一的競合」と呼びます。この場合の特徴は，それぞれの行為が「現実に」行われているということです。だから，「付け加え禁止」に反することはないのです。だとすると，X（Y）の行為を取り除いたあと，Y（X）の行為を付け加えて考えることが許されるので，どのみちAは死亡したとして条件関係が否定されそうです。しかし，通説はここでも条件関係を肯定します。X（Y）の行為をそれぞれ「別々に」取り除いても結果は発生するが，両者を「ともに」取り除けば結果は発生しない，というのがその理由です（**一括消去説**）。また，X，YがAの飲み物にそれぞれ致死量の半分の毒を盛ったという場合であれば（「**重畳的競合**」と呼ばれています），X（Y）の行為を取り除くとAの死亡はないから条件関係が肯定されるとすると，それに比べて，致死量の毒を盛った「択一的競合」のケースで条件関係が否定されるのは不合理だ，という理由があげられることもあります。何か説得的であるようなないような感じを受けた人もいると思いますが，いずれにしても通説は，「択一的競合」においても「仮定的消去法」に「修正」を加えるのです。X（Y）のいずれか一方の行為を取り除いて考えても結果は発生するところ，両者を「ともに」取り除く点で，です。

（3） 回避可能性説

さて，このような通説の立場に真っ向から対立する見解が，最近のわが国では有力になりつつあります。「**回避可能性説**」（あるいは「論理的結合説」）と呼ばれる立場です。刑法は法益侵害という結果の防止をはかることを目的とするのだから，当該行為をやめることによって当該結果を回避できた場合にだけ，既遂処罰を認めればよい。行為者の行為がなくとも同様にして結果が発生したであろう場合には，この「（結果）回避可能性」が欠けるので，条件関係は否定される。「回避可能性説」は，このような考えを基礎にする見解です。したがって，この見解によると，ケース2やケース3でも条件関係が否定される可能性がでてきます。父親の行為がなくとも，また，X（Y）の毒投与がなくとも，執行官の行為，Y（X）の行為によって，どのみちAは死亡しただろう，つまり結果は回避できなかっただろう，といえるからです。したがって，この見解は「仮定的消去法」に修正を加えない立場ということができるでしょう。

現に「不作為犯」の場合（→第8章），たとえば母親が乳児にお乳をやらず

に死亡させたような場合,「母親がお乳をやっていたら乳児は救命されただろうか」という「仮定的な判断」を行わざるをえないことは通説・判例も認めていますし,また,列車の運転手Xが見通しの悪い踏切で前方をよく注視せず幼児をひき殺してしまったのですが,前方を注視していたと仮定して幼児を発見できた地点を計測した場合,そこで可能な回避行動(警笛の吹鳴,非常制動措置)をとったとしても結果が回避不可能であった可能性があるとして因果関係を否定した判例(大判昭4・4・11新聞3006号15頁,百選(5版)7事件[京踏切事件])があり,「回避可能性説」にとって有利な状況があるといえます。さらに,たとえばケース3の「択一的競合」の場合,「共犯関係」にないX, Yの行為を「一括して取り除く」ことがなぜできるのかには疑問が残ることからも,「回避可能性説」が有力化しつつある素地は十分に認められるといえましょう。

　ただ,この説の内部でも,行為者の行為を取り除いたあとで仮定される事実の範囲については争いがあります。自然現象はもちろん,行為者の行為以外であればすべてを仮定するか,それとも人間行為の場合には「法の期待する行為」だけを仮定するかという点です。たとえば両手に拳銃をもっているXが右手で発砲してAを殺害した場合,右手で発砲しなくとも左手で発砲しただろうと仮定することは許されないとする点で見解の一致はありますが,XがAを射殺したが,同様にAの殺害を意図していたYが木陰に控えていたという場合,行為者以外の行為はすべて仮定するなら,Yが同様にしてほぼ同時刻にAを射殺していただろうから条件関係は否定されうる一方,「法の期待する行為」だけを仮定するなら,殺害を法が期待するはずはないので,Yの行為を仮定することは否定されるためXの行為とA死亡の間には条件関係が肯定されることになるわけです。「回避可能性説」の内部で,このような争いがあるのです。

　他方,通説の側から本説に対して,「結果回避可能性」と条件関係を同一視することは,条件関係にとっては「過度の要求」であるといった批判も向けられています。ここでは,まさに「条件関係の内容」に関して,それを,行為と結果の「事実的な関係」と理解するか(通説),単なる事実的な関係につきるわけではなく,それ以上の「刑事責任を限定する規範的な関係」,つまり現に結果を引き起こした行為を刑法上既遂責任を問う対象と考える「べき」かどうかを判断する関係として理解するか(回避可能性説)の違いが争われているこ

とになります。

（4） 合法則的条件説

　もっとも、その公式に修正を加えるかどうかを別にすれば、通説も回避可能性説も「pなければqなし」という条件公式にそって条件関係を判断している点では共通しています。ところが、これに対して、最初からこの公式を放棄しようとする考えも主張されています。「**合法則的条件説**」がそれです。そもそも「pなければqなし」といえるかどうかは、あらかじめ「pがあるとqが生ずる」というp・q間の法則的な繋がりがわからないと判断できないはずです。XがAに発砲してAを殺したという単純な場合でも、ピストルの弾が身体の枢要部分（脳とか心臓）に命中すると人間は死亡するという医学的・生理学的な法則を知らなければ、Xの発砲なければAの死もないとはいえません。だとすれば、「pなければqなし」ではなく最初から「pがあればqがある」といえるなら、それで条件関係が認められると考えるのです。もう少し詳しくいうと、「pがあればqがある」という一般法則（「人間は弾丸をうけると死亡する」など）に、現実の事件をあてはめ（「XがAに向けて発砲した」など）、結論（「Aが死亡した」など）を引き出せれば条件関係が認められるとするものです。

　この「合法則的条件説」によると、ケース2やケース3でも条件関係が肯定されるといわれています。首を吊られると人間が死亡することは確かですし、父親Xが死刑執行ボタンを押したことも明らかなので、Xの行為と死刑囚死亡との合法則的な繋がりが肯定されるからです。また、（こちらのほうには問題がないとはいいきれないのですが）致死量の毒で人間が死亡することは確立した法則ですし、X（Y）がそのような毒をAに投与したことも明らかだからです。

　ただ、ドイツでは通説的な地位にあり、わが国でも賛同者を増やしつつある「合法則的条件説」ですが、本説には、特に次のような批判が提起されています。行為から結果発生までは一通り何らかの法則によってたどることができるだろう。法則的な繋がりがあればこそ結果は発生するのだ。つまりあらゆる事案に「合法則的条件」は認められるだろうから、この見解は何ら「限定機能」を果たすものではない。限定機能を果たさないような理論は無用である。このような批判です。これに対して、本説からは、「すべての出来事には原因がある」といった観念（因果律）にとらわれて確かでない法則を確かな法則と軽信

すべきではなく，また，当該の事件における事実を正確に把握するならば，必ずしもあらゆる事案で合法則的条件が認められることにはならないといわれています。合法則的条件説が主張された理由の1つには，ケース2やケース3でも条件関係を肯定しようとする意図があったことは事実ですが（したがって「回避可能性説」とは対極に位置します），ここでは，通説も条件公式を「修正」して同様の結論を主張していることを付け加えておきましょう。

（5）「結果規定」の問題

ところで，これまでは「結果」については何も論じてきませんでしたが，「通説」「回避可能性説」「合法則的条件説」の三者のいずれをとろうとも，「pなければqなし」（＝前二説）「pがあればqがある」（＝後一説）の"q"にあたる「結果をどのように記述するか」は，三説に共通した問題点として残されています。これは次にみる「相当因果関係説」にも共通する重要な論点といえるでしょう。

最も因果関係が争われる「人間の死」について考えてみると，人間は現実に必ず死ぬわけですから，たとえば発砲行為がなくとも被害者は死亡するだろうといえますね。それゆえ，結果を「およそ人間の死」と抽象的に記述すれば，あらゆるケースで条件関係が否定されかねません。そこで学説は，日時・場所，形態において「具体化された結果」を基礎にしなければならないとします。何時何分どこそこで発生したAの失血死などと結果を記述するわけです。これをさらに徹底して「完全に具体化された結果」を基礎にすべきだとする見解もみられます。これによれば，たとえばケース2でも，「父親が執行ボタンを押したことによる死亡」と結果が記述されることから，父親の行為がなければ「そのような結果」は発生しないとして条件関係が肯定されることになります。しかし，ここには，結果の記述のなかに，すでに父親が死刑囚を殺害したという因果関係の存在が先取りされていることは明らかでしょう。さらに，たとえば，あとで壊されることになる花瓶に赤の彩色を施した職工の行為は，その「赤の花瓶」の損壊結果について条件関係が認められることにもなりうるのです。そこで，このように「完全に具体化された結果」は基礎にできないとすれば，どのように結果を記述すればよいのでしょうか。「具体化された結果」といっても「どこまでの具体化」が許されるのでしょうか。困難な問題であり，まだそれ

ほど議論が煮詰まっているとはいえないので、ここでは1つの見解だけを紹介しておきましょう。それは、たとえば花瓶に赤色が塗られているという「単なる状態」ではなく、壊されていない状態から壊されるという「望ましくない方向への変更」を結果としてとらえる見解です。「法益状態の不良変更説」とでも呼べる見解です。この見解によると、「結果の具体化」の問題は「法益状態の不良変更」のある・なしに置き換えられることになるといえます。たとえば、赤シャツのAが射殺されたとして、Aが赤シャツを着ているという状態そのものは何ら不良変更ではないので、この部分は無視され、Aが何時・どこそこで射殺されたという点が「結果」として記述されることになるでしょう。したがって、たとえば、Aの外出に際して赤シャツを着させた妻の行為とAの射殺の条件関係を問題とする必要はないことになります。これに対して、たとえわずかな命でも、生きている人を生から死へと変更することは明らかに「不良変更」ですから、当の事件で現に発生した「具体的な死の結果」が、行為者の行為がなければ発生しなかったか、あるいは、そのような死の結果と行為者の行為との合法則的な繋がりが問われることになります。

＊なお、この「結果記述」以外の、これまでに述べた問題点を簡単にまとめたのが下の図です。

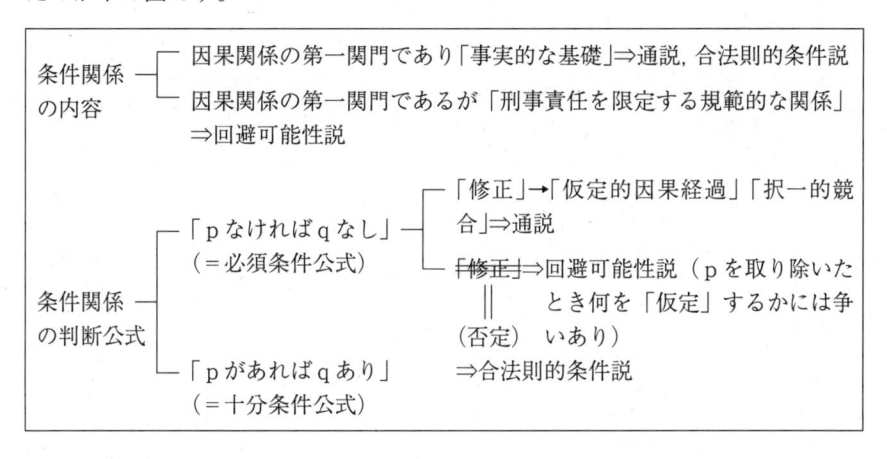

```
条件関係   ┬ 因果関係の第一関門であり「事実的な基礎」⇒通説，合法則的条件説
の内容    └ 因果関係の第一関門であるが「刑事責任を限定する規範的な関係」
           ⇒回避可能性説

           ┌「pなければqなし」┬「修正」→「仮定的因果経過」「択一的競
           │ (＝必須条件公式) │ 合」⇒通説
条件関係   │                  └「修正」⇒回避可能性説（pを取り除いた
の判断公式─┤                    ‖     とき何を「仮定」するかには争
           │                   (否定)   いあり）
           │                   ⇒合法則的条件説
           └「pがあればqあり」
             (＝十分条件公式)
```

4　相当因果関係説とは

（1）　相当因果関係説以前の学説

　さて，条件関係の存在だけで刑法上の因果関係が肯定されるとする立場が「条件説」でしたが，判例の立場はひとまずおいて，わが国の通説は刑法上の因果関係を認める第2関門として「相当因果関係」を必要とします。このような通説の立場を「相当因果関係説」と呼びます（以下「相当説」と略記します）。もっとも，学説史的にみると，相当説に至るまえには，条件説の側から「中断論」というものが主張され，また，「原因説」という立場もみられました。「**中断論**」というのは，条件説の立場から出発しながらも「他人の故意行為」や落雷などの「自然現象」が介在して結果が発生した場合は，条件関係が否定されるとする見解です。しかし，前述したように条件説はすべての諸条件を「等価値」とみて，そのいずれが欠けても結果は発生しないとする立場だったのですから，発生した結果に対して条件関係は「あるかないか」のいずれかでしかありえず，したがって「中断」されることもありえないはずです。条件説による不当な因果関係の広がりを限定しようとする試みは失敗に終わったといえます（なお，条件関係の「中断」と，前述3（2）(a)で述べた「断絶」の違いに注意して下さい。後者は条件関係が「ない」場合です）。これに対して「**原因説**」は，条件関係の存在は前提としながらも，結果発生に関与したすべての諸条件を等価値とみるのではなく，たとえばマッチをすって火をつけることが「原因」だとすれば，空気の存在その他は「条件」にすぎないとして，両者を区別し（それゆえ「等価説」に対し「個別化説」といわれます），「原因」を設定した場合にだけ因果関係があるとする立場です。われわれの直感にマッチする素朴な見解であることに違いないのですが，結果発生に関与した諸条件のなかから，「原因」と単なる「条件」を区別するための科学的で理論的な基準を提示できない，個々の諸条件の総体が「原因」に他ならない，などの理由で支持者を失いました。

（2）　相当因果関係説の諸相

　このような紆余曲折をへて，19世紀の終わりにドイツの生理学者クリース（Johannes von Kries [1853-1928]）という人によって「**相当説**」の基礎が築かれ

たのです。それがわが国にも導入されたのですが，わが国の一般的な理解によると，相当説は，条件関係の存在を前提としながら，条件関係の認められる「その種の行為からそのような結果が発生することが経験則上通常である」といえる場合，刑法上の因果関係を肯定する見解とされます。このように，相当説は条件関係の存在を前提としながら，さらに相当因果関係という「ふるい」にかけて因果関係の存否を判断しようとするのですから，そのためには何らかの「操作」を行わなければなりません。相当説によると，それは，結果発生に関与した諸条件のあるものを「度外視」して，事態を「一般的に眺める」という方法によって行われます（それゆえ相当説は「一般化説」とも呼ばれます）。どの条件を度外視するかに関しては，「主観説」「折衷説」「客観説」の3説が主張されています。主観説は「行為の当時，現に『行為者』が認識した事情（＝条件）および認識できた事情」だけを，折衷説は「行為の当時，『一般人』が認識できた事情と，一般人には認識できなくとも，行為者がとくに知っていた事情」を，そして客観説は「行為当時に客観的に存在したすべての事情と，行為後の事情については一般に予見可能な事情」を，それぞれ判断の資料（「**判断基底**」といわれます）として，相当性判断を行います。

　たとえば，XがAに平手打ちをくらわせたところ，Aが血友病患者だったので鼻血が止まらず失血死したとしましょう（**ケース4**）。「主観説」からは，XがAの特異体質を知らず，また知ることもできなかったなら，現実にはAの血友病体質はA死亡に不可欠な条件ですが，それが無視され，事態を「一般的」に眺めたうえで，「通常の人間に平手打ちをくらわせるとその人が失血死する，というようなことは経験的にまずありえないことだ」と判断されます（＝相当因果関係否定）。「一般人」の目からみてAの特異体質を認識することは不可能でしょうから，XがAの特異体質をとくに知っていたのでないかぎり，「折衷説」からも相当因果関係が否定されます。これに対して「客観説」によれば，Aの血友病体質は平手打ちをくらわせた時点に「客観的に存在した事情」とみなされるため，それを「判断基底」に取り込んで，「血友病者に対して軽傷を負わせると失血多量死することもありうる」と判断されます（＝相当因果関係肯定）。

　このように，相当因果関係が認められる範囲は「客観説」が最も広く，「主

観説」が最も狭く、そして「折衷説」がその中間ということになるのですが、それぞれに対して次のような批判が提起されています。主観説に対しては、行為者が知らなかった（あるいは知ることができなかった）条件を度外視する点で狭すぎるうえ、何よりも、主観説の判断基底を設定する定式は「責任判断」に等しく、それゆえ相当因果関係という名の下で故意・過失を論じていることになる。このような批判が向けられています（なお前述1（3）参照）。実は相当説の創始者クリースがこの「主観説」を主張したのですが、以上のような理由から今日ではその支持者を失っています。

　折衷説はわが国の通説的な地位を占めるといえるのですが、本説に対しても、相当性判断の「判断基底」として「行為者がとくに知っていた事情」を考慮する点で主観説に対するのと同様、本来客観的であるべき因果関係が「行為者の認識」いかんによって影響されるのはおかしいと批判されています。たとえばケース4を少し変更して、XがYにAの平手打ちを命じ、YがAに平手打ちをくらわせてAの失血死をもたらした。そして、平手打ちを命じたXはAが血友病患者であることを知っていたが、命じられたYは知らなかったとしましょう。この場合、折衷説によると、XにとってAの特異体質は「行為者がとくに知っていた事情」として判断基底に取り込まれ相当因果関係が肯定されるのに対して（傷害致死罪か、場合によっては殺人罪が成立します）、Yには否定されます。つまり「因果関係が人によってあったりなかったりする」ことになるのです。これではおかしいだろう、というのが折衷説批判の骨子です。

　このような事情を反映して、最近のわが国では「客観説」が通説に迫る勢いをみせてきました。しかしながら、この客観説にも批判が提起されています。「客観的に存在するすべての事情」を判断基底に取り込むなら条件説との違いは紙一重で、刑法上の因果関係を限定するために主張された相当説の本旨にそぐわないとか、客観説は判断基底の設定に関して「行為時の介在事情（被害者の特異体質など）」と「行為後の介在事情（被害者を乗せた救急車の交通事故など）」を区別するが、その具体的で説得的な基準を提示しえていない、という批判がそれです。ただ、とくに最高裁の判例は、ケース4のような「被害者の特異体質」が介在した事件で因果関係を否定したためしがありません。判例も相当説に立つと仮定したうえで、この点を考慮するならば、判例が相当説のな

かでは「客観説」に最も親和的だということはできるでしょう。

(3) 「広義の相当性」と「狭義の相当性」

(a) それはさておき、以上の「主観説」「折衷説」「客観説」の対立は、相当性判断の資料として何を基礎にするかという「判断基底」をめぐる争いでした。そして、ケース4のように「被害者の特異体質」が介在する事案では結論の明確な違いがみられました。批判されてはいましたが、「客観説」にならって「行為時の介在事情」と「行為後の介在事情」とを区別するなら、「判断基底」の違いが結論の違いに直結する「被害者の特異体質類型」は、行為時の介在事情についての相当性判断ということになります。このような「行為時の介在事情」については「判断基底」の設定が意味をもつということからみて、判断基底を設けることによって判断されるのは何かといえば、たとえば「平手打ち」という「行為の危険」だということができるでしょう。このような「行為の危険」に対する相当性判断を**「広義の相当性」**といいます。そうすると、「判断基底」をめぐる争いは、もっぱら「広義の相当性」に関する争点であったと結論づけることができるでしょう。

(b) これに対して、「行為から結果発生に至る具体的な因果の流れに対する相当性判断」を**「狭義の相当性」**といいます。最近の学説では、相当性を「広義の相当性」と「狭義の相当性」とにわける立場が有力です。その際、結果発生に至る具体的な因果の流れを問うのが「狭義の相当性」ですから、これは、とくに、被告人の「行為後に何らかの介在事情」が介入して最終的に結果が発生した場合に問題となります。Xの斬りつけで重症を負わされたAが病院に搬送される途中、Aを乗せた救急車が交通事故にあってAが死亡した、というようなケースがそうです（**ケース5**「救急車の事故事例」）。ここでは、①Xの斬りつけ行為→②Aを乗せた救急車の事故→③A死亡という一連の因果の流れ（因果経過）の相当性が問われることになります。②→③の繋がりが「相当か」という点はとくに問題がなさそうなので、XにA死亡の結果を帰するには、①→②の相当性判断がより重要だといえるでしょう。負傷者Aが救急車で病院に運ばれることは何ら不思議なことではないので、残るは救急車が交通事故にあうことの相当性です。先にみた相当説によれば、この判断は「判断基底」を設定してなされるのでした。かりに、熟練したドライバーが運転する救急車が事故

にあうことなど「まれだ」とされるなら，事故は「一般に予見できない事情」として判断基底から排除され，Xの斬りつけ行為→A死亡の相当性が問われることになります。ここで，Aの死因が失血多量死だったとすれば，斬りつけから失血死することは「ありうること」とされ相当因果関係が肯定されうる余地がでてきます。

　（c）　しかしながら，このような判断は何かおかしくはないでしょうか。「判断基底」を設定する段においては「熟練したドライバーが運転する救急車が事故にあうことなど『まれだ』」と判断されながら，他方，そのように「まれな介在事情」を経て発生した結果が「ありうること」「まれではない」と判断されるわけですから。①→②→③という一連の因果経過が「まれな介在事情」によって結びつけられているなら，全体としてその因果経過も「まれ」なのではないでしょうか。「まれ」な事情が介在する因果経過を最終的には「まれではない」と判断させるものだとすれば，狭義の相当性に関して「判断基底」の役割は疑わしくなってきます。とくに最高裁が因果経過の相当性を判断するのに「判断基底」の問題に関心を払わないといえるのは，この点に理由がありそうです。

（4）　わが国の判例と相当因果関係

　（a）　相当説に依拠したと評価できる最高裁判例に「**米兵ひき逃げ事件**」というものがあります。これは，Xが自動車を運転中，過って自車の屋根のうえにはね上げたAを同乗者Yが走行中の自動車から路面上に引きずり降ろしたためAが死亡したという事案ですが，最高裁は，「同乗者（Y）が進行中の自動車の屋根の上から被害者をさかさまに引きずり降ろし，アスファルト舗装道路上に転落させるというがごときことは，経験上，普通，予測しえられるところではなく」，「被告人（X）の前記過失行為から被害者の前記死の結果の発生することが，われわれの経験則上当然予測しえられるところであるとは到底いえない」としてXの過失行為とA死亡の間の（相当）因果関係を否定しました（最決昭42・10・24刑集21巻8号1116頁，百選11事件）。しかし，ここでは，Yの行為を判断基底に乗せるかどうかという操作は行われずに，端的にYの介在を含めた一連の因果経過の相当性が問われています。Xの過失行為からA死亡に至る一連の因果経過の間には，Yの引きずり降ろしという「異常な介在行為」が挟

まっているので，この一連の因果経過は全体として「異常」と判断されたのでしょう。ここでは，先に論じたような「おかしな点」はありません。

(b) しかしながら，最近では，この事件と同様の事案で，つまり，相当説の立場からすれば，相当因果関係の存在が高度に疑わしいにもかかわらず因果関係を肯定した最高裁判例が出ました。「**大阪南港事件**」がそれです。この事件では，判断基底に関心を払わないどころか，もはや相当因果関係の存否という観点から因果関係を判断することすら放棄しているかのようにみられます。

Xは飯場でAの頭部等を多数回殴打するなどの暴行を加え，意識喪失状態に陥らせたのち（第1暴行），Aを建築資材置場まで運搬し，同所に放置して立ち去ったところ，Aは，そこに現れた何者かにより角材で頭頂部を数回殴打されたため（第2暴行），第1暴行によって生じた脳内出血がさらに拡大して死亡した。これに対して最高裁は，「このように，犯人の暴行により被害者の死因となった傷害が形成された場合には，仮にその後第三者により加えられた暴行によって死期が早められたとしても，犯人の暴行と被害者の死亡との間の因果関係を肯定することができ[る]」として因果関係を肯定したのです（最決平2・11・20刑集44巻8号837頁，百選13事件）。Xの行為後に第三者の「異常な故意行為」が介在して結果が発生した一連の因果経過は，「米兵ひき逃げ事件」の考えでいくと，全体として「異常」「ありえないこと」と判断されるはずなのに因果関係が肯定されたのです。

(c) 「大阪南港事件」の他にも，最高裁は，治療資格のない柔道整復師XがAから治療を依頼され，「高熱を出して雑菌を殺す」といった誤った指示を与えたところ，その指示に忠実にしたがったAが死亡した事案で（「**柔道整復師事件**」），Aが医師の治療を受けずにXの誤った指示にしたがったという過失行為が介在するとしても，Xの指示とA死亡の間の因果関係を肯定し（最決昭63・5・11刑集42巻5号807頁），また，夜間潜水を指導していたXが，受講生らを残し一人で指導場所を離れ，受講生に同行していた指導補助者も不適切な指示をしたため，Xの後を追うなどした受講生の一人が圧縮空気タンクの空気を使い果たし溺死したという事案で（「**スキューバーダイビング事件**」），指導補助者および被害者本人の不適切な行為が介在するとしても，不慣れな受講生を残して指導場所を離れるといったXの過失行為と被害者の溺死の因果関係を肯定し

ましたが（最決平4・12・17刑集46巻9号683頁，百選12事件），このいずれにおいても，「経験則上の通常性・予見可能性」という相当説に特有の言葉はまったく使われていません。

（5） あらたな動き

このような判例の変化に対応する形で，従来の相当説とは異なる判断方法を提示する見解が増えてきました。たとえば，①行為の危険性の大小，介在事情の異常性の大小，介在事情の結果寄与度の大小を組み合わせて相当因果関係の存否を判断しようとする見解や，②一般予防（→第15章）の観点から，「一般人がそれを利用して結果を招致するであろうような因果経過が相当因果関係である」とする見解（利用可能性説）を，あげることができます。これらの見解に基づいて，たとえば「大阪南港事件」を判断すると，①説からは，脳内出血を生じさせたXの行為の危険性は「大」で，死因はこの脳内出血だというのだから，Aの頭部を角材で殴打した第三者の行為の結果寄与度は「小」といえるでしょう。したがって，この第三者の介在の異常性が「大」と判断されても，いわば「2対1」で相当因果関係が肯定されることになります。他方，②説からは，意識不明状態で横たわっているAの頭部を無関係の第三者が角材で殴打するような行為が「一般に利用可能か」が問われ，利用可能でないと判断されれば，相当因果関係が否定されることになるでしょう。ただ，その結論の当否とは別に，これらの見解に対しても批判がなくはありません。①説に対しては，その3つの基準の相互関係が明らかでないこと，むしろ，この基準はあらかじめ引き出された結論を正当化するための基準にすぎないのではないか，②説に対しては，「一般人にとって利用可能な因果経過」という基準は漠然としてはいないか，というような批判です。

（6） 客観的帰属論

なお，これらの見解は自説を「相当説」の枠内にとどめているのに対して，以上にみてきたような相当説の「変遷・動揺」を背景とし，最近では相当説を放棄する立場もみられます。ドイツでは通説の立場にある**客観的帰属論**がそれです。この見解は，結果発生の「経験則上の通常性・予見可能性」という基準にかえて，「許されない危険創出」と「危険実現」という大わくを設定し，さまざまな下位基準によりながら発生した結果の客観的帰属を問うものです。

たとえばケース 5 の「救急車の事故事例」では，人を斬りつける行為は明らかに「許されない危険創出」といえますが，救急車の事故で死亡結果が発生するというようなことは殺人罪の構成要件が予定するものではない（「規範の保護目的ないし保護範囲外の結果発生」などといわれます）などとして，「危険実現」が否定されます。しかし，わが国では「許されない危険」という概念そのものについて批判が強く，また，「危険実現」の有無を判断する，たとえば「規範の保護目的外の結果発生」というのが「経験則上の通常性」以上のことをいっているのか，いっているとして，どのように規範の「保護目的」なり「保護範囲」を決定するのかなど，この理論においても検討を要する問題点が残されているといえるでしょう。

（7） 今後の課題

以上，相当因果関係論に関する学説の状況をみてきましたが，多種多様，さまざまな見解が主張されているのが現状です。ただ，「行為の危険性」＝「広義の相当性」，「因果経過の相当性」＝「狭義の相当性」（以上は「客観的帰属論」のいう「許されない危険創出」と「危険実現」にほぼ対応します）を区別する立場が有力であり，その中でも「狭義の相当性」だけを問題とすればよいという見解が増えつつあること，そして「狭義の相当性」を判断するには「判断基底」の設定は無用ではないかとする見解が主張されている点で，最近の学説に共通した傾向をみてとることはできるでしょう。さらに，「結果」をどのように記述するかは，相当因果関係の判断にとってもやはり重要だということは押さえておく必要があるでしょう。たとえば「大阪南港事件」でいうと，無関係の第三者 Y が昏倒している A の頭部を角材で殴打したことにより「A の死亡時期が早められた」と認定されていますが，その正確な死亡時刻を捨象して「脳内出血による死」と結果を記述すれば，かりに，判断基底を設定する従来の相当説にしたがい，Y の行為を「異常」として判断基底から取り除いても，X の殴打行為から A が「脳内出血で死亡する」ことは十分に「ありうることだ」として，相当因果関係を肯定する余地が生ずることになります。因果関係の判断対象をなす「結果」をどの程度「抽象化」できるかという問題は，さらに深められなければならない論点だといえます。

いずれにしても，このように，わが国の通説である「相当説」も，いまだ

「発展途上」にあることは事実のようです。今後，さらに判例の動向に注意しながら，客観的帰属論も含めた学説の理論状況には注目していかなければならないと思われます。

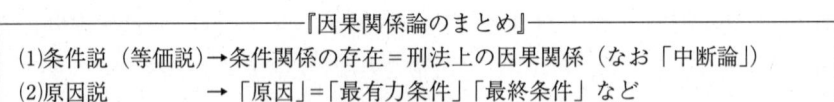

```
―――――――――『因果関係論のまとめ』―――――――――
(1)条件説（等価説）→条件関係の存在＝刑法上の因果関係（なお「中断論」）
(2)原因説　　　　→「原因」＝「最有力条件」「最終条件」など
(3)相当説
　　1)「判断基底」による区別 ─┬─ 主観説
　　　　　　　　　　　　　　　├─ 折衷説
　　　　　　　　　　　　　　　└─ 客観説
　　2)「広義の相当性」と「狭義の相当性」（狭義の相当性判断と「判断基底」の関係）
　　3)「狭義の相当性」に着目した最近の学説
(4)客観的帰属論
(5)結果記述の問題（条件関係・相当因果関係に共通）
```

第8章 ■不作為犯

1 不作為犯とは

（1） 作為と不作為

　人間の行為は，ある動作をするという「作為」（積極的動作）と，ある動作をしないという「不作為」（消極的態度）とに分けられます。ただし，刑法上問題となる不作為は，何もしないこと（静止）を意味するのではなく，刑法によって期待されたある動作をしないことであることに，注意する必要があります。たとえば，「要求を受けたのにこれらの場所（人の住居若しくは人の看守する邸宅，建造物若しくは艦船＝筆者注）から退去しなかった者」と規定される刑法130条後段の不退去罪は，たとえ他人の家の中で動き回っていたとしても，刑法が期待する「退去」という行為を基準にすれば，「退去しない」という不作為によって成立するのです。

　このように，そもそも作為と不作為とは相互排他的な関係にあるわけではありません（町野Ⅰ・139頁，山口・74頁）。乳児にミルクをやらないで外出してしまう母親は，外出中，刑法が関心をもたない動作（作為）をいくら行っていようと，「ミルクをやる」という刑法によって期待された作為を基準とすれば不作為と判断され，これによって乳児が餓死すれば，不作為による殺人罪が成立することもあるのです。

（2） 真正不作為犯

　刑法上の犯罪の大部分は，「人を殺す」（199条殺人罪），「放火して，…焼損する」（108条放火罪）というように作為の形式で構成要件が規定されており，これを通常**作為犯**といいます（ただし，後述するように〈2（1）参照〉，作為犯の処罰規定を不作為犯に適用することが許されない類推解釈であるとするならば，そもそも，たとえば殺人罪の構成要件を「作為犯」と呼ぶこと自体が問題となるかも

しれません）。

しかし，一部には，最初から不作為の形式で構成要件が規定されている場合があります。たとえば，条文上「暴行又は脅迫をするため多衆が集合した場合において，権限のある公務員から解散の命令を3回以上受けたにもかかわらず，なお解散しなかったとき」と規定される107条の多衆不解散罪，前述の要件で成立する130条後段の不退去罪，「老年者，幼年者，身体障害者又は病者を保護する責任のある者が（これらの者を遺棄し，又は）その生存に必要な保護をしなかったとき」と規定される218条後段の保護責任者遺棄罪などがそうであり，これらを**真正不作為犯**といいます。真正不作為犯は，条文に不作為が規定されているので，後述する不真正不作為犯の場合のように，罪刑法定主義違反の疑いがあるという批判は当てはまりません。

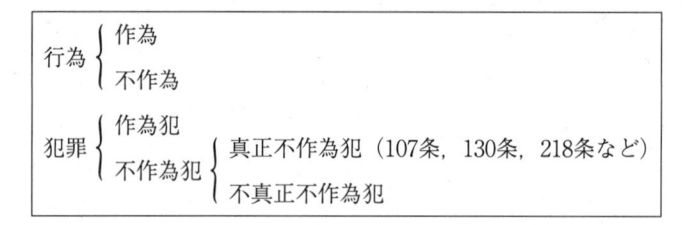

```
行為 ┬ 作為
     └ 不作為

犯罪 ┬ 作為犯
     └ 不作為犯 ┬ 真正不作為犯（107条，130条，218条など）
               └ 不真正不作為犯
```

2　不真正不作為犯とは

（1）　不真正不作為犯の問題点

上述の真正不作為犯に対し，刑法上の構成要件を不作為によって実現する場合があります。たとえば，母親が故意に乳児にミルクをやらないで餓死させるような場合は，不作為による殺人であり，これを**不真正不作為犯**といいます。なお，不真正不作為犯は，「不作為による作為犯」ともいわれますが，これに対しては，作為犯の処罰規定を不作為犯に適用することは許されない類推解釈であり，「不真正不作為犯は，行為（作為又は不作為）による構成要件の実現を処罰する罰則に，不作為で構成要件を実現することにより該当する場合だと理解すべき」という批判があります（山口・73頁）。

条文に不作為が規定されている真正不作為犯に比べ，刑法上の構成要件を不

作為で実現する不真正不作為犯については，直接の処罰規定がなく，その成立要件が条文上からはまったく読み取れないため，かつては，罪刑法定主義上の類推解釈の禁止に反するのではないか（法律主義違反，明確性原則違反）という疑問が出されていました（現在でも，この問題を重視するものとして，松宮・79頁以下）。また，作為犯は「〜をするな」という禁止規範違反であるのに対し，不作為犯は，「〜をせよ」という命令規範違反であり，その構造を異にするものであるから，同一には考えられないという議論もありました。しかし，現在では，母親が乳児にミルクをやらないで餓死させるというような不作為は，まさに「人を殺す」行為そのものであり，殺人罪の構成要件は，作為によるもの（禁止規範違反）ばかりでなく，不作為による場合（命令規範違反）も含んでいると考えられています（通説）。

その理由は，刑法の**法益保護**の要請に求められます。現在のように高度に複雑化した危険社会にあって，刑法は，作為による法益侵害を消極的に禁止するばかりでなく，法益が危険にさらされている場合には，積極的に法益の維持を命令することによって，社会生活上重要な法益の保護を図っていると考えられます。ただし，積極的な作為と消極的な不作為を直ちに同一視することはできません。さらに，不作為犯の処罰は，「積極的に他人の法益を侵害しない限り処罰されない」という刑法における自由主義原則の例外であり，作為犯と同視しうる場合にのみ，限定的に処罰されるということを忘れてはならないでしょう。したがって，不真正不作為犯の成立は，厳格な要件の下に慎重に認められなければなりません。そこで，後述するように，その成立要件（特に保証人的地位）について，学説・判例上さまざまな議論がなされてきたのです。

なお，かつて，一般的な不作為犯処罰に関する総則規定を立法化する動きも見られましたが（改正刑法草案12条），このような一般化は，形式上罪刑法定主義違反にならないというだけで，かえってその成立範囲を拡大することにつながるという批判（平場＝平野編・刑法改正の研究Ⅰ・208頁）もあり，結局，個々の不真正不作為犯の構成要件を解釈によって可能な限り明確にすることが，判例・学説の責務であることに変わりはないとされています。

（2）　不真正不作為犯の実行行為・因果関係

　(a)　**不作為の実行行為性**　　作為犯の構成要件該当性は，作為の実行行為と

結果との間の因果関係の存在によって認められます。しかし，不真正不作為犯の場合，結果を防止できる人が複数いた（結果と因果関係をもつ不作為が複数あった）場合，彼らの不作為すべてが犯罪となるわけではありません。たとえば，池の中で子どもがおぼれており，池の周囲に子供の父親とその他大勢の人が何もしないで見ていたとすると，その中の誰かが子どもを助けていれば，子どもはおぼれて死亡することはないわけですから，見ていた全員の不作為と子どもの死亡との間に因果関係も（未必の）故意も存在しますが，その中の父親にだけ不作為による殺人罪が認められ，その他の人には何の犯罪も成立しません。なぜなら，道徳的に非難される他の大勢の人と異なり，父親には子どもを助けるべき強い法的義務が課せられており，子どもの死亡という法益侵害が発生しないよう保証すべき立場，すなわち**保証**（保障とする論者も多い＝以下同様）**者的地位**をもつと考えられるからです。

　このように，不真正不作為犯が成立するためには，第1に，不作為者に保証者的地位が認められることが必要で，このような地位にある人を**保証者（人）**と呼びます。そして，不作為犯の構成要件は，主体が保証者に限定された一種の**身分犯**的構成要件であると考えられます。

　このような保証者が，強い**作為義務**，単なる道徳的義務ではなく，当該構成要件の予定する法的な作為義務（**保証義務**）（その内容については，(3)(a)参照）に違反する不作為により，重大な法益侵害の結果を発生させて初めて，不真正不作為犯の成立が認められます。すなわち，そのような場合にのみ，法益侵害の結果をもたらした不作為による実行行為が，作為の実行行為と**同等（等価値）**であると評価されるのです。

　(b)　不作為の因果関係　　不作為にそのような実行行為性が認められ，それと結果との間に因果関係が認められれば，不真正不作為犯の成立が認められます。不作為犯の因果関係に関しては，かつて，「無から有は生じない」という理由で因果関係を否定する見解がありましたが，現在では，以下のような内容で，不作為の因果関係を認める見解が多数です。すなわち，通常の作為犯における条件関係の公式は，「そのような行為（作為）がなかったならば，そのような結果は発生しなかったであろう」というものであるのに対し，不真正不作為犯のそれは，「結果を防止すべきある一定の作為がなされていたならば，そ

のような結果は発生しなかったであろう」というように修正されるのです。

また，作為犯の条件公式では，実行行為である作為を取り除けば法益侵害結果が発生しないことが一般であるのに対し，不真正不作為犯の条件公式は，「一定の作為がなされていれば」という仮定的条件を付け加えるものであり，結果が発生しなかったかどうかは，作為犯の場合ほど明確でないと言わなければなりません。その場合，どの程度の確立で結果が発生しなかったといえるのかどうかも，問題となります。

判例は，自己が覚せい剤を注射したために錯乱状態になった中学生の少女を，ホテルの一室に放置して立ち去り死亡させた事案について，保護責任者遺棄致死罪の成立を認めました。すなわち，被害者が錯乱状態に陥った時点において，「直ちに被告人が救急医療を要請していれば，同女が年若く（当時13年），生命力が旺盛で，特段の疾病がなかったことなどから，十中八九同女の救命が可能であった」から，「同女の救命は合理的な疑いを超える程度に確実であったと認められ」，被告人が少女をホテル客室に放置した不作為と少女が覚せい剤による急性心不全のため死亡した結果との間には因果関係が認められるとしたのです（最決平元・12・15刑集43巻13号879頁）。

(3) 不真正不作為犯の成立要件

(a) **保証者的地位―作為義務**（保証義務）　　上述のように，不真正不作為犯が成立するためには，「保証者的地位」が認められる不作為者が保証義務に違反することが必要です。この保証者的地位と保証義務との関係については，前者は構成要件に属し，後者は違法性に属するとする二分（分離）説（福田・94頁，内藤・230頁，林・158頁，なお，後者は構成要件要素でも違法要素でもないとするのは，井田「「不真正不作為犯」現代刑事法3・91頁）と，両者を一体化し，共に規範的構成要件要素であるとする一体説（大塚・147頁，前田・135頁，山中・229頁）とに分かれています。

不真正不作為犯を認めるための「保証者的地位」や，その保証者的（作為）義務の発生根拠に関する学説は，大きく，(i)形式（的法義務）説（形式的三分説），(ii)実質（的法義務）説，(iii)機能的二分説に分類され，その中でさらに細かく分かれています。

(i) 形式（的法義務）説（形式的三分説）　　この説は，保証者的地位を基礎

```
不真正不作為犯の成立要件

【形式説による場合】
 1）保証者的地位—作為義務（保証義務）

   ＊形式的三分説
   ①法令    ②契約, 事務管理
   ③慣習または条理 ｛ a）先行行為に基づく作為義務
                 b）管理者の地位に基づく作為義務

 2）作為可能性

 3）等（同）価値性 ｛ a）（危険の）引き受け
                  b）（排他的）支配領域性

【実質説による場合】
 1）保証者的地位—作為義務（保証義務）

   ＊実質（的法義務）説
   ①主観説
   ②多元説
   ③限定説 ｛ A　先行行為説
             B　具体的依存性説（事実上の引き受け説）
             C　結果因果経過支配説（支配領域性説）

 2）作為可能性
```

付ける作為義務の発生根拠を，法令，契約・事務管理，慣習・条理の3種類とし，形式的にこれらに該当する場合は，作為義務を認める見解です（大塚・148頁以下，佐久間・71頁）。

　まず，①**法令**の規定に基づくものとして，たとえば，民法752条の夫婦間の相互扶助義務や，同820条の親権者の子に対する監護義務などがあります。たとえば，親が子どもに飲食物を与えずに餓死させるような場合は，不作為の殺人罪が成立します（後述（4）(a)参照）。次に，②**契約**によるものとして，病人の看護や子どもの保育を内容とする契約に基づく作為義務があります。たとえ

ば，契約により養育を引き受けた嬰児に食物を与えずに死亡させた場合，不作為の殺人罪が成立します（後述（4）(a)参照）。不作為者が契約上の告知義務に違反して重要な事実を告知せず，不法に財産的利益を取得した場合は，不作為による詐欺罪の成立も認められます（大判昭4・3・7刑集8巻107頁）。また，**事務管理**によるものとして，契約によらずに他人を自宅に引き取って世話をするなどの事務管理に基づく作為義務があります。さらに，③**慣習**または**条理**に基づくものとして，以下のような場合が考えられます。まず，a）**先行行為**に基づく作為義務として，自動車を誤って人に衝突させけがを負わせるなど，自己の過失行為から法益侵害の重大な危険を生じさせた者に，その結果発生を防止する義務があるとされています。ただし，道路交通法上の救護義務（道交法72条）違反が，ただちに不作為の殺人罪を基礎付けるわけではなく，さらに後述するような要件が必要です（(c)等（同）価値性参照）。また，自己の過失により火災を引き起こした者には，消火すべき作為義務が発生します（後述（4）(b)参照）。b）**管理者の地位**に基づく作為義務とは，たとえば，自己の管理するビルから出火した場合の火を消し止める義務などです（大判昭13・3・11刑集17巻237頁）。

　しかしながら，形式的三分説に分類される学説も，後述するように，作為構成要件との等（同）価値性を判断する際に，次に述べる実質（的法義務）説と同様に，実質的な考慮を行っていますので，結論的に大きく異なるわけではないとも言えます。

　(ⅱ)　実質（的法義務）説　　この説は，上記のような形式説は，作為義務の根拠としては不十分であり，さらに実質的な検討を行おうとする説で，さらに以下のように分類することができます。

　①　主観説　　不作為による放火罪を認めた大審院の判例の中には，「既発の火力を利用する意思」や「既発の危険を利用する意思」等が不作為犯の成立を認める際に重視されていましたが（後述（4）(b)参照），学説の中にも，このような主観的要件を要求し，その成立範囲を限定しようとする見解がありました（藤木・135頁）。

　しかし，このような主観的要件を要求する根拠は乏しい上に，かえって客観的要件が軽視され，処罰範囲の拡張につながりかねないと，多くの論者から批

判されています（大塚・152頁注15，福田・95頁，西田・現代的展開Ⅰ・86頁，大谷・168頁，前田・138頁，山口・82頁など）。

② 多元説　　この説は，作為義務の発生根拠を，犯罪によって異なるものとして多元的に理解する見解（平野Ⅰ・152頁，曽根・226頁以下，町野Ⅰ・133頁，前田・138頁，山口・84頁以下）です。すなわち，具体的事例ごとに，当該構成要件が予定する作為義務が認められるかどうかを，上記の形式的三分説の要件（法令，契約・事務管理，先行行為，所有者・管理者としての地位等）に加え，支配領域性，危険共同体の存在等を考慮して，総合的に判断するのです。

しかし，このような多元説の考え方に対しては，基準として不明確であり，罪責判断を恣意的にする（佐伯「保証者的地位の発生根拠について」香川古稀・96頁，林・161頁）とか，保証者的地位を基礎づける事実関係ないし行為構造の分析が不十分であるという批判（井田・前掲・93頁）がなされています。

③ 限定説　　この説は，保証者的地位を認めるための要件を，一元的に理解しようとする見解で，以下の3つに分けることができます。

〔A〕 先行行為説　　これは，保証者的地位が認められるためには，不作為者が法益侵害に向かう因果の流れを自ら設定するという意味での，故意，過失に基づく先行行為が必要であるとする見解です（日高『不真正不作為犯の理論』）。しかし，この見解によれば，たとえば，乳児にミルクをやらないで餓死させた母親には保証義務が認められず，単純な轢き逃げの場合にはすべて保証義務が認められてしまいかねない，という問題があります（西田・前掲87頁，山口・83頁）。

〔B〕 具体的依存性説（事実上の引受け説）　　これは，事実上の引き受け行為があり，法益保護が不作為者に具体的に依存した状態にあるとき，保証者的地位を認めようとする見解です（堀内・58頁，同『不作為犯論』）。具体的には，法益の維持・存続を図る行為（結果条件行為）の開始，そのような行為の反覆・継続性，法益保護についての排他性の確保がある場合に，事実上の引受け行為があるとされます。この説に対しては，結果条件行為を開始し，事実上の保護状態が存在する場合にのみ保証者的地位を認めることの妥当性に，疑問が出されています（西田・前掲89頁，山口・84頁）。

〔C〕 結果因果経過支配説（支配領域性説）　　この説は，作為と不作為の同価値性を担保するためには，不作為者が結果へと向かう因果の流れを掌中に収

めていたこと，因果経過を具体的・現実的に支配していたことが必要とする見解です（西田・前掲・89頁以下，佐伯・前掲香川古稀・110頁）。すなわち，不作為者が自己の意思に基づいて排他的支配を有し，設定した場合である「事実上の排他的支配」の場合は，無条件に作為義務を認めます。一方，支配の意思に基づかないで事実上結果を支配する地位にある「支配領域性」がある場合には，規範的要素（親子，建物の所有者，管理者のように身分関係，社会生活上継続的に保護・管理義務を負うこと）の存在を条件として，作為義務を認めるのです。この見解は，同調者が多いものの，結果因果経過支配の概念が不明確である点（山中Ⅰ・224頁）や，先行行為を考慮の対象にしないという点などに対して疑問が出されています（山口・84頁）。

(iii) 機能的二分説　　この見解は，作為義務の発生根拠を，①当該法益を保護すべき関係に立つ場合と，②危険源を管理・監督すべき義務が認められる場合の2つに分類して検討するものです（山中Ⅰ・225頁以下）。

①　法益保護型義務類型　　現実的危険状況に陥っている行為客体が保護を要する状況にあるとき，規範的保護関係（継続的な社会的身分ないし地位に基づく関係）や，任意的・制度的保護関係（ベビーシッターなどの契約による場合や登山パーティーのような危険共同体の類型），機能的保護関係（被害者の法益が不作為者の先行の法益維持行為によって機能的に支えられている場合）に基づいて，作為義務が認められるとされます。

②　危険源管理・監督型義務類型　　「危険源」が存在し，不作為者がそれに対する管理・監督責任を負いながら，その義務を果たしていないとき，危険な物・設備に関する管理義務や，人の危険行為に関する監督義務，不可罰の先行危険創出行為などに基づく作為義務が認められます。

(b) **作為可能性**　　以上のような作為義務が一般的・抽象的に認められても，具体的に**作為可能性**がなければ，不真正不作為犯は成立しません。たとえば，自分の子がおぼれかけているのを見た母親には救助すべき作為義務がありますが，この母親が泳げない場合には作為可能性がなく，そのために子どもが死亡しても，不真正不作為犯は成立しません。法は不可能を強いることはないからです。

なお，この作為可能性は，保証義務の前提であるとする前提説（平野Ⅰ・154

頁，中山・248頁，大谷・166頁，曽根・218頁，野村・191頁，西田・前掲80頁，山中Ⅰ・230頁，前田・132頁，佐久間・71頁など）と，保証義務と並ぶ独立の要件であるとする併存説（内藤・233頁以下），構成要件要素ではなく責任要素であるとする見解（山口・86頁）などがありますが，前提説が圧倒的多数説です。

また，事前的判断である作為可能性と，事後的判断である結果回避可能性とを区別し，作為義務の前提としてはどちらも不十分であるから，その中間である「危険回避可能性」を作為義務の前提とするべきという主張もなされています（山中・230頁）。なお，前記の保証義務の発生根拠として，排他的支配領域性とあいまった作為の容易性が強調されることもあります（井田・前掲94頁）。

(c) **等**（同）**価値性**　この等（同）価値性という要件は，主として，前述の保証者的地位に関する形式説から主張されます。すなわち，不真正不作為犯が認められるためには，形式説のいうような作為義務も作為可能性もある場合で，さらに，不作為者の不作為が，構成要件的に作為と**等**（**同**）**価値**であると評価される必要があります。

たとえば，過失で人をひいた自動車運転者が負傷した被害者を放置して逃走した場合（ひき逃げ），道路交通法72条の救護義務違反の罪（真正不作為犯）は成立しても，直ちに不作為の殺人罪が認められるわけではなく，運転者の不作為が作為で被害者を殺す行為と同視できるという意味での等価値性が要求されるのです。具体的には，①引受け（法益保護を引き受ける関係）があったか否か（たとえば，上の例では被害者を手当てのために移動させるなど），②支配領域性の有無（たとえば，被害者を自動車の助手席に乗せて，他人の救助可能性を排除する）などを考慮して，作為による殺人と同視できるかどうかが，判断されます。

これに対して，保証者的地位に関する実質説は，すでに等（同）価値性の判断を，保証義務の存否判断に当たって実質的に取り込んでしまっているのですから，この要件は不要とされることが多くなります。

（4）　**具体的事例**（判例）

(a)　**不作為による殺人罪**　不作為による殺人罪（または殺人未遂罪）が認められた判例には以下のようなものがあり，大きく分けて，1）食物の不給付・嬰児殺の事案，2）置き去り，3）医療の不給付，4）ひき逃げの4類型に分類することができます。

まず，1）食物の不給付・嬰児殺の判例には，①契約により養育を引き受けた嬰児に食物を与えずに死亡させた事案について殺人罪の成立を認めたもの（大判大4・2・10刑録21輯90頁），②妻に家出された被告人が自暴自棄となり，嬰児に食物を与えずに放置して死亡させた事案について殺人罪の成立を認めたもの（名古屋地岡崎支判昭43・5・30下刑集10巻5号580頁），③妊娠に気づかず，陣痛を便秘による腹痛と誤解した被告人が，嬰児を便曹内に産み落とし，そのまま放置して死亡させた事案について殺人罪の成立を認めたもの（福岡地久留米支判昭46・3・8判タ264号403頁）などがあります。

2）置き去りの判例には，④歩行不能の被害者を騙して連れ出し，人気のない山道に連行し，所持金を奪って置き去りにした事案について殺人未遂罪が認められたものがあります（前橋地高崎支判昭46・9・17判時646号105頁）。

3）医療の不給付に関する判例には，⑤住込みの従業員に暴行を加えて重傷を負わせながら，医者による治療を受けさせずに死亡させた事案について，不作為による殺人罪が認められたものがあります（東京地判昭57・12・22判タ494号142頁）。この判例では，自らの暴行により被害者死亡の切迫した危険を生じせしめた点（先行行為），被告人が被害者と支配服従関係にあり，被害者の救助を引き受けてその支配領域内に置いていた点（排他的支配領域性），被害者の死を予見していたこと，医師による治療を受けさせることの容易性などから，作為義務と作為犯との同価値性を認めています。

4）轢き逃げの判例としては，⑥過失により人を引いた自動車運転者（被告人）が，重傷の被害者を救護のために助手席に乗せたものの，事故の発覚を恐れて，人家から離れた降霜中の路上に引きずり下ろして放置し，逃走した事案（横浜地判昭37・5・30下刑集4巻5＝6号499頁），⑦過失により自動車事故を起こした被告人が，重傷を負った被害者を最寄の病院に搬送するために助手席に乗せて運ぶ途中怖くなり，死亡するかもしれないがそれもやむをえないと漫然と運転を続ける間に死亡させた事例に殺人罪が認められたもの（東京地判昭40・9・30下刑集7巻9号1828頁），⑧過失により自動車事故を起こした被告人が，被害者を助手席に乗せて走行中，事故の発覚を恐れて翻意し，厳寒の深夜の人通りの少ない路上に放置したが，発見されて死亡は免れた事案について殺人未遂罪の成立をみとめたもの（東京高判昭46・3・4判タ265号220頁）などが

あります。判例⑦では，先行行為に基づく作為義務，支配領域性，未必の故意の存在により，不作為の殺人罪が認められました。

しかし，同じ轢き逃げでも，被害者を自車に乗せて運ぶ途中，降雪中の車道に捨てて逃走し（被害者は一命をとりとめ）た事例では，最高裁は保護責任者遺棄罪を認めるにとどまっています（最判昭34・7・24刑集13巻8号1163頁）。

(b) **不作為による放火罪**　不作為による放火を認めた判例としては，以下のようなものがあります。まず戦前には，①養父を殺害後，養父が死ぬ前に投げた燃木尻の火がわらに燃え移ったのを知りながら，犯跡を隠すために放置して家屋を全焼させたという事案につき，被告人の住宅管理者としての地位，消火の容易性，「既発の火力を利用する意思」という主観的要件を重視して放火罪を認めた判例があります（大判大7・12・18刑録24輯1558頁）。また，②被告人所有の家屋内で礼拝中，神棚のろうそくが神符の方に傾いているのを認識しながら，火災保険金を目当てに放置して外出したため火災が生じた事案について，前記大正7年判例と同様に，被告人の住宅管理者としての地位，不安定な蝋燭立てに蝋燭を立てたという一種の先行行為（過失行為）の存在，消火の容易性，「既発の危険を利用する意思」という主観的要件の下に，放火罪の成立を認めた判例もあります（大判昭13・3・11刑集17巻237頁）。

戦後になってからは，③同僚と飲酒後残業していた会社従業員が，火鉢の炭火の不始末からぼやを起こしたが，自己の失策が発覚するのを恐れて何らの消火措置もとらずに立ち去ったため営業所の建物や隣接する住居，倉庫等を全半焼させた事案につき，重大な過失による先行行為の存在，結果防止行為（消火）の容易性，「既発の火力により建物が燃焼することを認容する意思」を認めて，不作為による放火罪が成立するとした最高裁判例があります（最判昭33・9・9刑集12巻13号2882頁）。この判例は，従来の大審院判例で要求されていた「既発の火力（危険）を利用する意思」を要求せず，建物燃焼の「認容」で足りるとした点に特色があります。

第9章 □違法性

1 違法性とは何か

(1) 犯罪の第二要件

　犯罪の形をもつ（構成要件に該当する）行為でも，それだけで処罰すべきことにはなりません。刑法典も例外を認めています。たとえば，生命の危険な状況で生き延びるために他者を傷害する行為は，傷害罪（204条）の構成要件に該当するとしても，緊急行為として特別に扱われます。刑法36条1項（正当防衛）や37条1項本文（緊急避難）が「罰しない」としたのは，利益を護るために他者を害することも「やむを得ない」状況があるからです。また，犯罪行為を制止し・逃亡阻止のために犯人を拘束すれば，刑訴法212条～213条で現行犯逮捕になります。逮捕罪（220条）にあたる行為ですが，法が予定しているので，法令行為（35条）として「罰しない」ことになります。このように，形（類型的な把握）では犯罪になりそうでも，状況の特殊性に基づいて，処罰されない行為もあるのです。これらを「罰しない」のはなぜでしょうか。「正当行為」や「正当防衛」はそれが正しいからです（緊急避難が「正しい」かは意見が分かれています）。言い換えれば，違法でなければ犯罪にはなりません。そこで，構成要件該当性に続いて，違法性が犯罪の第2の要件になります。

　それでは，「違法性」はどのようにして決まるのでしょうか。防衛行為が「正当」なのは刑法36条1項に・現行犯逮捕が「正当」なのは刑訴法と35条に合致してこそです。「状況の特殊性」がない場合にそれらが違法なのは，204条や220条があるからです。「違法性」は，文字通り，法規に違反することです（形式的違法といいます）。その際，「違反」対象としての「法」には注意が必要です。たとえ傷害行為でも正当防衛なら結局は「違反」でないのですから，そこにあるのは，204条の前提に「傷害」を禁止する法があり，いったんはその

「違反」が疑われても，36条1項の「所定の状況で限度内の行為ならやってよい」という法がその疑いを晴らすという関係です。「行為を禁止する法」に基づく評価を「行為を許す法」が阻止するのです。そこで，「違法性」は，内部に相互関係がある，多様な法規で組み上げられた，全体としての法に違反することなのです。

（2） 客観的違法論

とはいえ，「罪を犯す意思」や「心神喪失」の規定（38条1項・39条1項）がここでいう「法」に含まれるかは疑われます。なぜなら，「意思」や「心神」の状態は，禁止や許容の問題でなく，行為者の内的な事実にすぎないからです。かつては，「違法性」は法の定める命令・禁止の違反であり，この違反は「法」を理解しうる者だけができるので，「意思」と健全な「心神」を備えた者だけが「違法」を実現しうるという見方もありました。「違法性」が主観的な事情に依存するので，主観的違法論といいます。しかし，今日では，内心世界の絶対的自由（憲法19条）が前提なので，「法」の命令・禁止は外的世界に現れる行為にだけ関わるとされ，少なくとも，行為者の能力には依存しないと考えられています。このような見方を客観的違法論といいます。正当防衛の前提となる侵害の「不正」は，この意味で「違法」であればよいといわれます。さもないと，「心神喪失」者の侵害行為で生命を脅かされた者が彼に対して正当防衛をできなくなってしまうからです。

法が定める命令・禁止は，それにかなった「行為」が望ましいという価値基準（評価規範）を前提にしています。「違法」とは，「行為」がこの「価値基準」に反していること（評価規範違反）です。これに対して，行為者がそれを内心世界でどう受け止めていたのかは，行為者が法に動機づけられていたか否か，つまり，法が意思決定に与える「動機づけ」の作用を無視したこと（決定規範違反）を理由に，彼を非難できるか否かという別個の問題であり，むしろ，責任という第3の要件に関わります。このように「法」を評価規範と決定規範という二重の構造で捉えた上で，前者だけが「違法性」に関わるとする理解が客観的違法論を基礎づけました。このような理解の下で，「違法は客観的・責任は主観的」といわれています。

もっとも，「意思」の捉え方には見解の対立が残っています。いわゆる「目

的的行為論」のように「行為」を事実認識に基づく目的的な因果操縦と捉えるのなら，「事実認識」を「行為」から切り離すのは不自然です。また，同じ事態を招いても，分かっていたか否か・望んでいたか否かという，「意思」の違いで，われわれの「行為」評価は違うのが通常です。それが「責任」だけの相違なのかが問われます。そして，「評価規範」から考えるという場合に，「評価」の対象に主観的事情が含まれないとは言い切れません。「客観的違法論」に重要なのは「能力」に依存しない「評価」であり，そのような「事実認識」をもつ者が一般的にどう行為すべきかを「価値基準」として「評価」するのは，これに矛盾しないからです。そこで，「違法は客観的」だとしても，「客観」をどう捉えるか（外的か一般的か），そこに主観的事情の影響を認めるか否かという問題で，議論が続いているのです。

（3） 法秩序違反性

ところで，「禁止する法」に基づく構成要件に該当する行為は，類型的に違法だといえます（違法性が推定されるといいます）。それが前提なので，ここでは，例外的に「状況の特殊性」を理由に違法性を否定（違法阻却）すべきか否かを判断します。そこで，正当行為や正当防衛を違法阻却事由といいます。この判断は，「行為を許す法」の具体化を通じて，つまり，法規から何らかの「法」を読み取る作業（解釈といいます）に基づくので，何を「読み取る」かで大きく異なってきます。「形式的違法」は，法規が判断の出発点であることを示すにすぎません。「全体としての法」の内容（実質）をどう「読み取る」かが問題です。「行為を許す法」の全てが規定されているわけではありません。法規がなくても，通常の生活から見て「許す」べき行為があります。緊急事態でなくても，たとえば，依頼に基づく整形手術でメスを使った場合や，ルールの下でなされた格闘技の試合で相手を負傷させた場合に，これらを傷害罪にしてよいかは疑われます。いずれにせよ，「許す」限度は明確でなく，それは解釈に依存します。解釈は「通常の生活」を基礎にするべきです。そこで，「違法性」とは，法規の形式的な文言よりも，そこに「読み取る」べき現実の社会生活に根差した全体としての法秩序に違反したか否かで決まる，といわれます。

構成要件該当性という犯罪を基礎づける判断は，罪刑法定主義の要請で，「法律」という形式をもつ「法」に基づいて決めなければなりませんが，犯罪

（の違法性）を否定（阻却）する判断では，「法律」という形式を超える可能性も認められます。犯人の不利益にならないので，予測可能性のない処罰をなくすという，罪刑法定主義の精神に反しないのです。そこで，「行為を許す法」は類推解釈で引き出しても構いません。たとえば，盗まれた物を窃盗犯人から即座に取り戻す行為は，既に侵害が終了した後の自力救済なので正当防衛とはいえませんが，その機会をのがすと取り戻せなくなる場合なら「やむを得ない」類似の緊急行為（自救行為といいます）として「正当」でありうる，といわれます。つまり，「違法性」の判断は，条文化された「法律」を超えてもよい，超法規的なものでありうるのです（超法規的違法阻却事由といいます）。

刑法35条は「正当な業務」による行為も「罰しない」と定めており，それが「正当」な行為に広く及ぶのなら，すべてがこの条文で議論できそうです。医者による手術や興業としての格闘技なら業務行為として，その「正当」さが問われます。その延長線上で，素人による手術や趣味としての格闘技が問題になりますが，たとえ「業務」でなくても同等の行為は同等に評価すべきだから，これらも35条で「正当」か否かを問うべきでしょう。とはいえ，これだけでは，「法秩序」をどう捉えるか，「違反」をどんな基準で決めるか，という本質的（実質的）な問題については，解答になっていません。「違法性」はどのようにして決まるのか，という問いかけが再び繰り返されることになります。

（4） 実質的違法性

「違法性」の実質（実質的違法性）をめぐる議論は，「全体としての法秩序」から見た，行為の当否の基準を具体化することを目指しています。その基盤になるのは，「法秩序」をどのように捉えるかという問題です。一方では，われわれの生活利益を保護して，被害に救済を与えてくれることが重視されます。他方では，われわれが社会生活上で守るべきルールであり，他者もそれを守ると信頼できるからこそ円滑かつ安全に交渉（取引）できることが重視されます。たとえば，道路交通の秩序を考えてみて下さい。信号を守って停止すべきなのは，一方では，他者の生命・身体・財産に害をもたらす衝突事故を防止するためであり，相手方の停止違反に起因した事故の被害は損害賠償を請求できます。それでも，他方では，他者も信号を守るはずだと信頼できるからこそ，速度を緩めずに交差点に進入できるのであり，高速移動を可能にさせる前提としての

ルールという意味もあるのです。後者の見方は，それも「交通」の利益を保護しているといえますが，利益の安全という静的な状態ではなく，ルールに従い人々が活動している動的な状態を「秩序」として捉える点で異なるのです。

　問われるべきは，「法」の関わり方です。利益保護と被害救済に関わる「法」は，利益のないところに登場する必要がなく，被害のないところに「違法」評価を下す必要がありません。したがって，前者の立場は，「違法性」の実質を，法が保護する利益（法益）の侵害に求めており（法益侵害説といいます），被害という結果に結びつけて考えます（結果の反価値性を重視するので結果反（無）価値論といいます）。これに対して，ルールの守られている状態（規範の妥当状態）それ自体を「秩序」として重んじる後者の立場は，法の背後にそれぞれの社会的ルール（行為規範）を読み取り，その違反があれば，明確な「被害」がなくても，「違法性」を認めてよいと主張します。つまり，「違法性」の実質は，ルール違反それ自体にあり（規範違反説といいます），具体的な行為態様の，通常の人々の行動パターンからの逸脱度を問題にする見方になっていきます（結果反価値論との対比で行為反（無）価値論といいます）。

　両者ともに正しい一面のある見方でしょうが，たとえば，誰もが誤解しそうな夕暮れ時に案山子（かかし）を農夫と間違えて殺害目的で発砲した場合に，殺人未遂罪の違法性を認めるか否かにおいて判断が違ってきます。法益侵害説なら農夫に被害はなかったので否定的になるでしょうが，規範違反説ならルール違反の行為なので肯定しうるのです。法益侵害説のいうように，法が利益保護に役立つべきことは誰もが認めますが，「実質的違法性」を法一般ではなく刑法の次元で論じるのなら，法益侵害だけで説明できるかは問題です。刑法はあらゆる利益を保護しているわけではなく，その「法益」は限られていますし，同様な「被害」が生じても特定の行為態様に限って処罰している場合も少なくないからです。それでも，法違反を規範違反と言い換えただけでは，「形式的違法」の論理に等しいという根本的な疑問もあり，また，規範違反説によると，「通常の人々」からの「逸脱」という，いわば道徳的・倫理的な判断が重視されることになりかねないという批判もあります。主観的事情の影響を認めるか否かという問題（前述（2）を参照）も，ここに関係しています。このようにして，「違法性」をめぐる見解の対立にはさまざまな要因がからんでいるのです。

2　違法阻却とは

（1）違法阻却の原理

　構成要件該当性があれば違法性は推定されるので，違法段階での問題は，推定を覆す事由（違法阻却事由）の判断になります。正当防衛はその一例ですが，それがどんな行為まで許すのでしょうか。襲われたら即座に侵害者を殺すこともできるのでしょうか。実は，刑法も無限定に許すわけではありません。刑法36条2項は過剰防衛を定めており，「防衛の程度を超えた」行為も犯罪です。つまり，許される限度内の正当防衛だけが「違法阻却」になるのであって，過剰防衛なら違法です。両者の境界を考える際の出発点は，「実質的違法性」の捉え方です。そこに法益侵害説と規範違反説の対立があるので，「境界」を具体化する基準（違法阻却の原理）の考え方も対立しています。

　法益侵害説は次のように利益衡量（それによって明らかとなる，優越利益の保護）を主張します。法秩序は利益保護のシステムであり，刑法も，犯罪に刑罰という制裁を結びつけることで，利益侵害行為の抑止を追求している。刑罰法規（刑罰を効果とする法規）の趣旨は法益保護にあり，犯罪の違法性は法益侵害に基づいてのみ認められる。構成要件該当性は各刑罰法規から類型的に法益の被害を確認する。その違法性が否定されるのは，「法秩序」の見地で，より大切な利益が保護された場合である。だから，違法性が問題になるのは，行為が同時に（より優越する）他の利益を護っていた場合であり，行為の当否は，害された利益と護られた利益の比較（利益衡量）で決まる，というのです。なお，被害者の同意という問題では，利益主体が保護を放棄することで，利益欠如によって違法性が否定されるという説明が有力ですが，自己決定の利益が優越するという説明も可能ですし，生命を例外として（刑法202条を参照），そもそも構成要件該当性が疑わしいという意見もあります。

　これに対して，規範違反説は社会的相当性という基準を唱えます。刑罰法規の背後に行為のルールがあり，構成要件該当性は類型的なルール違反を意味するが，「法秩序」はそのような行為を許す規範も含んでいるので，ルールが効力を失うほどに，状況が特殊だったかが問題になる。ルールは通常の人々（一

般人といいます）が社会生活で行動の指針にするものだから，問われるべきは，行為者と同じ状況におかれた「一般人」がルールに従うことができない場合か否か，逆にいえば，「一般人」も同様に行為するか否かである。だから，社会的に見て（「一般人」を基準として）相当な（標準的な行動と認められる）行為なら「許す規範」があってよく，違法阻却が認められてよい，というのです。

（2）　利益衡量と社会的相当性

　「社会的相当性」は，基礎となる見方には理由があるにしても，内容が不明確であり，それだけで具体的な判断を導きうるものではありません。基準としての「一般人」にどんな人を想定するか。何を手掛かりにして「相当」というか。その指針がなければ役に立ちません。具体的な判断に使えそうだという意味では，「利益衡量」の方が優れているでしょう。刑法もそれを考えているようです。緊急避難に関する刑法37条が示す「生じた害が避けようとした害の程度を超えなかった場合」という基準は，正に「害された利益と護られた利益の比較」を想起させるでしょう。このことから，緊急避難も違法阻却事由だと捉える見方が多数になっているのです。

　しかし，緊急避難も，それだけではなく，「現在の危難」という状況で「やむを得ない」行為だからこそ「罰しない」のです。正当防衛も「やむを得ない」行為ですが，そこでは「利益衡量」は求められていません。また，緊急事態が前提でない整形手術や格闘技では，「一般人」の行動態様（慣行）との対比を考えるしかないでしょう。あえて「利益衡量」をすると，整形手術では，依頼者の綺麗になりたいという希望の実現を，格闘技では，それをやる者の身体能力向上や健康増進という価値・それを見る者のストレス解消という感情的価値・その興業に伴う収益という経済的価値などを，傷害罪が保護する人の身体（健康）という「法益」と比較するしかありません。しかし，このような「衡量」はやはり不明確ですし，整形手術の結果が予想外だったり，格闘技の試合が退屈だったら，優越する利益が欠けるのかという問題もあります。結局，その種の行為の一般的な効用で「違法阻却」を考える（ここに関わるのが「許された危険」という考え方）しかないのなら，やはり「利益衡量」だけが決定的なわけではないのです。

　2つの見方の相違が現れる問題として，主観的事情の影響があります。法益

侵害説は、違法性を「利益衡量」で決めるので、行為者の認識は影響しないといいます。人を殺したところ偶然にも相手が自分を殺そうとしていた場合、つまり、「急迫不正の侵害」に気付かずに「防衛」行為をした場合（偶然防衛といいます）でも、それが均衡を失するほどの利益侵害でなければ、正当防衛を認めてよいというのです。しかし、規範違反説は、正当防衛は緊急状況下の者には通常のルールが意味をもちえないことに基づくから、行為者が緊急状況を認識していなかった場合には、通常のルールで評価すべきであり、偶然防衛は正当防衛にならないといいます。「社会的相当性」は、同じ認識をもっていた「一般人」を基準にして検討されるので、状況に気付かないまま他者（実は侵害者）を殺害した者は、やはり殺人罪の責任を負うべきだというのです。この問題に限っていえば、後者の見方が多数だと思われます。しかし、そのような「偶然」はあまりないので、それが優劣の決め手にはなりません。基本的には、「違法性」の判断で主観的事情を重視することは警戒しなければなりません。外的世界に現れた部分では同じ行為なのに、意思状態が違ったことで処罰の可否が分かれるのは、思想を処罰することに近いともいえるからです。

（3）　二元的理解

そこで、さまざまな事例を念頭において違法判断のあり方を説明しようとすると、2つの見方を併用することになります。つまり、緊急行為の場合には、加害行為が必要にならざるをえない緊急状況を前提として、「やむを得ない」といえる「相当」な行為にこそ「違法阻却」が認められるものの、緊急避難での「相当」行為は「利益衡量」から見ても違法でない場合に限られている、と見るわけです。要するに、「違法阻却」は、全体としては「社会的相当性」の有無を問うにしても、問題となる行為の状況に応じて、その「相当性」判断は個々の違法阻却事由でさまざまな形に分かれてくると捉えるのです。

このような「併用」の見方なら、「構成要件該当性」が「法益侵害」の有無を評価するものであったとしても、「違法性」で「社会的相当性」を検討してよいのです。つまり、刑法は利益を保護するためにあり、犯罪は法益侵害でなければならないが、「全体としての法秩序」の中で刑法が担う役割から見て、すべての「法益侵害」の処罰が必要なわけではないから、社会的に相当な経緯に基づく「法益侵害」が刑法的な（実質的違法性の）意味で「違法」でなくな

ることもある，といえるでしょう。たとえば，被害者の同意という問題を考えてみると，同意に基づく行為でもそれが類型的に「法益侵害」になることは確かなのですが，「社会的」に処分が認められてよい「法益」なら，被害者の処分を助ける「相当」な行為として「法益侵害」も実質的に「違法」でなくなります。しかし，生命は「社会的」に処分を認め難いので，同意に基づく殺人は，いくらかその程度が軽くても，やはりなお「違法」になる（だから202条がある）という説明が可能になるでしょう。

　こうした背景から，「違法性」自体の捉え方でも，法益侵害説と規範違反説を総合する二元的な理解が多数の支持を集めています。つまり，刑法における「実質的違法性」は，社会的に不相当な（社会規範の違反を経由した）法益侵害である，と定義するのです。これを前提とするのなら，「違法阻却」に不可欠なのは，具体的な行為状況に応じた「境界」としての「相当性」を判断することであり，その基準を具体化していくことこそが解釈の課題だということになります。本書の第10章で展開されている個々の「違法阻却事由」の説明は，正にそのような「解釈」を追求するものです。そして，法益侵害説が主張する「利益衡量」という見方は，このような「解釈」を行うに当たって，「相当性」の内容を具体化していく上で，極めて重要な指針になるといえるでしょう。

3　可罰的違法性とは

（1）　違法性の程度とディバージョン

　法は人々の利益を保護するための取り決めです。刑法もその1つですが，刑罰という効果の重大さに特色があります。刑罰制度は，国家的な強制の下で，犯人のさまざまな利益を剥奪します。罰金なら財産が，懲役なら自由が，死刑ならその生命さえもが，合法的に侵害されるのです。「人々の利益を保護する」法が犯人という人の利益を侵害するのは自己矛盾にさえなりかねない問題です。犯罪者はもはや「人」としての保護を失うのでしょうか。安易にそう見るべきではありません。人が犯罪に至る経緯にはさまざまなものがあり，同情せざるをえないような事例もありえます。個々の行為の評価は具体的事件の多様な背景事情を汲み取るべきです。行為の意味やその社会的影響は事例毎に千差万別

です。犯罪行為もその「違法性」にはさまざまな程度差があるのです。刑法はこのような「程度差」を考慮しうる枠組みをもっていなければなりません。

ひとまず、刑罰法規は、犯罪に応じた刑罰（法定刑）に「程度差」を設けています。殺人（199条）は「死刑」になりえても、窃盗（235条）なら「懲役10年」が上限です。前者の「違法性」が大きいからです。また、「法定刑」には幅があり、同じ殺人でも場合によっては「懲役3年」に止まります。裁判官はこの「幅」を使って事件に応じた処罰を選ぶのです。さらに、「法定刑」の上限・下限を修正する可能性があります。「上限」を突破すること（加重）は、犯人に不利益なので、規定のある場合（併合罪（45条以下）と累犯（56条以下））に限られますが、「下限」を修正すること（減軽）は、過剰防衛（36条2項）のような規定に基づく「法律上の減軽」だけでなく、情状酌量（66条）に基づく減軽もあり、重ねて2回の減軽も可能だとされています（67条）。

それでは、「違法性」が極めて軽微で、「減軽」してもなお処罰が重い場合はどうするのでしょうか。執行猶予（25条以下）もありますが、刑事裁判に至る前に処理するのが通常です。たとえば、他人の庭から花一輪を盗んだ者が処罰されるとは考え難いでしょう。警察へ突き出されても微罪処分で説教されるだけで、検察まで送られても起訴猶予で裁判にまで至りません。刑訴法247条は刑事裁判が検察官の公訴提起（起訴）ではじまることを規定しており、憲法37条が刑事裁判を受ける権利を保障しているので、この法定手続を経由しない処罰はありえません（憲法31条）。しかし、刑訴法248条は犯罪の事情によっては「公訴を提起しないことができる」と定めている（起訴便宜主義）ので、検察官は裁判を避けることができるのです。これが「起訴猶予」です。このような裁量を基礎にして、軽微な事例の警察段階での処理を可能にしたのが「微罪処分」です（刑訴法246条ただし書）。捜査を終了した警察は書類と証拠物を検察官に送致（送検）するのが原則ですが、「検察官が指定した事件」は「送検」しなくてよいのです。このように、刑事制度の正規のルート（起訴〜裁判〜処罰）から外して事件を処理することをディバージョンといいます。

（2） 法益侵害の軽微性

確かに、花一輪を盗む行為も「他人の財物を窃取」した窃盗罪ですが、花一輪を庭の持ち主に頼んで譲り受ければ全く問題がなく、それは通常ありうるこ

とでしょう。そこで，そのような行為の本質は持ち主に礼を尽くさなかったという側面にあり，それだけで処罰すべきかは疑われます。また，さまざまな事件を処理しなければならない検察官や裁判官の力を，このような軽微事件に注ぐのは割にあわないと思われます。より重大な事件の捜査・審理を慎重に行えるように，刑事裁判に持ち込む事件を入口段階で絞り込むわけです（被害者が不満をもつ場合もあるので，検察審査会という制度が不服申立を審査します）。いずれにせよ，この程度のことで行為者に前科を負わせるのは，その将来を考えると，大いに疑問です。持ち主に謝罪させて，当事者が和解することの方が重要でしょう。あらゆる紛争を裁判沙汰にするのが理想ではありません。まして，国家が権力的な干渉を示す刑事制度の世界で扱うと，かえって当事者の敵対関係が固定化されて，和解は遠退くかもしれません。このことから，和を重んじてきたわが国では，「刑罰」は，刑事制度の特性を十分に踏まえて，制限的に使わなければならないという原則（謙抑主義）が認められており，起訴猶予や微罪処分がそれを実現する制度として機能しているのです。

　このような実態を刑法の議論に投影して，刑法の「違法性」を処罰に値する場合に限定する見方（可罰的違法性論）が有力です。「刑罰」で対処すべきかという問いを「違法性」に関係づけて，効果に見合った形で，刑法上の「違法性」に処罰が可能な程度を要求する主張です。裁判所も，価格にして一厘ほどの分量の葉たばこを納めなかったという専売法違反事件（一厘事件）に関する古い裁判例（大判明43・10・11刑録16輯1620頁）で，軽微な違法行為は，特段の事情のない限り，「共同生活上の観念」から見て「刑罰の制裁の下に法律の保護を要求するべき法益の侵害とは認められない」と述べました（原文は片仮名です）。社会通念（和の精神）が処罰にふさわしい「法益侵害」の認定を限定するというのです。

　「可罰的」という言葉と並んで，当罰的・要罰的という言葉もあります。「当罰的」は処罰の相当性，つまり，「値する」という判断により近く，「要罰的」は処罰の必要性が強調され，もっと政策的な意味のものになります。これらは刑罰理論と関係します。われわれが犯人を処罰するのはなぜでしょうか。この問いには色々な解答があり，考え方が対立しますが，応報と予防という2つの思想が基本です。そこから，論者によっては別の用法もありますが，応報に値

すれば「当罰的」で，予防が必要なら「要罰的」というのです。刑罰理論を貫くと，当罰的でも要罰的でもなければ刑罰法規は不当なので，立法の当否を判断する指針になります。これに対して，「可罰的」は刑罰法規の下で処罰してよい（可能）かを問うので，司法の指針です。最近は，有罪・無罪の判断も予防の必要性に依存するという見方が有力になり，「要罰的」という言葉が司法に入ってきましたが，その場合は具体的な犯人という人格の特性も考慮するようです。処罰を与えることによる改善・教育（特別予防）の必要性を考えるということです。この判断は，刑法上の「責任」を政策的に捉えることを意味するでしょう。そこで，一応，次のように捉えられます。まずは，国会が「当罰的」な行為を刑罰法規に定めます。裁判所が刑罰法規に従い具体的行為を判断し，それが法規の趣旨から「可罰的」な場合に「違法」と評価され，かつ，犯人が刑罰という処分（処罰）を要するほど「要罰的」で「有責」だと確認された場合に，「処罰」が合理化されるのです。「可罰的」という言葉はこうした枠組みの中で「違法性」に関わります。

　そこで，国会が立法時に「当罰的」と考えた理由を探り出し，具体的行為にその「実質」があるか否かを考えることこそが「可罰的違法性」の判断です。その際，「法規の趣旨」は法益保護であり，犯罪の「実質」は（社会的に不相当な）法益侵害ですから，その刑罰法規が予定した程度の法益侵害といえるか否か，その意味で，「法益侵害の軽微性」が検討課題になるのです。たとえば，刑法130条は「看守」のある建造物への侵入行為を処罰しますが，軽犯罪法の1条32号にも侵入処罰の規定があり，両者の法定刑は大きく違うので，侵入禁止の表示があったとしても，むやみに建造物侵入で処罰すべきではありません。刑法130条にふさわしい程度の法益侵害（違法性）があるかを検討しなければならないということです。

　（3）　**憲法との関わり**

　ところで，刑罰権の授権と抑制は，国会の果たすべき役割であり，現に「当罰的」だという判断でその種の行為を禁止する刑罰法規が作られているのです。なのに，裁判所が，行為を「可罰的」でないとして，刑罰法規の適用範囲を勝手に縮小してよいのでしょうか。裁判所が法規を超えた適用に及ぶのは，罪刑法定主義に反します。刑法の民主主義的な基盤（国会が作る「法律」という民主

的決定に基づくこと）を覆して，国民の自由が制限されてしまうから，許されないといわれています。逆の方向だから，処罰を限定して・自由を拡大する方向だから構わない，といえるのでしょうか。立法者の想定していなかった「状況の特殊性」を考慮する「超法規的違法阻却事由」の場合とは問題の性質が異なります。「民主」という視点では，拡大にせよ縮小にせよ，国会の意思を裁判所が覆すのは望ましくありませんが，わが国では，裁判所は憲法に基づいて立法を審査する権限をもっています（憲法81条）。法律が「可罰的」でないものも含むほどに広く規定していれば，その法律を無効にして改正を求めるか，それを限定的に解釈して（合憲限定解釈といいます）なお有効な部分を使うか，いずれかの選択が求められます。国民にとっては，最後は，国会と裁判所のどちらを信頼すべきかという問題になります。そこで，「可罰的違法性」論には三権分立の原則や司法の役割論との関わりがあり，それは憲法の問題でもあるのです。これが重大な争点になりました。

　公務員の争議行為は禁止されており（国公法98条2項，地公法37条1項），その「あおり」行為は処罰されます（国公法110条17号，地公法61条4号）。しかし，労働組合を作ること自体が禁止されている訳ではなく，組合の正当な行為には刑法35条の適用がありえます（労組法1条2項）。そこで，公務員の「暴力の行使」とまではいえない組合活動上の行為（同ただし書を参照）が，あおり罪とか建造物侵入罪の構成要件に該当する場合に，これらの法規の関係をどう捉えるかが問われます。これが「可罰的違法性」のもう1つの局面です。最高裁でさえ，複雑な変遷を示した難しい問題です。

　最高裁は，禁止違反の争議行為は必然的に違法であり，労組法の適用はありえないとの立場（最判昭38・3・15刑集17巻2号23頁）から，争議行為の禁止違反は公務員法上の問題であり，刑法的な違法は別問題だから，刑事制裁との関係では労組法の適用もありうるという立場（最大判昭41・10・26刑集20巻8号901頁）に転じ，一時は，あおり処罰は違法性の強い争議行為をもたらす違法性の強いあおりに限られるという判断（最大判昭44・4・2刑集16集1620頁）も示しました。しかし，その後，建造物侵入を「争議行為に際して行われたものであるという事実をも含めて，当該行為の具体的状況その他諸般の事情を考慮」して「法秩序全体の見地」で違法と判断し（最大判昭48・4・25刑集27巻3

号418頁），あおり行為の限定解釈を拒否する立場（最大判昭51・5・21刑集30巻5号1178頁）に変わり，結局，違法性は「それぞれの罰則と行為に即して」検討すべきであり，争議行為を禁止している公務員法のあおり罪に該当すれば労組法の適用はなく，付随する建造物侵入は「諸般の事情を考慮」して独自に判断するという立場（最大判昭52・5・4刑集31巻3号182頁）に至りました。

　このような変遷の中で，特に「あおり」に関する44年判例から51年判例への転換では，「可罰的違法性」論がもたらす不明確な「限定解釈」を，司法の役割を超えるものと見て，法的安定性を追求するために拒否する姿勢が示されました。国会が定めた法律に基づいて具体的事件を審判すべき裁判所が，その役割を超えた「立法」に近い判断を避けることは了解しうると思われます。ただ，その結果として，裁判所が「可罰的違法性」という言葉に依拠した「違法性」の「限定」を認めなくなったのだとすれば，処罰の実質的な適正さが確保されているかが問題です。それでも，現在の裁判所の立場が「可罰的違法性」論の思想そのものを否定しているのかは，なお検討を要するのです。

（4）　違法多元論（違法相対性）

　問われるのは，違法性は全法秩序に統一的か否かという問題です。公務員法違反が全法秩序の意味での違法をもたらすという違法一元論を示した昭和38年判例とは異なり，今日では，法域毎の違法判断の相対化を前提とする違法多元論が有力です。52年判例は「刑罰は国家が科する最も峻厳な制裁であるから，それにふさわしい違法性の存在が要求される」と述べており，ここに「可罰的違法性」論の思想は認められます。ただし，44年判例のいうような公務員法と刑法の多元性ではなく，罰則毎の多元性という視点です。つまり，個々の刑罰法規の趣旨を踏まえて，48年判決のいう「法秩序全体の見地」で判断するのです。そこで，あおり罪が公務員法にあることを重視して，その内部の相対化を拒否したのです。効果が「刑罰」だから限定するという論理は拒否しながら，「刑罰法規」の位置も踏まえて，その「趣旨」を考えるということでしょう。

　もっとも，争議禁止を当然の前提にすると，あおり処罰の肯定に流れ易いでしょうし，建造物侵入も，「争議行為に際して行われた」という事情が影響すると，違法目的の行為とされて，「限定」が機能しうるかは疑わしいと思われます。必要なのは，刑罰をどんな場合に用いるべきか（用いてよいか）という

観点（内在的制約）を明確にし，公務員法の解釈として「当罰的」な「あおり」を具体化すると共に，「法秩序全体の見地」という場合に，そうした内在的制約も「法秩序」の理念だということを認識しておくことでしょう。

　かくして，「可罰的違法性」論には2つの局面があります。一方は，刑事制度を使って対処すべき被害があるか否かという軽微性の問題（違法性の量の問題といいます）であり，微罪処分や起訴猶予という制度を支える論理としての側面です。しかし，刑罰が被害に対する応報だけでなく，同種行為の反復を予防するためにあることも考えると，現に生じた被害は軽微でも，放置しておけば膨大な被害になりかねない場合に，あえて処罰する判断もありうる（最決昭61・6・24刑集40巻4号292頁を参照）ことに注意が必要です。他方は，刑罰法規と他の法規の関係をどうみるかという，違法の一元性・多元性に関わる問題（違法性の質の問題といいます）です。しかし，違法多元論が刑罰法規毎のそれならば，侵入行為の処罰に関して述べたように，前者の局面も後者と関わります。すなわち，軽微な侵入行為は，軽犯罪法で別に規定されているから，建造物侵入罪の想定する「可罰的違法性」を認められないと判断することは，正に，軽犯罪法という他の法規との関係を踏まえた「建造物侵入罪」の解釈に基づく違法判断の問題だからです。

　刑法上の判断は個々の刑罰法規の目的（法益）を探り出すこと（解釈）から出発して下すべきものであり，他の法規で不当な行為だから処罰してよいといえるわけではありません。この点は是非とも確認しておくべきでしょう。たとえば，医師免許をもたない者が医療行為をやれば無免許医業としてそれ自体が違法です（医師法17条，31条）。だからといって，その行為が必ず傷害罪（204条）や詐欺罪（246条）になるかは疑ってみるべきです。たとえ「被害者」が，偽医師だと知っていれば同意しなかったし・お金も払わなかった，と訴える場合であっても，行為が「被害者」に望み通りの健康増進効果をもたらしたのなら，傷害罪や詐欺罪の「可罰的違法性」が認められず，それらで処罰する必要はないでしょう。

第10章　□ 違法性阻却事由

1　法令行為・正当業務行為とは

（1）はじめに

　刑法35条は，36条の正当防衛，37条の緊急避難に先立って犯罪の不成立について規定しています。この規定は一般正当行為と呼ばれることが多く，内容的にも種々雑多な問題が扱われます。ここで「罰しない」とは「違法でない」と解するのが，圧倒的通説ですので，本条の意味する「法令による行為は違法でない」，「正当な行為は違法でない」という命題は自明のことを説いているにすぎません。世界的に見てもこのような立法例は多くはありません。スイス刑法32条，フランス刑法122条〜124条，トルコ刑法49条1号に同様の規定が見られます（なお，スイス刑法32条については，町野朔・団藤古稀Ⅰ201頁以下が詳しい）。

　刑法35条をめぐる問題点は，論者によってさまざまな観点から分析・分類されており，項目立ても論者により異なります。ここではとりあえず条文の文言に従い，「法令による行為」と「正当な業務による行為」という2つに分類し，それぞれ「法令行為」と「正当行為」という観点から分析したいと思います。

（2）法令行為

　法令による行為とは，法律が明文の規定に基づき，行為が正当化される場合をいいます。これはさらに，(a)職務行為，(b)権利行為，(c)その他に分けられます。

　(a)　**職務行為**　職務に基づく行為は，死刑・自由刑の執行（11条，12条，13条，16条），警察官による被疑者・被告人の逮捕，勾引，勾留（刑訴法58条，60条，199条）などが挙げられます。また，警察官の武器の使用は，警察官職務執行法7条で許容され，それにより犯人に危害が加えられたとしても，刑法35条により正当化されると考えられます。その際，過失により犯人を死亡させた

としても，適切な職務執行である限り，警察官の行為は正当化されるのです（例：威嚇射撃をしたが，偶然，犯人の頭部に命中し死亡した）。

(b) **権利行為**　権利による行為は，親の懲戒行為（民法822条），権利行使行為（債権の取立てなど）が挙げられます。ただし，権利の濫用にあたる場合には，違法性は阻却されないと考えるべきでしょう。たとえば，あまりに強引な債権の取立ては，法秩序が許容していないと考えるべきで，正当化されるわけではないのです。また，教師の懲戒行為については，学校教育法11条で教師に懲戒権が認められています。判例では，教師の懲戒行為が正当行為にあたるとされた事例（最判昭33・4・3裁判集刑124巻31頁）と教師の懲戒行為が正当行為にあたらないとされた事例（東京高判昭56・4・1刑月13巻4＝5号341頁）があります。

(c) **その他**　法律が職務行為や権利行為と規定する以外にも違法性が阻却される場合があります。たとえば，母体保護法による不妊手術（母体保護法13条）や人工妊娠中絶（母体保護法14条），措置入院（精神保健及び精神障害者福祉に関する法律29条以下），宝くじ（当せん金付証票法），競馬（競馬法）などです。

(3) 正 当 行 為

刑法35条では「正当な業務による行為」と規定していますが，業務というだけで正当化されるわけではないので，むしろ力点は「正当な行為」に置かれています。正当な行為は，罰しない，すなわち違法でないということになり，当然のことを規定しているだけですが，内容的には多くの問題がこのカテゴリーで取り扱われています。

(a) **労働争議行為**　憲法28条「勤労者の団結する権利及び団体交渉その他の団体行動をする権利は，これを保障する」，労組法1条2項「刑法第三十五条の規定は，労働組合の団体交渉その他の行為であつて前項に掲げる目的を達成するためにした正当なものについて適用があるものとする」の要請として，労働者の労働争議行為は正当行為として位置付けられています。ただし，すべての争議行為が正当化されるのではなく，労働者の経済的地位の向上の「目的」のために，「相当」な手段としてなされるものだけが，正当化されます。つまり，目的の正当性と手段の相当性が要件とされるのです。なお，公務員，国営企業および地方公営企業の職員には争議行為が禁止されています。公務員

の争議行為については判例は変遷しており，可罰的違法性の理論との関係で議論されています（この点については，本書第9章3参照）。

(b) 自救行為　自己の権利が侵害された場合，公権力の発動を待つことなく，被害者自らが自己の利益を救済することを自救行為といい，これも刑法35条の問題となります。この問題については，4であらためて取り上げます。

(c) 治療行為　治療の目的で行われる医療行為も35条の問題となります。要件として，治療の目的，本人の承諾，医学的に一般に承認された方法が要求されます。最近では医療現場で医師による患者への説明義務が求められ，「インフォームド・コンセント」として広く知られるようになりました。これも正当化事由としての治療行為の要件の一環です。これに対して，患者の意思に反した治療行為を専断的治療行為と呼びます。この場合，医師の行為はもはや患者の意思に基づく治療行為ではなく，正当化されません。

　治療行為との関係で性転換手術が問題となりました。この場合も依頼を受けた医師の行為が問題となります。性転換手術が適正な医療行為なのか，そのような承諾がはたして有効かということが論点となります。東京高判昭45年11月11日高刑集23巻4号759頁は「被告人に被手術者等に対する性転向症治療の目的があり，被手術者等に真に本件手術を右治療のため行う必要があつて，且本件手術が右治療の方法として医学上一般に承認されているといいうるかについては，甚だ疑問の存するところであり，未だ本件手術を正当な医療行為と断定するに足らない」として優生保護法（現・母体保護法）28条「何人も，この法律の規定による場合の外，故なく，生殖を不能にすることを目的として手術又はレントゲン照射を行つてはならない」に反するとしました。なお，現在では性転換手術（最近では性別適合手術とも呼ばれます）は性同一性障害の患者に対して治療行為としてなされるようになってきており，国内では，埼玉医科大，岡山大医学部，札幌医科大がこの性同一性障害の治療に取り組んでいます。この意味で性転換手術の問題は過去のものになったといえます（治療行為と刑法については，甲斐克則「医療行為と『被害者』の承諾」現代刑事法59号（2004）26頁が参考になる）。

(d) 被害者の承諾　被害者自身が当該法益侵害行為を許容している場合も，刑法35条の問題となります。簡単にいうと，被害を受ける本人がいいといって

いる場合に犯罪が成立するのかという問題です。これについても，のちに5であらためて取り上げます。

 (e) **安楽死**　死を目前にした人を耐えがたい苦痛から解放するために殺害する安楽死も，35条の問題とされています。この問題については，6であらためて取り上げます。

 (f) **スポーツ行為**　危険なスポーツでは，相手を傷つけたり，さらに極端な場合には死に至らしめてしまう場合もあります。たとえば，サッカーや野球における危険なスライディング，ラグビーやアイスホッケーにおける危険なタックルです。さらに極端な例ではボクシングも挙げられます。ボクシングでは相手をＫＯすること，すなわち「傷害」が，試合の目的なのです。これらの行為の結果，相手が負傷しても行為者は処罰されることはありません。過失傷害，過失致死，暴行罪，傷害罪の構成要件該当性はありますが，行為は正当化されます。その行為が①スポーツの目的でなされ，②ルールの範囲内で行われ，さらに③相手の承諾を得ている場合に正当化されるのです。

　したがって，プロ野球での各選手入り乱れての乱闘などは，正当化されることはありません。最近，プロ野球で審判が殴られる事件がありましたが，それらはスポーツの一環としてなされるものではなく，明らかな犯罪行為といえます。空手の練習中に興奮のあまり相手を一方的に殴打して死亡させた事例について，大阪地判昭和62年4月21日判時1238号160頁も違法性を肯定しています。また，ボクシングの最中に相手の耳を噛みちぎる行為やラグビーの試合中に相手の顔面を故意に殴る行為も正当化されないことは当然です（スポーツ行為と刑法の問題については，須之内克彦「スポーツと被害者の承諾」現代刑事法59号（2004）35頁および齋野彦弥「社会的法益と同意」現代刑事法59号（2004）51頁が参考になる）。

 (g) **取材活動・弁護活動**　憲法21条により表現の自由は保障されており，これに伴う取材活動も正当化されます。特に問題となるのは，名誉毀損や公務員の守秘義務です。憲法により保障される表現の自由と個人の名誉や守秘義務という2つの相反する観点の狭間で如何にバランスを保つかは難しい問題です。

　最高裁は外務省秘密漏洩事件上告審決定で「報道のための取材の自由もまた，憲法二一条の精神に照らし，十分尊重に値するものといわなければならない」

とし「報道機関が公務員に対し根気強く執拗に説得ないし要請を続けることは，それが真に報道の目的からでたものであり，その手段・方法が法秩序全体の精神に照らし相当なものとして社会観念上是認されるものである限りは，実質的に違法性を欠き正当な業務行為というべきである」（最決昭53・5・31刑集32巻3号457頁）としました。

　また，弁護士が被告人の利益擁護のために弁護活動を行った場合も正当な業務行為の問題となります。弁護士業務との関連では，その弁護活動の一環として，人の名誉を毀損するような表現をすること，さらに，業務上知りえた秘密の漏洩が考えられます。いずれにしても，当該行為が違法性を帯びるかどうかが検討されなければなりません。

　最高裁は「刑法35条の適用を受けるためには，その行為が弁護活動のために行われたものであるだけでは足りず，行為の具体的状況その他諸般の事情を考慮して，それが法秩序全体の見地から許容されるべきものと認められなければならないのであり，かつ，右の判断をするにあたつては，それが法令上の根拠をもつ職務活動であるかどうか，弁護目的の達成との間にどのような関連性をもつか，弁護を受ける刑事被告人自身がこれを行つた場合に刑法上の違法性阻却を認めるべきかどうかという諸点を考慮に入れるのが相当である」（最決昭51・3・23刑集30巻2号229頁）としています。すなわち，①弁護活動の目的，②法秩序全体の見地からの妥当性，③職務活動の法令上の根拠，④弁護目的との関連性，⑤被告人自身がこれを行った場合の違法性，これらが吟味されるのです。判例上，弁護士の行為が正当な業務行為にあたらないとされた事例は，被告人の利益のために証拠を偽造した事例，特定の議員候補者に投票する容易誘導した事例，訴訟代理人としての検証立会いに際し，管理者の意思に反して検証場所に立ち入った事例，被告人の保釈を獲得するため，依頼者から拳銃等を預かった事例，被告人以外の特定人が真犯人であるいうことを広く知らしめ，証拠収集の協力，原判決の破棄，再審請求等の実現のために事実を摘示し名誉毀損をおこなった事例，会社役員を脅迫し，損害賠償請求等の理由で多額の金員を受け取った事例などがあります（これらの事例については，宮野彬・大コメ刑法第2巻第2版§35 92を参照）。

　ただ，もし，取材活動や弁護活動が，刑法35条で正当化されものではないと

しても，そのことだけで，230条の2の公共の利害に関する場合の特例の適用の可能性を排除するものではありません。それが，公共の利害に関する事実に係り，かつ，その目的が専ら公益を図ることにあったと認められ，しかも，それが真実であることの証明があった場合には，230条の2により，違法性が阻却され，また，もし，真実性の証明ができなかった場合でも，それを誤信するに足るだけの十分な証拠があったと認められれば，依拠する学説にも拠りますが，故意なり，責任なりが阻却される余地は存在します。これらの点については具体的に検討する他はないでしょう。

　(h)　**義務の衝突**　ある義務を果たすために別の義務を犠牲にする場合を義務の衝突と呼んでいます。緊急避難と構造的に似ているため，しばしば比較されますが，緊急避難では法益の葛藤状態が問題とされるのに対して，義務の衝突では義務の葛藤状態が問題となります。つまり，緊急避難では禁止違反をどう評価するかが，義務の衝突では命令違反がどう評価されるかが問題とされます。換言すれば，複数の作為義務が衝突する場合が義務の衝突ということになります。具体的な例としては，2人の子供が溺れており，父親がどちらか一方しか救助できなかった場合，死亡した子供に対する不作為の評価が問題とされます。

　さて，もし仮に履行されるべき義務の程度に違いがあり，より高度の義務を果たすために，重要でない義務を犠牲にした場合，果たされなかった義務の不履行は正当化されます。重要な義務のために重要でない義務が犠牲にされることを法秩序は許容するからです。これは，緊急避難における優越的利益の原則に対比されるもので，社会的連帯感や功利主義的な立場に由来します。常識的に考えても，同時に果たされることのない命令を命ずる者（この場合，法秩序）は，より重要なものの履行を優先し，重要でないものの不履行には目をつむります。よって，違法性が阻却される，つまり，正当化されるのです。

　これに対して，相対する義務が同価値であった場合はどうでしょうか。後に述べる緊急避難の場合とは異なり，同価値の義務の衝突も正当化事由であるとするのが，圧倒的な通説です（緊急避難では，同価値の法益が対立している場合，正当化されることはないという見解が有力に主張されています。詳しくは3緊急避難の項目を参照）。そもそも法は行為者に対して物理的に不可能なことは要求し

ません。上の例では，2人を同時に救助することは不可能です。そのような場合，法秩序は違法だと評価することはないのです。「法は不可能を要求せず(ultra posse nemo obligatur)」という法諺はこのことを意味します。

それでは，履行されるべき義務の程度に違いがあり，重要でないの義務を果たすためにより高度な義務を犠牲にした場合はどうなるでしょうか。また，そのような義務に直面して，何もしなかった場合はどうでしょうか。このような場合には，当該不作為は，もはや正当化される余地はありません。できる範囲で最大のことをするように法秩序は求めてくるのです。

(i) 超法規的違法性阻却事由　最後に超法規的違法性阻却事由について述べておかなければなりません。超法規的違法性阻却事由とは，法律に規定はないものの，正義公平の観点から当該行為の違法性が阻却される場合です。「超法規的」ですから，刑法35条の枠の中で取り扱うのは本来おかしなことですが，35条が一般条項的性格を有していることに鑑み，ここで取り扱うのが一般的です。

さて，法的安定性と法律の明確性という2つの観点からすれば，超法規的違法性阻却事由は，法治国家として望ましいものではありません。しかし，事情によっては，被疑者・被告人を救済する最後の手段として超法規的違法性阻却事由が登場しなければならない場面が存在することも事実です。ドイツでは20世紀初頭，妊娠中絶に対して超法規的違法性阻却事由が認められ，それ以降，超法規的違法性阻却事由・超法規的正当化事由という用語が定着しました。わが国の場合は，ドイツの法事情と異なり，違法性阻却事由が非常に整備されています。したがって，ドイツほどこの概念が登場してくる場面は少ないといえます。それでも，ポポロ事件（東京高判昭31・5・8高刑集9巻5号425頁）や舞鶴事件（東京高判昭35・12・27刑集18巻10号909頁）では，超法規的違法性阻却事由が認められました。

問題は，いかなる例外的な場合に超法規的違法性阻却事由が認められるかです。既に述べたように，この概念自体，非常に曖昧で，法的安定性を害する虞れが非常にあるのです。したがって，この概念を用いる場合には，以上のような危険性を十分に考慮した上で，既存の違法性阻却事由では対処できないような，しかも，法秩序全体の精神から見て，違法性を阻却することが正義公平に

適うような事例に限定されるべきです。一般化してこのような場合に超法規的違法性阻却事由が認められるということはできず，個々の事例毎に検討する以外ないでしょう。むしろ，あくまでも最後の救済策として残されている概念，いわば伝家の宝刀と理解する方がわかりやすいかもしれません。

2　正当防衛とは

(1)　はじめに
　他人から攻撃を受けたので，それに対して反撃をし，逆に相手を侵害した場合でも，犯罪が成立しないとするのが正当防衛です。この場合，法益を侵害しているのですから，行為者の行為は構成要件該当性を具備しますが，正当防衛を理由に違法性が阻却され，犯罪とはなりません。刑法36条はこの正当防衛を規定しており，「犯罪の不成立」の一類型となっています。

(2)　正当防衛の正当化根拠
　正当防衛が違法性阻却事由として認められる根拠は一体何でしょうか。まず，考えられるのが，自らの権利を防衛するためという「自己保存の本能」を理由とする観点です。何人も自らの正当な権利の実現を妨げられることはありません。次に考えられるのが，正義の実現という観点です。この観点からすれば行為者は法秩序のために違法な攻撃者を撃退していることになります。これは一般に「法確証の原理」とか「法は不正に屈せず」という言葉で説明されています。正当防衛はこの2つの観点，両方を加味して根拠付けられるといえましょう（この点につき，川端博・日高義博・井田良「《鼎談》正当防衛の正当化の根拠と成立範囲」現代刑事法9号（2000）4頁および山中敬一・川端博「《対談》正当防衛権の根拠と限界」現代刑事法56号（2004）5頁が非常に参考になる）。

(3)　正当防衛の要件
　(a)　「急迫不正の侵害」　(i)「急迫」　判例によれば，「急迫」とは「法益の侵害が現に存在しているか，または間近に押し迫つていること」であり，しかも，「その侵害があらかじめ予期されていたものであるとしても，そのことからただちに急迫性を失うものと解すべきではない」（最判昭46・11・16刑集25巻8号996頁）としています。しかし，他方で「侵害の急迫性を要件としてい

る趣旨から考えて，単に予期された侵害を避けなかつたというにとどまらず，その機会を利用し積極的に相手に対して加害行為をする意思で侵害に臨んだときは，もはや侵害の急迫性の要件を充たさないものと解するのが相当である」（最決昭52・7・21刑集31巻4号747頁）として予期した機会を利用して積極的加害意思で侵害に臨んだ場合には，侵害の急迫性が欠けるとしています。緊急避難の「現在」と同義で，法益侵害が差し迫っていることを意味しています（福田平・全訂刑法総論〔第3版〕151頁）。

　(ii)「不正の侵害」　不正，すなわち違法な侵害が前提となるので，正当防衛に対して正当防衛はできません。この問題と関連して，動物が襲いかかってきたので，これを殺害した場合，正当防衛とされるかといういわゆる対物防衛の問題については，争いがあります。通説は，刑法の規範は人間に向けられたものであるので，動物は不正の侵害をすることができず，よって動物に対して正当防衛はできないと解しています。この考え方からは，動物を殺害した行為は正当防衛ではなく，緊急避難として論じられることになります。反対有力説は，一般に結果無価値論に依拠し，動物が襲いかかってきて，法益侵害が発生しそうになっているのですから，攻撃したもの（者・物）が人間であろうと動物であろうとそこには違法状態が存在するといえるので，正当防衛が認められてしかるべきであるとします。緊急避難では法益衡量ないし利益衡量が要求されるのに対して，正当防衛にはそのような要件はないので，この説によれば，より幅広い反撃が可能となり，襲いかかられた人の保護に厚いといえます。また，さらに別の見解として，対物防衛の事例は民法上は民法720条2項で違法でないのですから，刑法の補充性にかんがみれば，民法上違法でないものは刑法上違法でないのは明らかであり，民法720条2項を適用あるいは準用して正当化を認める説もあります。最近主張されるようになってきた防禦的緊急避難という考え方もこの系統に属するものです。いずれにしても緊急避難の厳格な法益衡量ないし利益衡量ではなく，より緩やかな衡量を行おうとするものであり，結論的には正当防衛を認める説とほとんど差がなくなります。なお，対物防衛の事例を考える上で注意しなければならない点があります。もし襲いかかってきた動物が野犬など誰の財物でもないならば，そもそも器物損壊等の構成要件に該当しません。また飼い主がその動物をけしかけるなど，飼い主自身

の故意・過失が認められれば，それは飼い主自身の侵害行為であり，正当防衛が否定されるわけではありません。よって対物防衛が問題となるのは，①飼い主の故意・過失なく動物が襲いかかってきた場合と，②野生動物であるが，鳥獣保護法等の特別法によって保護されている場合です（対物防衛については，橋田久「侵害の不正性と対物防衛」現代刑事法9号（2000）37頁および明照博章「対物防衛の取扱い」現代刑事法56号（2004）55頁が参考になる）。

(b) 「自己又は他人の権利」　正当防衛は自己のためだけではなく，他人のためにも行うことができます。これを第三者のための緊急救助と呼びます。

(c) 「防衛するため」　(i) 防衛の意思　正当防衛の成立要件として防衛の意思は必要でしょうか。通説・判例はこれを必要と解しています。したがって，防衛の意思は，正当防衛の主観的要件とされます。これに対して結果無価値論的なアプローチを採る反対有力説は防衛の意思を正当防衛の成立要件として必要としていません。たとえばAが日頃から関係の悪かったBを射殺したところ，実はBもAの元に仕掛けた爆弾のスイッチを押す直前であったので，結果的にAの生命が救われたという偶然防衛の事例を考えてみましょう。本事例では防衛の意思が欠けており，よって通説・判例では正当防衛は成立せず，殺人罪が成立します。逆に反対有力説によれば，この事例では正当防衛の客観的要件はすべて具備されているのですから，まさに正当防衛にあたり，違法性が否定されます。さらに，第三の見解として，殺人未遂罪が成立すると説くものもあります。正当防衛の成立要件を客観的要件（結果無価値の問題）と主観的要件（行為無価値の問題）に分け，本事例では主観的要件が欠けるだけなので，結果無価値は存在しないが，行為無価値が存在するという未遂犯の構造に合致し，よって殺人未遂罪にあたるとするのです。「人が一人死んでいるのに未遂とはこれ如何に？」という批判もありますが，刑法では自然主義的評価ではなく，刑法的な規範的な評価が問題なのであって，先の批判は的を射ているわけではありません（防衛の意思の問題については，曽根威彦「防衛の意思と偶然防衛」現代刑事法9号（2000）43頁および松原芳博「偶然防衛」現代刑事法56号（2004）47頁が参考になる）。

(ii) 防衛の意思の内容　さて，防衛の意思が必要と解したとしても，次に防衛の意思の内容が問題となります。とくに緊急行為たる正当防衛という時間

的にも心理的にも切羽詰った状態で，行為者がどこまで落ち着いて「防衛のためにやっている」と考えながらできるかは難しい問題です。しかしこの点について判例・通説は必ずしも厳格な意味で防衛のための意思を要求しているわけではなく，緩やかな反撃の意思で十分としており，よって正当防衛に防衛の意思を要求したとしても不都合を生じるわけではありません。判例も「攻撃を受けたのに乗じ積極的な加害行為に出たなどの特別な事情が認められないかぎり，被告人の反撃行為は防衛の意思をもつてなされたものと認めるのが相当である」(最判昭46・11・16刑集25巻8号996頁)および「防衛に名を借りて侵害者に対し積極的に攻撃を加える行為は，防衛の意思を欠く結果，正当防衛のための行為と認めることはできないが，防衛の意思と攻撃の意思とが併存している場合の行為は，防衛の意思を欠くものではない」(最判昭50・11・28刑集29巻10号983頁)として，積極的な加害意思のある場合には，防衛の意思を認めず，よって正当防衛を否定し，逆に積極的加害意思がない場合には，攻撃の意思と防衛の意思の並存を認め，正当防衛の成立を妨げていません。考えてみれば，正当防衛で人を殺害する行為は殺人罪の構成要件に該当しており，したがって構成要件的故意，すなわち殺人の故意を充足しています。このような通説の理解からすれば，防衛の意思と殺人の故意が並存することは論理的に当然のことで，矛盾するものではなく，判例の立場とも相容れるものといえます(積極的加害意思の問題については，長井長信「積極的加害意思と正当防衛」現代刑事法56号(2004)34頁が参考になる)。

(d) 「**やむを得ずにした行為**」　正当防衛では緊急避難と異なり，法益衡量ないし利益衡量は必要ではありません。このことから正当防衛は緊急避難に比べて幅広い反撃の余地が認められています。正当防衛は緊急避難と異なり「不正」に対抗するものですから，緊急避難と比して要件がより緩やかとなっています。しかし，このことは正当防衛としての反撃行為が無限定になされてよいということではありません。通説・判例は，「防衛行為の必要性」と「相当性」という2つの観点から絞りをかけています。

判例は「刑法三六条一項にいう『已ムコトヲ得サルニ出テタル行為』とは，急迫不正の侵害に対する反撃行為が，自己または他人の権利を防衛する手段として必要最小限度のものであること，すなわち反撃行為が侵害に対する防衛手

段として相当性を有するものであることを意味するのであつて，反撃行為が右の限度を超えず，したがつて侵害に対する防衛手段として相当性を有する以上，その反撃行為により生じた結果がたまたま侵害されようとした法益より大であつても，その反撃行為が正当防衛行為でなくなるものではないと解すべきである」（最判昭44・12・4刑集23巻12号1573頁）として，必要性と相当性を要求し，発生した侵害の結果が守られた利益よりも大きくても，正当防衛を認めています。しかし，この「必要性」と「相当性」という用語は必ずしも明確なものではありません。そのため，学説の中には「相当性」という要件をはずして，「必要性」という要件だけで検討しようとするものもあります。また，相当性という要件を認めるにしても，「行為の相当性」が問題になるのか，あるいは「結果の相当性」が問題になるのかをめぐって議論があります。通説は，行為の相当性を問題とするのに対して，反対説は結果の相当性を問題としています。この問題との関連で，最高裁は，被告人が相手方からいきなり鉄パイプで殴打され，いったんは被告人が鉄パイプを取り上げ相手方を1回殴打したが，相手方は，これを取り戻して殴りかかろうとした際，勢いの余り2階手すりに上半身を乗り出してしまい，被告人が相手方の片足を持ち上げ同人を階下の道路に転落させ重傷を負わせた事例について急迫不正の侵害および防衛の意思の存在を認めた上で，全体として防衛のためにやむを得ない程度を超えたものとして過剰防衛の成立を認めています（最判平9・6・16刑集51巻5号435頁）。ここでは，侵害の強さと防衛行為の持つ危険性が衡量されているといえ，「行為の相当性」を問題にしているといえます（この問題については，山本輝之「防衛行為の相当性と過剰防衛」現代刑事法9号（2000）51頁が参考になる）。

(e) **「罰しない」** 正当防衛の法的性質は違法性阻却事由ないし正当化事由であり，構成要件に該当する行為の違法性が否定されます。

(4) **挑発防衛**

行為者自らが相手を挑発し，そして攻撃を仕掛けてきたのに乗じて，正当防衛という形で相手を侵害した場合を挑発防衛ないし自ら招いた正当防衛状況といいます。この場合，防衛行為自体は正当防衛の各要件を具備しています。判例は，不正の行為により自ら侵害を受けるに至った場合においても，なお正当防衛権を行使することを妨げない（大判大3・9・25刑録20輯1648頁）として正

当防衛の成立を認めていますが，学説は一般に否定的で，正当防衛権の濫用や防衛の意思の欠如，相当性の逸脱などを理由に正当防衛の成立を否定しています。また，防衛行為自体の正当化の問題には触れずに，原因において違法な行為の理論に基づき，挑発行為に可罰性を求める見解もあります。論者によってさまざまな視点から解決が試みられていますが，最初から相手を侵害する確固たる目的で正当防衛を利用して相手を侵害した場合，当該行為に防衛の意思が存在すると考えることは論理的自己矛盾であり，よって防衛の意思が欠如していると考えるべきでしょう。これに対して，過失で挑発したような場合は，挑発行為者の要保護性が欠如ないし減少していると考えるべきであり，やむを得ずにした行為か否かが検討されることになります。

(5) 誤想防衛・過剰防衛

(a) **誤想防衛**　刑法36条は正当防衛の要件を掲げており，これが1つでも満たされなければそれは正当防衛ではありません。たとえば行為者が自分が正当防衛の状況にあると誤信して反撃した場合，正当防衛の客観的要件が備わっていないので，それは正当防衛ではありません。たとえば，暗がりで向こうから大男がバットを振り上げて大声で叫びながら近づいてきたので，正当防衛の状況だと考え，相手を殺害したが，実はそれは一緒に野球をやろうと声をかけてきた友人だったという場合，正当防衛の主観的要件（防衛の意思）は存在しますが，客観的要件が欠けており，正当防衛ではないのです。このような事例は，誤想防衛と呼ばれ，正当化事情の錯誤ないしは違法性阻却事由の前提事実についての錯誤として論じられています。通説によれば，当該行為はもはや故意犯ではなく，過失犯として処罰されます（英国騎士道事件第1審判決千葉地判昭59・2・7判時1127号159頁参照）。詳細は錯誤の項目を参照してください。なお，客観的に急迫不正の侵害は存在しているが，正当防衛行為が相当性の程度を越え，しかも行為者は自分の行為が相当性の範囲内にあると思っていた場合も誤想防衛のカテゴリーに含まれます。

(b) **過剰防衛**　刑法36条2項によれば，防衛の程度を超えた場合，刑の減軽・免除の可能性が認められています。行為者が正当防衛の相当性を逸脱した場合，この過剰防衛が問題となります。条文上「情状により，その刑を減軽し，又は免除することができる」と規定されており，構成要件に該当する違法で有

責な行為として犯罪には違いないのですが，当該状況下での過剰な防衛行為は無理もないので，刑が減軽・免除されうるのです。とくに恐怖・驚愕・狼狽等による防衛の程度を超えた行為は期待可能性が著しく減少しており，刑が免除されます。

現行法には規定はありませんが，改正刑法草案14条は1項で正当防衛，2項で過剰防衛，3項で恐怖・驚愕・狼狽等による過剰防衛と分類して規定しており，とくに3項は，期待可能性の欠如する典型的な事例とされ，責任阻却事由とされています。

(c) **誤想過剰防衛**　誤想防衛と過剰防衛が競合する場合，誤想過剰防衛と呼びます。客観的には急迫不正の侵害が存在しないのにそれが存在するものと誤信して，しかもそれが相当性の程度を超えていた場合です。判例はこれを故意犯の過剰防衛として処理しています（英国騎士道事件最高裁決定最決昭62・3・26刑集41巻2号182頁）。

(6)　盗犯等防止法

正当防衛と関連して「盗犯等ノ防止及処分ニ関スル法律」という特別な規定があり，その第1条1項は

一　盗犯ヲ防止シ又ハ盗贓ヲ取還セントスルトキ

二　兇器ヲ携帯シテ又ハ門戸牆壁等ヲ踰越損壊シ若ハ鎖鑰ヲ開キテ人ノ住居又ハ人ノ看守スル邸宅，建造物若ハ船舶ニ侵入スル者ヲ防止セントスルトキ

三　故ナク人ノ住居又ハ人ノ看守スル邸宅，建造物若ハ船舶ニ侵入シタル者又ハ要求ヲ受ケテ此等ノ場所ヨリ退去セザル者ヲ排斥セントスルトキ

に自己又は他人の生命，身体又は貞操に対する現在の危険を排除するため犯人を殺傷した場合は正当防衛として違法性が阻却されるとしています。これは刑法36条の正当防衛を拡張しているものといえます。さらに，第2項は，1項各号に当たる場合，自己又は他人の生命，身体又は貞操に対する現在の危険があるとはいえない場合でも行為者が恐怖，驚愕，興奮又は狼狽により現場で犯人を殺傷したとしても罰しないとしています。ここで「罰しない」としているのは，1項の場合のように違法性がないというのではなく，責任がないということを意味します。行為者が心理的に追い詰められた状態で行為したので，別の

行為は期待できなかったという期待可能性の問題なのです。

3　緊急避難とは

（1）　はじめに

　緊急避難の歴史は地球の歴史と同じほど古いといわれるように，緊急避難の問題は古くから激しく議論されてきた問題です。法制史，法思想史上も「緊急は法を持たない」といわれています。古くは，船が難破した際，人間一人しか支えることのできない板切れを他人から奪う行為は，法的にいかに評価されるのかという有名な「カルネアデスの板」の事例や，最近では，他人を殺害しなければ自分が殺されるので，仕方なく，殺害行為をしたという宗教団体内での事件など，緊急避難の問題は時代を超えて存在します。

　緊急避難は，正当防衛と並ぶ緊急行為ですが，その類似性ゆえ，正当防衛との区別が問題となります。正当防衛は「正対不正」，緊急避難は「正対正」としばしば表現されますが，緊急避難については，必ずしも「正対正」とは限らず，正当防衛でカバーできないような「正対不正」の事例も緊急避難の問題となりえます。

（2）　緊急避難の法的性質

　緊急避難をめぐる問題でもっとも議論の多いのは，刑法37条の緊急避難の法的性質のいかんです。通説は，本条の緊急避難を正当化事由と解しています。その理由として，①「これによって生じた害が避けようとした害の程度を超えなかった場合に限り」という法益衡量ないし利益衡量を文言上規定しているので，大きな利益のために小さな利益を犠牲にしてもそれは仕方のないことであるという功利主義的観点ないし社会全体で大きな利益を擁護するという社会的連帯性の現れであり，当該行為は違法ではなくなる，さらに②37条の緊急避難で保護される法益は無限定で，もし責任阻却事由として考えるならば生命，身体，自由等に限定さるべきで，財産に対する危難まで含まれるのはおかしい，③37条の緊急避難で保護される法益の担い手は「自己又は他人」と単なる第三者を含むので，もし責任阻却事由として考えるならば自己又は近親者等に限定さるべきであるとしています。少数説は，緊急避難は「正対不正」の構造を持

つ正当防衛と異なり，全く無関係の第三者の法益を侵害するものであり，よってその被害を受ける第三者に正当防衛権を認めないわけにはいかず，そのためには，緊急避難は違法であるが，責任が阻却されるという理論構成をとることになるとしています。さもないと，緊急避難行為ということで先に攻撃をかけたものの行為が正当化されることになり，よって攻撃を受けたものは何の落ち度がないにもかかわらず，正当防衛ができなくなってしまうからです。そして緊急避難の実質的根拠を心理的に圧迫された状態でやむを得ずにした行為，すなわち期待可能性のない行為と解しています。このような従来の議論に対して，最近の有力説は，刑法37条の緊急避難は，正当化事由としての緊急避難と責任阻却事由としての緊急避難の両者を規定したものであり，①明らかに大きな利益のために小さな利益を犠牲にした場合には緊急避難は正当化されるが，②同価値の場合や価値の比較が困難な場合には責任が阻却されるにすぎないと主張しており，支持者を増やしています。これは二分説と呼ばれています。この考え方の利点は，生命と生命が対立しているような場合に緊急避難行為による攻撃を受けた人に対して正当防衛権を認めることができる点にあります。無関係の第三者として攻撃を受けた人が正当防衛権を行使できることは理にかなっているといえます。これに対して明らかに大きな利益を救うために小さな利益が犠牲になった場合は，その小さな利益の担い手は甘受しなければならないとします。諸外国の立法例を見ると，ドイツ，スイス，スペイン等多くの国々でこの考え方がとられ，条文上2つの緊急避難が規定されています。しかし，1つの条文しか持たないわが国の刑法37条をこのように技巧的に解釈することができるか疑問の声もあがっています。このため，二分説の考え方は緊急避難の本質論としては理解できるが，37条の解釈論としては受け入れがたいというのが一般的です。このようなわけで通説は刑法37条の緊急避難を正当化事由と解しているのです。

(3) 緊急避難の要件

(a) **自己又は他人の生命，身体，自由，財産**　正当防衛と同様に緊急避難も自己のためだけではなく，他人のためにも行うことができます。また，文言上は「生命，身体，自由，財産」と限定されていますが，名誉もここに含まれるとするのが通説です。

(b) **現在の危難** 「現在」とは，現に危難の切迫している状態を指し，法益侵害の危険が緊迫したことを意味します（最判昭24・5・18刑集3巻6号772頁および最判昭24・8・18刑集3巻9号1465頁参照）。正当防衛における「急迫」と同様に解します。また，「危難」は正当防衛の「不正の侵害」とは異なり，必ずしも違法である必要はなく，人間の行為に限らず，広く動物の挙動や自然現象も含まれます。

(c) **避けるため** 正当防衛における防衛の意思の問題と同様に，避難の意思の必要性をめぐって議論があります。通説・判例はここでも避難の意思を緊急避難の成立要件としています。客観面と主観面，両者を考慮する考え方です。これに対して，主観面を捨象し，客観面のみを強調する考え方は，避難の意思を必要とはしません。いわゆる結果無価値論の論拠はさておき，特にその根拠となるのが，過失の緊急避難です。故意の緊急避難と異なり，過失の緊急避難の場合には避難の意思は認められえないとします。行為者自身が認識していないのですから，避難の意思を持つことは不可能というわけです。しかし，避難の意思は故意とは別個の主観的要素であり，過失と合い矛盾するわけではありません。また，故意の緊急避難で問題とされる「認識」は構成要件該当事実の認識であり，それがなかったからといって避難の意思が必ずしも否定されるものとはいえないでしょう。「正当防衛における防衛の意思」の項にもあるように，ここでは必ずしも厳格な意味で避難のための意思を要求しているわけではなく，よって緊急避難に避難の意思を要求したとしても不都合を生じるわけではありません。

(d) **やむを得ずにした行為** 「やむを得ずにした行為」は36条の正当防衛にも規定されていますが，ここでは正当防衛と異なり，その行為が法益保全の唯一の方法であるということが要求されます。これは他に方法がないということを意味し（大判昭8・9・27刑集12巻1654頁，最判昭24・5・18刑集3巻6号772頁），補充性や補充の原則と呼ばれています。

(e) **生じた害が避けようとした害の程度を超えないこと** 緊急避難では当該行為より生じた害が避けようとした害の程度を超えないことが必要とされます。この文言も正当防衛と緊急避難の大きな違いを示すものです。大きな損害を避けるためには小さな犠牲はしかたないということですが，しかし，細かい

分析をしてみると，不明確な点が多く残されています。まず，利益や法益というポジティブな文言を用いている諸外国の規定と異なり，ここでは「害」というネガティブな文言が使われています。次にここで問題となるのが，単なる「法益」なのかもっと幅広い「利益」あるいは「価値」なのかということです。通説は，これを法益と考え，どちらの法益がより重要なのかを衡量します。これを法益衡量といいます。たとえば，人の生命は財物に勝るということになります。極端な例では，100万円の名犬は，1,000円程度の駄犬に勝ることになります。これに対して最近では利益の衡量ないし価値の衡量をしようという考え方が有力になってきました。これによると比較衡量の際，値段や法益の序列は1つの要因にすぎず，最終的にはあらゆる要因を含めて両者の利益を比較とします。これを利益衡量といいます。この考え方では，具体的事情に沿ってより柔軟な解決や判断ができるという利点がありますが，反面，基準が明確でないという欠点もあります。

　この利益衡量の問題との関連で，最近，防御的緊急避難という問題が議論されるようになってきました。防御的緊急避難とは，正当防衛のように侵害の原因それ自体に対して反撃をしますが，何らかの理由で正当防衛の要件を欠き，緊急避難のカテゴリーに入ってくる事例をいいます。従来，緊急避難の典型的事例といわれているのは，Aから発した危難がBに迫ったので，Cに転嫁した場合です。防御的緊急避難では，BはAに反撃をします。それが正当防衛の要件を備えていれば，正当防衛になりますが，正当防衛の要件を備えていない場合には，緊急避難にしかなりません。この場合，法益衡量の考え方では，AとBの法益を比較衡量することになります。他方，利益衡量の考え方でも，AとBの利益を衡量しますが，「Aからその危難が由来した」という事実がAの利益にとってマイナスの要因として働くことになります。したがって，法益衡量ではAが勝ると判断される場合であっても，利益衡量ではBが勝るとされる場合が出てくるのであり，そこに両見解の相違が認められます。動物が襲ってきたのでそれに対して反撃をしたという場合が，防御的緊急避難の典型的な例となります。この場合，通説では動物に対する反撃は正当防衛ではないので，緊急避難が問題になるにすぎないからです。実は，このような場合を民法720条は規定しています。1項は侵害が人に由来する場合で，正当防衛です。2項は

侵害が物に由来する場合で，それに反撃した場合を規定しています。これを民法では緊急避難と呼んでいます。これに対して，第三者の利益を侵害するという形の刑法の典型的な緊急避難を民法は規定しておらず，このような第三者を犠牲にする転嫁型の緊急避難を新たに規定することについて民法では現在，議論がなされています。逆に刑法では民法720条の想定するような防御的緊急避難の事例を刑法37条で解決するにあたり，民法720条のような解釈を考慮する必要があります。この点で，具体的事情に沿ってより柔軟な解決や判断ができる利益衡量の考え方は優れているといえましょう。

　(f)「罰しない」　緊急避難の法的性質は通説によれば違法性阻却事由ないし正当化事由であり，構成要件に該当する行為の違法性が否定されます。これに対して，反対有力説である二分説では，違法性阻却事由ないし正当化事由の場合と責任阻却事由の場合の2つをまとめて，「罰しない」と規定していると解釈されます。

(4) 相 当 性

　当該行為が刑法37条の各要件を形式的に充足している場合であっても，緊急避難が相当性を欠いており，緊急避難の成立が否定される場合があります。高級な服を来た人が通り雨に遭い，そばにいたボロボロの洋服を来た人が持っていた傘を奪ったという場合（雨傘の事例）や緊急の手術で血液が必要となったが，特殊な血液型であったため予備もほとんどなく，偶然居合わせた第三者から強制的に採血した場合（強制採血の事例）がよく例として挙げられます。法益衡量の観点からは，「高級な洋服」対「ボロボロの洋服＋傘」，「人の生命」対「人の身体への侵襲」がそれぞれ問題となり，緊急避難が認められることになりそうです。しかし，ボロをまとった人から傘を奪うことや嫌がる人から強制的に採血することが可とされるのはおかしなことです。そこで，この結論を避けるために，当該行為が緊急避難行為としての相当性を備えているかどうかを検討しなければればならないとされています。したがって，法益衡量と相当性は一体のものとならざるをえません。これに対して，利益衡量の観点を採用する場合には，相当性という要件は必ずしも必要ではありません。対立する両者の諸利益を総合的に勘案すると「高級な洋服」や「人の生命」が他に対して勝っているとはいえないからです。したがって，この考え方からは，本来，相

当性という要件は不要となりますが，それでも最後の安全弁として相当性を検討することは意味のないことではないでしょう。

　次に，相当性の体系的な位置付けが問題となります。1つの試みは，「やむを得ずにした行為」という要件の中で補充性と法益権衡性としての避難行為の相当性を判断しようとするものです。この考え方によれば，補充性を逸脱した場合としての相当性の欠如と法益権衡を逸脱した場合としての相当性の欠如の2パターンがあり，それぞれが過剰避難ということになります。先に挙げたような事例（雨傘の事例，強制採血の事例）は，緊急避難の相当性を欠くので，「やむを得ずにした行為」とはいえず，緊急避難が否定されます。2つ目の試みは，緊急避難に固有の書かれざる要件として相当性をとらえようとするものです。3つ目の考え方は，正当化事由に共通する一般原理としての社会相当性の中で，緊急避難行為の相当性の問題を扱い，もし社会相当性を欠くのであれば，緊急避難が否定されるとします。2番目と3番目の見解の相違は，緊急避難の枠の中で相当性をとらえるか，正当化事由一般の規制としての社会相当性の枠組みの中で考えるかの違いであって，結論的にそう大きな違いがあるとは思われません。そもそも歴史的に見ると両者は目的説に由来するもので，考え方の根源は共通なのです。また，両者とも一般条項的な側面もあり，内容に何が盛り込まれるかはあまり明確ではありません。しかし，既に述べたように「最後の安全弁」としての機能を考えると，相当性を緊急避難の成立要件である「やむを得ずにした行為」の中で取り上げる1番目の考え方より，2番目，3番目の考え方の方が体系的に整合性を有するといえます。あとは，社会相当性という正当化事由の一般原理を正面から認めるか否かにかかってきます。また，いずれの見解を採るにしても，「相当性」して議論されている視点の内容を無視するものではありません。問題は体系上の扱いという形式的なものではなく，実質的な内容なのです。相当性を逸脱した避難行為がどのように扱われるのかということの方が重要なのです。

（5）自招危難

　緊急避難の状態を自ら招いた場合はどのように扱われるのでしょうか。これが自招危難の問題です。諸外国の立法例には，自招危難の取扱いを直接規定しているものもありますが，わが国には明文の規定はなく，解釈論上の問題と

なっています。

　自招危難に関する判例としては，大判大正13年12月12日刑集3巻867頁が挙げられ，「刑法三十七条ニ於テ緊急避難トシテ刑罰ノ責任ヲ科セサル行為ヲ規定シタルハ正義公平ノ観念ニ立脚シ他人ノ正当ナル利益ヲ侵害シテ尚自己ノ利益ヲ保ツコトヲ得セシメントスルニ在レハ同条ハ其ノ危難ハ行為者カ其ノ有責行為ニ因リ自ラ招キタルモノニシテ社会ノ通念ニ照ラシ已ムヲ得サルモノトシテ其ノ避難行為ヲ是認スル能ハサル場合ニ之ヲ適用スルコトヲ得サルモノト解スヘキ」として，緊急避難行為の適用を否定しました。しかし，判旨からは具体的な基準は窺い知れず，自招危難の問題は学説に委ねられることになります。

　自招危難に関する学説では，全面否定説と全面肯定説は現在ではほとんど支持されておらず，実質的な争いは，緊急避難を肯定する事例と緊急避難を否定する事例をいかに分類し，いかに根拠付けるかという点にあるといって差し支えありません。最近では，①個別的検討説（自ら危難を招来した場合といえども，その「社会相当性」の観点から正当化が可能かどうかを検討する考え方），②原因において違法な行為の理論（避難行為以前にさかのぼり，危難の自招行為との関係を問題とすることによって，なお最終的な法益侵害を違法に惹起したものとして，犯罪の成立を肯定しようとする），③相当性説（「やむを得ずにした」という文言の下，ないしは緊急避難の書かれざる要件として緊急避難行為の「相当性」を解釈し，自招危難の場合を緊急避難行為として相当かどうかを検討しようとするもの），④利益衡量説（緊急避難の要件である対立する利益の衡量にあたって，自ら危難を招来したという事実を考慮し，それをマイナスの要因として取扱う考え方）などが激しく争われています（詳細については，小名木・刑法の争点〔第3版〕54頁参照）。

（6）業務上の特別義務者

　37条2項によれば，業務上特別の義務がある者には，緊急避難の適用はありません。たとえば，警察官や消防士は，一般人が逃げ出すような危難に直面しても，その職業柄，任務を全うしなければなりません。これは彼らが業務上，特別の義務を負っており，一般人より高度な危難甘受義務を負うからです。しかし，もし甘受すべき義務の限界を超えるほどの大きな危難に直面した場合には，彼らに対しても緊急避難は認められます。つまり，彼らはより高度な甘受義務を負っているので，一般人以上に危難に立ち向かわねばならないというこ

とを意味するのであって，彼らに緊急避難が一律に否定されているということではありません。犠牲にする利益と義務とをあわせて考慮しても，救われるべき利益がそれ以上に大きければ（たとえば，消防士が焼死の危険に瀕しているなど），緊急避難は認められるべきなのです。

（7） 誤想避難・過剰避難

(a) 誤想避難 刑法37条は緊急避難の要件を掲げており，これが1つでも満たされなければそれは緊急避難ではありません。たとえば行為者が自分が緊急避難の状況にあると誤信して避難行為にでた場合，緊急避難の客観的要件が備わっていないので，それは緊急避難ではありません。この場合，緊急避難の主観的要件（避難の意思）は存在しますが，客観的要件が欠けており，緊急避難ではないのです。つまり，正当防衛と誤想防衛と同様の関係がここにもあてはまります。このような事例は，誤想避難と呼ばれ，正当化事情の錯誤ないしは違法性阻却事由の前提事実についての錯誤として論じられています。通説によれば，当該行為はもはや故意犯ではなく，過失犯として処罰されます。詳細は錯誤の項目を参照してください。なお，客観的に危難は存在しているが，緊急避難行為が利益衡量の程度を越え，しかも行為者は自分の行為が利益衡量の範囲内にあると思っていた場合も誤想避難のカテゴリーに含まれます。また，緊急避難の法的性質について二分説を採った場合，責任阻却事情の錯誤ないし責任阻却事由の前提事実についての錯誤（期待可能性についての錯誤）も問題となります。

(b) 過剰避難 刑法37条ただし書によれば，利益衡量の程度を超えた場合，減軽・免除の可能性が認められています。行為者が緊急避難の利益衡量を逸脱した場合，この過剰避難が問題となります。条文上「情状により，その刑を減軽し，又は免除することができる」と規定されており，構成要件に該当する違法で有責な行為として犯罪には違いないのですが，当該状況下での過剰な避難行為は無理もないので，減軽・免除されうるのです。とくに恐怖・驚愕・狼狽等により利益衡量の程度を超えた行為は期待可能性が著しく減少しており，刑が免除されます。現行法には規定はありませんが，改正刑法草案15条は1項で緊急避難，2項で過剰避難，3項で恐怖・驚愕・狼狽等による過剰避難と分類して規定しており，特に3項は，期待可能性の欠如する典型的な事例とされ，

責任阻却事由とされています。

　さて，法益の権衡を失した場合は，過剰避難と評価されるについて問題はありません（東京高判昭57・11・29刑月14巻11＝12号804頁参照）。いわば，法益権衡性の過剰の事例です。それでは，補充性を逸脱した場合はどうでしょう。この点について，補充性の過剰という概念を認め，この場合に過剰避難の成立を認めるのが最近の通説です。この問題について判例の立場はバラバラですが，最近の判例はこれに否定的です。暴力団組事務所内で監禁され，暴行を受けていた被告人が，監禁から脱出するため組事務所に放火した行為は，裏口からの逃走など他の方法によっても避難が可能である場合には，やむを得ずにした行為には該当せず，過剰避難が成立する余地はないとした大阪高判平成10年6月24日高刑集51巻2号116頁では，その理由として「緊急避難では，避難行為によって生じた害と避けようとした害とはいわば正対正の関係にあり，原判決のいう補充性の原則は厳格に解すべきであるところ，過剰避難の規定における『その程度を超えた行為』（刑法37条1項ただし書）とは，『やむを得ずにした行為』としての要件を備えながらも，その行為により生じた害が避けようとした害を超えた場合をいうものと解するのが緊急避難の趣旨及び文理に照らして自然な解釈であって，当該避難行為が『やむを得ずにした行為』に該当することが過剰避難の規定の適用の前提であると解すべきである」としています。これは，学説と通説とは異なり，補充性の過剰による過剰避難に対して否定的な立場を採っているのです。

　(c)　**誤想過剰避難**　　誤想避難と過剰避難が競合する場合，誤想過剰避難と呼びます。客観的には危難が存在しないのにそれが存在するものと誤信して，しかもそれが利益衡量の程度を超えていた場合です。

4　自救行為とは

　自己の権利が侵害された場合，公権力の発動を待つことなく，被害者自らが自己の利益を救済することを自救行為といいます。もし，正当防衛の各要件が具備するのであれば，当該行為は正当防衛として正当化されることとなります。したがって，自救行為が問題となるのは，正当防衛が否定される場合です。た

とえば，走り去るひったくり犯人を追いかけて盗まれた財物を取り戻すことがそれにあたります。この場合，犯人は逃走中で，「急迫」とはいえず，正当防衛を認めることは困難です。さりとて，公権力の発動を待っているのでは，効果的な回復は期待できません。そこで被害者自身が侵害された権利を回復することを正当化する必要があります。確かに法治国家においては，自救行為は法秩序と矛盾するものであり，認められるものではありませんが，一律に否定されるものではないのです。民法でもこの法概念は認められており，自力救済，私力実行と呼ばれています。ドイツ民法ではこれに関する規定も存在しますが，日本の民法にはこれに関する規定はありません。刑法では35条の正当行為の1つとして理解されています。最高裁も自救行為が正当化事由であることは認められています（最決昭46・7・30刑集25巻5号756頁）が，具体的事案として自救行為を理由に正面から正当化を認めた判例は，まだありません（下級審判例として福岡高判昭45・2・14高刑集23巻1号156頁参照）。

このように自救行為は正当防衛に類似しており，ただ，「急迫」という要件が欠けることになります。そのままでは正当防衛の要件を骨抜きにしかねないので，「遅滞ない救済の必要性」を要件として加えることになります。その他の点では，正当防衛と同様で，主観的な要件（自救の意思）も必要となります。また，第三者のために代わって自救行為をすることも問題ありません。

5　被害者の承諾とは

法諺に「望む者に不法はなされない（volenti non fit injuria）」というものがあります。本人が望んでいる場合，それは犯罪ではないという意味です。被害者が納得している以上，刑罰は科されないのです。この問題を現代の刑法解釈学の立場からもう少し詳しく分析するのが，被害者の承諾の問題です（この問題の全体について佐伯仁志・川端博「《対談》被害者の承諾の取扱いをめぐって」現代刑事法59号（2004）4頁および伊東研祐「『被害者の承諾』論の再検討と犯罪論の再構成」現代刑事法59号（2004）19頁が参考になる）。

（1）　合意と同意

本人がいいと言った場合，それが構成要件該当性を阻却する場合と違法性を

阻却する場合が考えられます。前者を「合意」，後者を「同意」と使い分ける考え方が一般的です。たとえば，構成要件的に本人の意思に反することを前提とする住居侵入，強姦，窃盗，逮捕・監禁では，本人の意思に反しないこと，すなわち，合意が構成要件該当性を阻却することになります。注意しなければならないのは，本人の合意があっても，法的に無意味であったり（13歳未満の女子の姦淫），また，合意があることによって，別の構成要件に該当する場合がある（承諾殺人，同意堕胎）ことです。これに対して，同意の場合，本人に意思に反しないことにより，違法性が阻却されるにとどまります。この場合，法秩序が本人の意思を尊重し，違法性が否定されることになります。

（2） 承諾の有効性

それではいかなる場合に承諾が有効で，違法性が阻却されるのでしょうか。まず，①処分権限が認められるものでなければなりません。国家的法益や社会的法益については，被害者個人の承諾でどうなるものではないからです。また，通常は，自分の利益についてのみ承諾の権限がありますが，他人の利益について代理権限を持つ場合は処分権限を持つことになります。次に，②承諾内容を正しく理解する承諾能力とその承諾について意思の欠缺がないことが必要とされます。幼児，責任無能力者，あるいは強制された場合はこの要件が問題となります（これらの点につき，最決昭27・2・21刑集6巻2号275頁，最大判昭24・7・22刑集3巻8号1363頁参照）。さらに，③承諾が事前に明示あるいは黙示される必要があります。また，④行為者がこの承諾を知って行為することが必要です。この意味で，これは防衛の意思や避難の意思と同様に主観的正当化要素となります。最後に，⑤承諾による身体への侵襲が社会倫理に反しないことが要件とされます。特にこの最後の要件は，争いがあり，刑法の脱倫理化を唱える論者からは好ましくない要件として批判され，除外されています。しかし，ここでいう社会倫理とは純粋な倫理的世界観ではなく，国民の共同生活の基盤としての社会倫理秩序なのですから特定の倫理観を前提とするものではありません。むしろ，共同体としての安全な繁栄ある共同生活のための社会秩序が基準となるのです。この意味で，保険金詐欺の目的で傷害に承諾した事例について最高裁がその違法性の阻却を否定したのは正当であるといえます（最決昭55・11・13刑集34巻6号396頁）。

なお，この問題との絡みでやくざの指つめが問題となります。やくざの指詰めは，自分のしたミスのために組に迷惑をかけた場合や組を脱退する場合になされるものです。本人が自分の意思に基づいて，自分で包丁等を用いて切断する場合は，自傷行為として傷害罪の構成要件に該当せず，そもそも犯罪にはなりません。また，脅迫がなされ，本人の自由な意思に基づく承諾でなければ，傷害罪であり，違法性も具備します。これに対して，本人の承諾の下，他人（おそらく他のメンバー）によって切断がなされる場合が問題となります。1つの考え方は，本人が承諾している以上，何ら問題はなく，違法性が阻却されるというものです。さらに，承諾殺人罪の規定があるのに，承諾傷害の規定がないことにかんがみて，生命に危険を及ぼすような場合には承諾は無効だが，そうでない場合は有効と解すべきで，やくざの指詰めの場合も違法性が阻却されるとする考え方もあります。これに対して，いくら本人が承諾しているとはいえ，そのような行為は健全な社会倫理秩序に反するので，その承諾は無効であり，傷害罪が成立するという考え方もあります。判例では，仙台地石巻支判昭和62年2月18日判時1249号145頁が否定的に解しています。

（3）　構成要件の問題としての承諾

　ここまで合意と同意を区別して話してきました。通説はこの2つを区別して考えます。しかし，このような区別を否定し，すべて構成要件該当性の問題と考える学説もあります。つまり，本人の承諾がある場合は，おしなべて構成要件該当性が否定されると考えるのです。従来，違法性を阻却すると考えられてきた同意の事例が総じて構成要件の問題となるわけです。この考え方は，法益の担い手は誰なのかという問題と関連します。つまり，承諾は当該法益の処分権限を有する人に関してのみ考慮されるのですから，本人が当該法益を放棄している以上，そもそも構成要件該当性が欠如すると考えられるわけです。

　ただ，この考え方には問題がないわけではありません。被害者の承諾の問題を構成要件の問題だとすると，錯誤の事例で不都合が生じるのです。つまり，行為者が承諾の存在を信じて行為したが，実は承諾は存在しなかったという場合です。承諾が構成要件の問題だとすると，その錯誤は故意を阻却してしまい，せいぜい過失犯による処罰しかできなくなってしまうからです。

（4） 推定的承諾

本人の承諾が問題となる事例で，何らかの理由から本人が承諾をすることができない場合が推定的承諾の問題です。たとえば，意識不明の重傷患者が病院に運び込まれた場合，彼は自己の意思を表示することができません。また，留守の隣人宅の水道から水が溢れ出している場合，家人はこれにどうにも対処できません。このように専ら事実的理由で承諾が得られない場合，どのように取り扱うのでしょうか。もし，被害者が自らの意思を表明できたとすると，明らかに承諾がなされたであろうといえる場合には，当該行為は正当化されます。承諾の有無以外は，すべて被害者の承諾の要件と同じことが要求されます。

6 安楽死・尊厳死とは

（1） 安　楽　死

死を目前にした人を耐えがたい苦痛から解放するために殺害することは，人道的な見地と必ずしも矛盾するものとは思えません。他人を殺害するのですから，当該行為が刑法199条の殺人罪や202条の嘱託殺人罪の構成要件に該当することは間違いありません。しかし，違法性は阻却されるのでしょうか。それとも責任が阻却されるにとどまるのでしょうか。これが安楽死の問題です。

一般に「安楽死」と一言で片付けられがちですが，実はさまざまな類型があります。まず，病床に伏している不治の病の患者が担当医に対してこれ以上の治療は止めてくれと懇願し，その意思に基づいて担当医がそれ以上の治療を中止する場合があります。たとえば生命維持に必要な装置をオフにする場合です。これを「消極的安楽死」と呼びます。患者の自己決定に基づいて医師が治療を中止しただけなので，この場合の違法性は阻却されることになります。むしろ，患者の意思に反して治療を続けることの方が，つまり患者の自己決定権を無視した治療行為の方が，問題視さるべきで，患者の意思に従った治療中止は法秩序に反するものとはいえないのです。なお，この場合，生命維持装置のスイッチを切ることが作為なのか不作為なのかという問題があります。たとえば第三者が病室に飛び込んできてスイッチをオフにした場合，それは作為です。これに対して，担当医がスイッチをオフにした場合は不作為と考えられるべきで

しょう。「スイッチをオフにする」という客観的に見て同一の行為が、一方で作為とされ、他方で不作為とされるのは、刑法上の作為と不作為の区別が単なる物理力の実行ではなく、刑法的な意味での行為の重要性という規範的な観点から評価していることに他なりません。

さらに末期的患者に苦痛を緩和するため、多量の鎮静剤を投与する場合、その薬物投与自体が間接的に患者の死期を早めている場合があります。これを「間接的安楽死」と呼びます。この場合もこのような薬物投与は違法とは評価されません。

これに対して、不治の病に冒されている患者を苦痛から解放するために積極的に殺害する行為を「積極的安楽死」と呼びます。通常、刑法で安楽死の問題として議論されるのはこのカテゴリーのことです。そしてそのような積極的な殺害行為が違法性を阻却するのか、あるいは責任を阻却するのかについて激しい対立があります。ヒトラーの秘密命令で多くの精神病者が「安楽死」の名の下に殺害された忌まわしい過去を持つドイツでは、生命の不可侵性を理由にかような積極的殺害行為はいかなる場合にも違法性を阻却するものではないとします。つまり、法秩序は安楽死という殺害行為をいかなる場合といえども許容するものではないと解するのです。むしろ、不治の病に冒され、死を目前にし、苦痛に苛まれている患者を見るに見かねて殺害したのですから、心理的に圧迫された良心の葛藤状態が認められ、ゆえに責任が阻却されるとするのが一般です。ドイツとは異なりわが国の通説は安楽死を正当化事由の問題としてとらえます。問題は、いかなる場合に安楽死としての殺害行為の違法性がなくなるのかという要件です。名古屋高裁（名古屋高判昭37・12・22高刑集15巻9号674頁）は、①死期が迫っている、②苦痛が甚だしい、③死苦の緩和の目的、④本人の嘱託、承諾、⑤医師の手による、⑥方法の倫理的妥当性という6つの要件を掲げ、いくつかの点について異論はあるものの（最近では横浜地判平7・3・28判時1530号28頁は⑤と⑥の要件をはずしている）、基本的にはこれらの要件は安楽死の正当化のための要件として受け入れられています。また、もし、ドイツの通説のように安楽死を責任が阻却されるに過ぎないと構成するのでしたら、さらに⑦良心の葛藤という要件が必要となるでしょう。しかし、現実の事件として安楽死を正面から肯定し、無罪とした事例はまだ存在していません。

（2）尊厳死

　現在の医療技術ではもはや回復の見込みのない末期の患者に対して人工的な延命治療をせず，自然な死を迎えさせるというのが，尊厳死です。科学技術の進歩に伴い，生命維持装置等が開発され，従来ではもはや延命が不可能であったような末期の患者の生命を維持することが可能となってきました。しかし，ただ単に生命を維持し，死期を遅らせることがはたして人道的といえるのかという議論が沸き起こり，尊厳死の問題となったのです。

　本人が意思表示できる場合には，先にあげた消極的安楽死と同じことが当てはまります。治療を受けるか，中止するかは，本人の自己決定にゆだねられることとなります。本人の意思が確認できないときは，近親者等の証言により決定されます（大谷・285頁）。通説は尊厳死について違法性の阻却を認めています（安楽死と尊厳死の問題については，町野朔「違法論としての安楽死・尊厳死」現代刑事法14号（2000）37頁および秋葉悦子「生命に対する罪と被害者の承諾」現代刑事法59号（2004）42頁が参考になる）。

第11章 ■責　　任

1 責任とは

(1) 責任の意義

　犯罪論体系の中で，構成要件，違法性に続く第3の段階を「責任」といいます。行為者が，構成要件に該当する違法な行為を行っても，責任がなければその行為は犯罪ではないのです。しかし，ここでいう刑法上の責任とは何でしょうか。責任という言葉は，日常用語としても，いろいろな意味で用いられています。宗教的な意味での責任，政治的な意味での責任，そして，法律の世界でも民事責任，行政法上の責任，それぞれがそれぞれに応じた多義的な意味内容をもっているのです。民事上の責任には民事制裁が科せられ，行政法上の責任には行政制裁が科せられるのであり，責任の意味内容と法効果とは対応するのが通常です。刑法上の責任の本質を道義的責任であるとする見解も主張されていますが（団藤・258頁），道義的責任は，本来，人の内心にまで入り込む倫理的な意味の責任であるのに対して，刑法上の責任は，刑罰という法的制裁を加える前提として，外部的な態度が規範に従っていれば，それが心からの服従であれ悪い動機からくるものであれ，問題にはならないのです。その意味で，刑法上の責任とは，外から問われる，したがって，道徳とは別個の社会的責任です。最近の有力な見解が法的責任（内藤・(下) I　742頁以下，曽根・155頁）または処罰に値する責任という意味で可罰的責任（最近では，山中・557頁）などの語を用いて，刑事責任の概念について道徳的責任や倫理的責任とは一線を画そうとしているのです。

(2) 責任論の変遷

　刑法上の責任とは,「非難可能性」すなわち構成要件に該当する違法な行為を行ったことに対して非難しうることだというのが, 現在圧倒的な多数説となっています。しかし, このような見解に至るまでには, さまざまな変遷がありました。

　(a) 心理的責任論　　古い時代の客観主義的犯罪論体系では,「客観的なものは違法性に, 主観的なものは責任に」という形でそれぞれの要素がふるい分けられたため, 責任とは, 故意（行為事実の認識）・過失（その認識がないこと）という行為者の心理的事実そのものであると解する心理的責任論が一般でした。しかし, これに対しては, ①故意・過失を包摂する上位概念がないこと, ②過失は, 単に認識に欠けているという心理状態ではなく, 無過失とも区別されなければならないこと, ③主観主義的犯罪論体系からは, 責任は, 社会にとって危険な行為者を改善するために必要な刑罰を受けるべき地位と考えられており（社会的責任論）, 行為者の危険性という明確な量刑基準を提供しえたのに対して, 心理的責任論では有効な量刑基準を提供できない, などの問題点がありました。

　(b) 規範的責任論—期待可能性の理論　　そこで, これに代わって規範的責任論が登場したのです。規範的責任論は, 期待可能性の理論を発展させました。行為当時, 行為者には犯罪行為以外の適法行為を行うことができ（他行為可能性）, 法的にも他の適法行為を行うことを期待されていた（期待可能性）にもかかわらず, 自由な意思によって犯罪行為を選択し, 犯罪を実行したことに対して非難が向けられるというのです。ここでは, 行為当時, 他行為可能性＝期待可能性＝非難可能性が存在していたことが必要となります。

　たとえば, 大災害でまったくの無一文になってしまった母親が, お腹をすかせた子供のためにパンを盗んだ場合のように, 具体的な事情において人に適法行為を期待できないような状況で, その人が犯罪行為を行ったとしても非難できないといえることがあるでしょう。期待可能性の理論とは, このような場合に, 適法行為を期待できない人を刑罰から解放するもので, 刑法に人間味を考慮する可能性を認めたものです。責任論における期待可能性は, 処罰規定があり故意・過失などの処罰の要件がすべて備わっているとしても, 具体的事情の

下で期待可能性があるかを問題とするものですが，刑法各則の規定の中にも，期待可能性を考慮したものと思われる規定があります。たとえば，犯人蔵匿罪については，105条で，親族が犯人を隠したり逃がしたりしたときには刑を免除すると定めていますし，証拠隠滅罪は他人の刑事事件に関する証拠を隠滅する行為を処罰するものであり，自分の刑事事件に関する証拠を隠滅しても犯罪にはなりません。これらの規定は，このような立場に置かれた者についての類型的な期待可能性を考慮したものです。

　期待可能性があるかどうかを評価するためには，その標準をどこに求めるべきでしょうか。具体的事情の下で通常の一般人（平均人）が適法行為を行いえないときに期待可能性がないと判断されるべきでしょうか，それとも，行為者本人を基準に考えられるべきでしょうか。学説には，この他に，国家の立場から期待できるかどうかが決まるとする国家標準説があります。これは，後述する（⇒（4））責任論全体の基準の問題でもあります。

(c) 意思自由をめぐる問題　　道義的責任論によれば，人間には自由意思があるというテーゼが出発点となります（意思自由論・非決定論）。これは，自由意思をもち，自らが主体的に行動することができるという啓蒙主義的・自由主義的な人間像を基礎にします。しかし，最近の非決定論は，次に述べる批判を受けて，人間がつねに完全に自由な意思決定ができるということを認めるわけではなく，人間には素質と環境によって決定された部分もあることを認める相対的非決定論がとられるようになったのです。法的責任論の立場でも，たとえば，われわれの自由の意識を根拠にして，相対的意思自由論の立場に立ち，これにより法的非難が可能となると考えます。そして，自由意思は処罰の正当化根拠としてではなく，他行為可能性がないから責任を阻却するという場面において意味をもつのであり，法的責任とは国家刑罰権および予防的考慮に限界を設定するものだとします（内藤・前掲書784頁）。

　これに対する批判としては，人間の自由意思というものが，そもそも科学的にその存在を証明できていないということがあります。不当前提から出発しているというのです。とくに近代学派が主張したのは，犯罪を犯す人は，自由意思によってではなく，素質と環境によって犯罪を犯すべく決定されているということでした（かたい決定論）。しかし，現在では，人間の意思いかんにかかわ

らず，すべてが宿命であるというようなかたい決定論ではなく，意思自由とは，自由であるか否かを決定されているか否かの問題ではなく，何によって決定されているかの問題であり（やわらかな決定論），非決定論のような自由意思論は，刑罰が人間の意思決定の条件付けとなることをも否定するものだとしてそれを否定し，人間の意思は法則に従うこと，そして，行為が人格相当であれば，より強い条件付けが必要であり，それだけ責任が重いということを主張します。このような考え方を性格論的責任論と呼びます（平野龍一・刑法の基礎31頁以下）が，これにより常習犯人に対する刑の加重も正当化できるように試みられていることから，行為責任論の範疇に含みうるものなのかの疑問も提起されています。

また，意思自由の科学的な証明は不可能ですが，そもそも意思自由は法律概念であって科学的証明を必要とするものではなく，「人間には自由意思がある」とする一般人の確信の問題であり，これで責任を根拠付けるのに十分であるという不可知論も，とくにドイツ刑法学においてはなお有力です。

（3） **責任の要素**

犯罪論体系の第3の段階である責任には，どのような要素が含まれているかについては，とくに故意・過失が違法要素か責任要素かについて争いがあります（⇒11，4および6）。しかし，争いなく責任要素だとされているものとしては，責任能力，違法性の意識またはその可能性（ただし，これが責任故意に含まれるか，故意とは別の要素かどうかについては争いがあります）および適法行為の期待可能性です。

（4） **責任判断の基準**

責任の判断は，行為者を基準とすべきでしょうか（行為者標準説）それとも一般人を基準とすべきでしょうか（一般人標準説）。これは，期待可能性の基準についてだけではなく，過失犯や違法性の意識の可能性など，いろいろな場面で現れる問題です。行為者の危険性を科刑の根拠とする社会的責任論の立場では，一般人に要求できる程度の能力を行為者が持ち合わせていないことですでに行為者は社会にとって危険だということになりますから，一般人基準説に立つことになりますが，客観主義の立場からは，刑法上の責任は行為者に対する非難であって，本来主観的なものであるとして行為者標準説に立ちます。しか

し，行為者の個別事情すべてを理解すれば，行為者を非難することはできなくなり，すべてを許すことになるという行為者標準説に対する批判を正当なものだと考えるならば，客観主義的刑法学の立場からも，一般人基準説を採用する見解があります（前田・266頁）。しかし，一般人基準説にたった場合でも，その責任判断は，行為者の置かれた具体的事情の下で一般人に適法行為が期待可能であったかを問題にするものですから，事案毎の個別事情を考慮することになるのです。抽象的な一般人というものを想定するわけではなく，この意味では行為者標準説に近い形となり，両説の間で具体的な結論の差が現れるような場合は，ほとんどなくなっています。

2 責任能力とは

（1）責任能力の意義

責任能力とは，客観的刑法学の立場からは，有責に行為しうる能力をいいます。すなわち，行為当時に規範に適って行為をすることができたはずの能力をいい，そのような能力があったにもかかわらず，犯罪行為を行ったときにはじめて非難が可能となるのです。したがって，責任主義の要請として，犯罪の成立にとって責任能力が存在していることは不可欠となります。さらには，刑罰目的すなわち予防の観点からも，責任無能力者に刑罰を科しても，責任無能力者の場合には，以下に述べるように，規範に従った動機づけおよび自らの行為のコントロールができないのですから，刑罰が行為者の態度に影響を与えるということはありえず，これらの者を処罰することは犯罪予防にとって無意味だということになるでしょう。

刑法上，責任能力を積極的に定義した規定はありませんが，責任能力が存在しない場合または不完全な場合として消極的な形で，責任無能力や限定責任能力について，次の3種を分けています。

(a) **心神喪失** 刑法39条1項は「心神喪失者の行為は，罰しない」と定めており，心神喪失とは，精神の障害により，自らの行為が正しいか間違っているかを判断する能力（弁識能力）またはこの判断に従って自らの行為をコントロールする能力（制御能力）が欠けた状態のことをいいます（大判昭6・12・3

刑集10巻682頁)。ここでいう精神の障害とは，精神分裂症や躁鬱症などの精神病，病的酩酊，激情状態などの意識障害などがあります。行為者には，弁識能力および制御能力の双方があったときにのみ，犯罪行為に出ないことを期待できるのであって，責任無能力者の場合は，たとえその者に故意・過失があったとしても行為を非難することはできないのであり，犯罪は成立しないことになります。

無罪となった者の処遇について，わが国では保安処分制度（⇒15，4）はありませんが，平成15年の心神喪失者等医療観察法により，強制入院（⇒15，5）の対象となる場合があります。

(b) **心神耗弱** 39条2項は「心神耗弱者の行為は，その刑を減軽する」と定めており，これは弁識能力と制御能力とが，存在してはいるけれども，その程度が著しく低下していることをいいます。これを，限定責任能力といいます。この場合には，裁判官は刑罰を減軽しなければなりません（必要的減刑）。

(c) **刑事未成年** 41条は，「14歳に満たない者の行為は，罰しない」と定めており，14歳未満の行為者については，個々の行為者に弁識能力および制御能力の有無を問題にするのではなく，年齢によって一律に責任無能力者となります。あまりに年少であるときには，弁識能力または制御能力に欠けていることもありますが，10歳も過ぎれば，たいていの場合，弁識能力および制御能力をもっているということもできるでしょう。しかし，刑事未成年者についての特別な措置は，少年はなお発育途上であり，性格形成にあたっては，成人の場合よりも，柔軟で大きな影響を受けて変化しやすいので（これを「可塑性」に富むと表現します），成人と同様の刑事処分は刑事未成年者には相応しくないという刑事政策的理由から，不処罰にすることにしたのです。さらに同じ考慮の下に，20歳未満の者については，それぞれの年齢に応じて，少年法に特別の手続が定められています。

（2） 責任能力の体系的位置づけ

責任能力が，それが存在してはじめて他の責任要素の検討を可能にするという意味で責任の前提なのか（責任前提説），それとも故意・過失と同等のものとして責任の一要素であるのか（責任要素説）については，争いがあります。どちらの説に立っても，責任能力がない場合には責任が阻却されることにはなる

のですが，この争いは，責任の本質論，責任能力の判断方法などとも関連して論じられております。両説でとくに具体的な結論の違いが現れるのは，部分的責任能力を認めるか否かという問題においてです。たとえば，パラノイア患者の中には，権利が侵害されたとか法的に不利益を被ったという妄想にとらわれ，常識を超越したこだわりをもって裁判を起こす症状（好訴妄想）の者がいるといいます。このような者は，たとえば，虚偽告訴罪については責任無能力ですが，他の犯罪については責任能力があるということになるのでしょうか。

　責任前提説は，精神障害という側面を重視するもので，さらに人の能力は統一的な観点から判断すべきであるとして，このような分断した判断方法は採用すべきではないといいます。他方，責任要素説は，責任能力は当該行為について判断すべきものであって，当該行為から独立した責任能力判断は，行為責任論とは相容れず，個々の行為について弁識能力および制御能力を判断すればよいという主張です。

（3）　責任能力の判断方法

　責任能力規定の立法形式としては，①生物学的方法（精神障害という生物学的な側面からのみ責任能力を判断するもの），②心理学的方法（弁識能力および制御能力という行為者の心理学的側面から判断するもの），③混合的方法（①と②とを併用するもの）の3つがあります。日本の刑法における責任能力は，「精神の障害」という生物学的要素と，弁識能力および制御能力という心理的要素から判断されており，③の方法によっていると解するのが通説判例です（最判昭59・7・3刑集38巻8号2783頁）。裁判では，被告人の責任能力の有無について，精神科医や心理学者が精神鑑定を行いますが，その鑑定に法的拘束力があるわけではなく，法律判断として，最終的には，裁判所が責任能力の有無を決することになります。

3　原因において自由な行為とは

（1）　自ら招いた精神障害

　責任主義の要請の1つに，「（実行）行為と責任能力の同時存在の原則」というものがあります。責任能力は，犯罪行為の時点で存在していなければならな

いというものです。しかし、たとえば、泥酔して犯罪を行うことを計画し、その計算どおりの結果を引き起こした者、あるいは、自分の酒乱傾向を十分に知りながら漫然と酒を飲み、そして案の定、酔って他人に絡み、暴力を振るい相手に怪我をさせた者は、犯行時の責任無能力を証明すれば、処罰されることはないのでしょうか。

〔事例1〕 Aは、普段から自分に嫌がらせを繰り返すBを殺すことにしたが、Aは、気が弱く、そのままではBに立ち向かえそうにないため、酒の勢いをかりてBを攻撃しようと飲酒を始めた。その後、酔っ払ったAは、およそ分別のつかない状態になり、Bをナイフで滅多刺しにして殺してしまった。

このように、飲酒や薬物その他の摂取によって有責に自らの責任無能力状態を一時的に作り出し、その状態で犯罪行為を行った場合のことを「原因において自由な行為」といいます。確かに、責任無能力という自己抑制の利かない不自由な状態で犯罪行為（以下では、この直接の法益侵害行為を結果行為と呼びます）を行ったのですが、責任無能力を作り出す原因となった飲酒行為・薬物摂取行為（以下では、この第1の行為を原因行為と呼びます）は、責任能力のある、自由な意思決定の下で行われたという点に「原因において自由な行為」の特徴があります。このような場合にも、「（実行）行為と責任の同時存在の原則」を厳格に捉え、処罰を認めない見解もありますが、判例および学説の多くは、行為者に責任無能力の抗弁を認めず、責任主義に違反することなくこれを処罰するための理論構成を考えてきました。

(2) さまざまな説の対立
(a) 原因行為を実行行為とする立場

〔事例2〕 Aは、自分の飼っている犬にBを襲わせ、その結果、噛み付かれたBは大怪我を負った。

〔事例2〕において、Aに傷害罪が成立するということは誰も疑わないでしょう。直接、被害者に噛み付いた犬は、Aが用いた「道具」にすぎないのであり、道具は、ピストルのように物であることもあり、「道具」に責任能力が備わっている必要はないのです。かつての通説的見解は、このような例を援用して、原因において自由な行為の処罰を根拠づけようとしました。

この説によれば、責任無能力状態の自己は、「道具」であり、それを利用し

た責任能力を備えた時点での自己が正犯であり，道具（責任無能力の自己）が引き起こした結果発生について責任を負うべきだというのです。

では，この場合，実行行為はどの行為になるでしょうか。実行行為は，道具を利用する行為すなわち〔事例2〕でいえば犬をけしかける行為であり，〔事例1〕でいいますと，飲酒する行為ということになります。

この説に対しては，いくつかの批判が加えられてきました。第1に，その説では，飲酒行為が殺人行為となってしまいます。つまり，未遂犯の成立時期が早すぎるということです。未遂犯は，実行の着手をもって開始します（⇒第12章1）。この説では，飲酒行為を実行の着手と考えますから，酒を飲み始めた時点で，Bに対する殺人未遂罪がすでに成立するということになります。このように法益侵害とはあまりに遠い行為を処罰するのは，やはり早すぎるように思われます。

第2の批判として，この場合には自己を完全な「道具」にしなければならないので，酩酊の仕方が不十分で限定責任能力にしかならなかったときには，不十分ながら規範に適った態度をとる可能性があり，道具とはいえなくなりますので，このような理論構成をとることはできず，不処罰となりますが，それは妥当かというのがあります。限定責任能力であれば，39条2項を適用して必要的に刑が減軽されるということになり，それは不合理だというのです（ただし，この批判が適切であるかはさらに別の問題です）。

(b) **結果行為を実行行為とする立場**　そこで，反対説は，「実行行為と責任の同時存在の原則」を緩和して，責任とは犯罪を行おうとする意思決定に対する非難であるということから，責任能力は広義の行為（行為に出ることへの最終的な意思決定から結果の発生までを含む）の際に存在すれば足りると考えます。実行行為ではなく，「広義の行為と責任の同時存在の原則」で責任主義の要請を満たすと考えるわけです。実行行為の時には責任無能力であっても，その実行行為が原因行為時の意思に貫かれていれば，責任を問うことができるというのです。この見解によりますと，実行行為は，結果行為ということになり，早すぎる未遂犯の成立を回避することができます。

この説の問題点は，責任能力はやはり最終的意思決定という過去の一時点に存在すればよいというものではなく，実行行為に出るその時点でなお実行行為

に出るか否かを決定するために必要であり，責任能力の同時的コントロールはやはり放棄できないのではないか，1つの意思決定に貫かれている限りは，広義の行為は相当以前にさかのぼれるのであり，「原因において自由な行為」の場合にのみ，このような例外を許す根拠は何かということが挙げられます。

(c) **実行の着手時期と未遂犯としての処罰時期を分離する立場**　最近の見解は，原因において自由な行為の場合にも特別扱いすることなく，一般の犯罪成立要件で説明できる限りで処罰することを試みます。この見解の新しい点は，行為者が正犯として処罰される根拠となる行為は，結果発生への相当因果関係の起点となる行為であり，それは原因行為であるとして，この時点で責任能力が備わっていなければならないと考えますが，未遂犯として処罰される時点は，このような正犯行為と一致する必要はなく，法益侵害の危険が発生した時点すなわち結果行為の時点であるとします。飲酒行為は，実行に着手したものではあるけれども，未遂犯の成立に必要な危険はまだ発生していないので，未遂犯としては不可罰であるとすることになります。

4　故意とは

(1)　犯罪成立要件としての故意

刑法38条1項には，「罪を犯す意思がない行為は，罰しない。ただし，法律に特別の規定がある場合は，この限りでない。」という規定があります。犯罪が成立するためには，犯罪事実の認識である故意が必要であるという意味です。刑法は，国法の中でももっとも峻厳な制裁である刑罰を法効果とするものであり，それ故に，行為者の側で，この犯罪行為を行えば刑罰が科されるということが解りながら，あえて犯罪行為を行った者を処罰すべきであるというのが基本的な考え方です。過失犯を処罰するのは例外であり，過失犯を処罰するという特別の規定が必要となります（⇒本章6）。これを故意犯処罰の原則といいます。

故意は犯罪事実の認識です。少なくとも，構成要件該当事実を認識することが必要だとされています。たとえば，殺人罪の故意があるとするためには，相手が人であること，その人の死亡，自らの行為が人の死を引き起こす性質をも

つ殺人行為であることの認識が必要となります。このように故意とは、漠然と「悪いことをする意思」なのではなく、犯罪類型毎に異なった認識内容が要求されることになります。構成要件該当事実には、「人」とか「財物」といったように、その意味を確定するのにあまり困難ではない記述的構成要件要素と、わいせつ物頒布罪における「わいせつ」のように、裁判官の解釈が必要とされる規範的構成要件要素とがあります。後者の場合、行為者がとくに法律家でもない場合には、法律の専門家が行う「わいせつ」の解釈まで熟知する必要もありませんが、何らかの文書を頒布するという認識だけでは、同罪の故意としては不十分です。ここでは、意味の認識が必要とされます。行為者が属する社会一般（行為者が法律家でない素人であれば素人一般）では、その文書がわいせつ文書だとされていることが行為者に解っていなければならないのです。

(2) 故意の体系的地位

　過失犯処罰が例外的であること、そして、過失犯の法定刑は故意犯よりも著しく低いこと（たとえば、199条の殺人罪の法定刑は死刑、無期懲役、3年以上の懲役であるのに対して、211条の過失致死罪の法定刑は50万円以下の罰金にすぎません）は、どのように説明されるのでしょうか。これは、違法性の本質論における行為無価値論　対　結果無価値論の争い（⇒第9章1）に関わり、故意の持つ意味が違ってきます。

　結果無価値論すなわち法益侵害説の立場によれば、違法性（法益侵害およびその危険）にとって、行為者がどのような主観を持っていたかは重要ではありません。被害者の死亡という結果それ自体は、行為者が故意でそれとも過失で、それどころか無過失で行為を行ったかで何ら変わるところはないのです。したがって、故意・過失は、違法性に影響することはなく、責任の段階で初めて考慮され、わざと（＝故意で）違法行為を行った方が非難が重く、うっかりと（＝過失で）行為した方が比較的軽い非難であるというように、非難の程度の問題として故意犯の方が重く処罰されるということになります。

　これに対して、行為無価値論すなわち規範違反説の立場からすると、故意・過失は違法性の要素に（そして、構成要件が違法類型であるとする立場からは構成要件要素にも）なります。故意で規範に違反する方が、不注意で規範に違反するよりも規範違反すなわち不法の程度が重いということになるのです。殺人

罪・傷害致死罪・過失致死罪は，被害者の死亡という点では共通ですが，それぞれすでに違法性の段階で行為の意味が違っているということになります。

ただし，最近は，行為無価値論の立場からも結果無価値論の立場からも，故意の犯罪類別機能が認められ，故意の有無によって，構成要件の段階ですでに故意犯と過失犯は分けられると考えるのが多数説です。

（3） 故意の種類

故意は，単にあるかないかの判断ではありません。認識の程度で分けることができます。結果の発生を確定的なものと考えて，たとえば，被害者を殺そうと思ってピストルの引き金を引く場合には，確定的故意があるといい，これが故意に含まれることは明らかです。しかし，このような確かな認識ではなくとも，故意が認められる場合もあります。不確定的故意と呼ばれるものには，3つの種類があり，①概括的故意，②択一的故意，③未必の故意がそれにあたります。①は，殺傷能力がある爆弾を駅に仕掛ける場合のように，一定の客体（ここでは駅にいる人）に結果が発生することは認識しているが，どの客体にあるいは何人の者に結果が発生するかは分からないという場合で，②は，毒入りのコップをテーブルの上に置いておく場合のように，AかBかのどちらかの客体に結果が発生することは分かっているけれども，どちらの客体に発生するかは分からないという場合です。これらは結局，相当因果関係の枠内で発生した結果について，下に述べる意思説・認識説その他の基準で故意の存否を判断することになります。

③は，過失犯との限界（過失犯の中では，認識ある過失と認識なき過失に分けられるので，未必の故意と認識ある過失との限界づけ）が問題となり，未必の故意とはどのようなものであるかについても説が分かれています。

故意と過失をどのような基準によって区別するかについて，意思説は，結果の発生を意欲した場合が故意で，そうでないものを過失とします。この説は，確定的故意があり，かつ，その結果を意欲した場合のみが故意であるとしますので，故意の成立範囲が限定されすぎてしまいます。そこで，認容説が現れてきます。結果の発生を「やむを得ないもの」と認容すれば未必の故意として故意犯の成立を認める見解です。運転中，助手席のガールフレンドとの話に夢中になって事故を起こし，通行人に怪我をさせたとき，通行人のことにまったく

気がつかなかったのであれば、認識なき過失が問題となり、通行人に気がついていたのに、自分は運転が上手だから轢くことはないだろうと思った場合には傷害結果について認容がないので、認識ある過失の問題となり、人の怪我を認識し、それを意欲しているわけではないとしても、轢いてもしょうがないと考えた場合が未必の故意だということになります。

認識説は、故意の意思的要素を重視せず、結果発生を認識することで故意には十分だとするのですが、その内部で、結果発生が可能だと思ったときが未必の故意であるとする見解（可能性説）と、可能性では足りず、それ以上の高い確率すなわち蓋然性が必要だとする見解（蓋然性説）に分けられます。可能性説ですと、認識ある過失は故意に含まれることになってしまいます。蓋然性説ですと、結果発生の蓋然性があると認識していれば、未必の故意となり、可能性しかないと思っていた場合には、認識ある過失だとされます。さらに、最近では、基本的には意思説の延長線上の立場として、結果の発生を最終的にありうると思ったか否かが重要であり、ありうると思ったのにもかかわらず、それを反対動機として行為を思いとどまらなかった場合が未必の故意であると考える動機説が主張されています。

5 錯誤とは

(1) 事実の錯誤

一般に、現実に存在・発生した事実と行為者の認識との間の食い違いのことを錯誤といいます。事実の錯誤はさまざまな種類に分類されておりますが、錯誤論は故意論の裏返しともいわれ、どのような場合に故意が認められないかを問題にするものです。

(a) **具体的事実の錯誤**　現実に生じた事態と行為者の認識内容が同じ構成要件の枠内であるときを具体的事実の錯誤といいます。これについては、具体的符合説と抽象的符合説の2つの説があります。法定的符合説は、構成要件的に符合する限りで故意の阻却は認めないとする考え方です。殺人罪の客体は「人」であり、「人」を殺そうとして「人」を殺したのだから、それで殺人の故意を認めてよいとするものです。殺された人が、AであったかBであったかと

いう客体の個性は、構成要件的には無視されることになります。これに対して、具体的符合説は、行為者の現実の認識内容を問題とする説です。特定した客体に対してのみ反対動機の形成が期待できるというのです。

(i) 客体の錯誤　行為者が狙ったとおりの客体に、意図したとおりの結果が発生したが、その客体の属性が異なっていた場合があります。

〔事例1〕　行為者は、暗闇の中を歩いている人をAだと思って殺害したところ、実はまったく別人のBであった。

このような錯誤があっても、故意が阻却されることはありません。具体的符号説によれば「その人」を殺そうと思って「その人」を殺しているという理由から、法定的符合説によれば「人」を殺そうとして「人」を殺しているという理由から、どちらの説に立ってもそこには食い違い（錯誤）は存在しないからです。

(ii) 方法の錯誤

〔事例2〕　Aは、Bを殺そうとして、ピストルの引き金を引いた。しかし、弾丸はBに当たることなく、そばを通りかかった通行人Cに当たり、Cは即死した（Cに対しては未必の故意さえもないものとする）。

狙った客体とはまったく別個の客体に結果が発生した場合の錯誤を方法の錯誤といいますが、この場合に故意が阻却されるか否かについては、激しい論争があります。

法定的符合説は、この場合も「人」を殺そうとして「人」を殺したのだから、殺人の故意に欠けるところはないといいます。しかし、法定的符合説は、さらに、故意の個数を考慮して、1つの故意しかないときには、1つの故意犯だけを認める説（一故意犯説）と故意の個数を考慮せず、故意は1つでも生じた結果・危険の数だけ故意犯の成立を認める説（数故意犯説）の2つに分かれます。〔事例2〕の場合に、一故意犯説は、殺人既遂罪1罪のみを認めますが、数故意犯説は、Cについての殺人既遂罪とBに対する殺人未遂を認めています。数故意犯説では、犯罪が2つ以上成立することになりますが、行為者に1人の人しか殺す故意しかなかったということは、観念的競合で科刑上一罪として処理されるので不都合は生じないとします。

一故意犯説が、1つの故意しかないにもかかわらず、故意犯が複数成立する

ことを認めるのは，責任主義に反するという批判を受け入れて，1つの故意犯の成立しか認めないものですが，いわゆる併発結果が発生した場合に誰に対する故意犯を認めるかで，その基準が混乱することになります。

〔事例3〕 Aは，殺意を持ってBにピストルを撃ったところ，Bは死亡し，同じ弾丸がBの身体を貫通して，意外の通行人Cにもあたり，Cも死亡させた。

具体的符合説からはBに対する殺人既遂，Cに対する過失致死が成立し，数故意犯説からは殺人罪2罪が成立することになりますが，一故意犯説では，狙ったBに先に結果が発生し，錯誤は存在しないとして，Bとの関係で殺人罪が成立し，これで故意を使い尽くしてしまったので，Cの死については，さらに，過失致死罪を認めるか，併発結果は無視するとして不処罰にするかの2説があります。

〔事例4〕 Aは，殺意を持ってBにピストルを撃ったところ，弾丸はBの腕にあたり，同じ弾丸がその後意外の通行人Cにもあたり，Cのみを死亡させた。

具体的符合説からはBに対する殺人未遂，Cに対する過失致死が成立し，数故意犯説からは殺人未遂罪および殺人既遂罪が成立しますが，一故意犯説では，Bに対する殺人未遂を認める見解，Cに対する殺人既遂を認める見解，さらにどちらを併発結果とし，それに過失傷害，過失致死または不処罰などのうち，どの帰結を認めるかに争いがあります。故意についての個性を認めないために，元来，故意帰属の基準に欠ける法定的符合説を採りながら，故意の個数を認めることで個別の客体ごとに故意の成立を判断しなければならなくなったために，説が乱立することとなったのです。

③ 因果関係の錯誤

〔事例5〕 Aは，Bを溺死させるつもりでBを橋から突き落としたのだが，実際には，Bは落ちる途中で橋脚に頭をぶつけて頭蓋骨骨折により死亡した。

〔事例5〕では，AはBを殺そうとして実際に殺しているのですが，意図した因果経過と現実の因果経過に食い違いがある場合に，この食い違いを錯誤として考慮できるかが問題になります。重要な錯誤か否かは相当因果関係の枠内にあるかどうかの判断に帰着し，因果関係の錯誤は反対動機の形成可能性に

とって重要ではないとして、これを一切考慮しないとする見解や（前田・前掲書305頁）、相当因果関係（または、客観的帰属）が認められれば、これを主観に反映させることは不要であるとする見解（山中・前掲書329頁以下）が有力です。

　(b)　抽象的事実の錯誤　　行為者が行おうとした犯罪と現実に生じた事態とが異なる構成要件に関係する場合を抽象的事実の錯誤といいます。

　〔事例6〕　Aは、Bの飼い犬を殺そうとして、黒い影に向けてピストルを撃ったが、その影はBその人であり、Bは死亡した（器物損壊罪の故意で、客観的には殺人を実現した場合）。

　〔事例7〕　Aは、殺人の故意でBの人影に向かってピストルを撃ったつもりが、その影はBの飼い犬であり、犬が死んでしまった（殺人罪の故意で、客観的には器物損壊を実現した場合）。

　刑法38条2項は、「重い罪に当たるべき行為をしたのに、行為の時にその重い罪に当たることとなる事実を知らなかった者は、その重い罪によって処断することはできない」とのみ定めています。つまり、〔事例6〕のような場合に、殺人罪で処断することはできないというのが法律の規定であり、その他の処理は解釈に委ねられることになります。

　抽象的事実の錯誤では、抽象的符合説が有力に唱えられていました。抽象的符合説は、故意を犯罪的意思として抽象化し、量的な概念としてのみ把握します。「犯罪」を行う意思で行為を行い、「犯罪」事実を実現したとして、少なくとも軽い罪の故意犯を認めようとします。これは、かつては主観主義刑法学の立場から主張されていたものであり、また故意は構成要件に関連したものだという理解が一般化したこともあり、抽象的符合説の支持者はほとんどいなくなっています。

　通説である法定的符合説は、構成要件的に符合しない場合には故意の阻却を認めます。事例の場合に器物損壊の故意と殺人の故意はまったく質的に違うものですから、それぞれの転用は認めないのです。したがって、〔事例6〕では、Bに対する過失致死罪および器物損壊未遂（不可罰）が成立し、〔事例7〕では、過失器物損壊（不可罰）とBの生命に危険が生じていれば殺人未遂罪が成立することになります。

　法定的符合説の立場からは、「構成要件の実質的な重なり合い」が重要とな

ります。現在の議論は、どの限度で重なりあいを認めることができるかに重点がおかれています。たとえば、199条の殺人罪と202条の同意殺人罪の間には重なり合いを認めることができるでしょうから、殺人の故意で、客観的には同意殺人を行った場合や、逆に同意殺人の故意で、殺人罪を実現した場合には、軽い罪である同意殺人の限度で構成要件的に重なり合い、同意殺人の成立を認めることができます。判例では、実質的な重なり合いを緩やかに認めており、覚せい剤を麻薬であると誤信して所持したという、麻薬所持罪（7年以下の懲役）を犯す意思で、重い覚せい剤所持罪（10年以下の懲役）を行った事案で、両罪はそれぞれ別個の法律に定められているにもかかわらず、裁判所は両罪の間に「実質的な重なり合い」を認め、軽い麻薬所持罪の故意が認められ、同罪が成立するものとしました（最決昭61・6・9判時1198号157頁）。

(2) 違法性の意識とその錯誤

(a) 意義 犯罪事実を十分に認識しながら、その行為が違法であることを行為者が知らずにそれを行った場合があります。実際の判例にも、たとえば、関東大震災のときに暴利を取り締まる勅令が公布施行されていたのに、災害のため交通も通信も途絶えてしまったためにそのことを知らず、したがって自分の行為が違法だとは知らずに、定められた価格以上で物品を売ってしまったような場合（大判大13・8・5刑集3巻611頁　法の不知）や、泥棒を捕まえることは適法な現行犯逮捕だということから、まだ窃盗を行う前に窃盗のための道具をもって付近をうろついていたにすぎない者を逮捕した場合（法的には窃盗予備は不可罰であり、現行犯逮捕にはならない。東京高判昭27・12・26高刑集5巻13号2645頁　あてはめの錯誤）があります。

古い判例は、違法性の意識は犯罪の成立にとって重要ではなく、これを不要としてきました（たとえば、大判大13・8・5刑集3巻611頁、最判昭25・11・28刑集4巻12号2463頁）。しかし、行為者が自分の行為を許された行為だと思い、反対動機を形成する可能性もなく行為を行ったことが非難できない場合もありうるのであり、これを処罰することは責任主義に反しているといえるでしょう。最高裁の判例には、違法性の意識の欠如を理由に無罪判決を出した例はまだありませんが、最近は違法性の意識を問題とするような表現が用いられるようになっています（最決昭62・7・16刑集41巻5号237頁）。

(b) **体系上の位置づけ**　違法性の意識は，故意に含まれる要素かそれとも独立した要素か，違法性の意識それ自体が必要かそれとも違法性を意識する可能性があったことで足りるかについては，以下のように説が分かれます。

(i) **厳格故意説**　違法性の意識は故意の要件であり，違法性の意識が欠ければ故意犯は成立しないとする説がこれです。犯罪事実を認識し，違法性の意識が生じたからこそ反対動機を形成することが可能となるのであって，反対動機にもかかわらずあえて犯罪を行ったことに故意犯の重い非難が向けられるというのです。したがって，違法性の意識があったときが故意犯，それ以外が過失犯だというように，違法性の意識は故意犯と過失犯を区別する基準となるのであり，違法性の現実の意識が必要とされます。

　この説は，それ自体は明快で説得的ではあるのですが，軽率に違法性の意識を欠いた場合，たとえば，サンダル履きで運転することは違法だということを知らなかったという言い訳によって，そのような運転を故意犯として処罰できなくなるという難点があります。

(ii) **制限故意説**　以上の難点を回避するために，違法性を意識することが可能であったのに意識しなかった場合，すなわち違法性の意識の可能性があった場合を故意犯として扱うという説です。しかし，この説に対しては，「可能だった」から「故意がある」とするのはおかしいという批判があります。

(iii) **責任説**　故意（犯罪事実の認識）と違法性の意識とは区別することが可能であり，両者は別個の要素として，とくに違法性の意識は独立に責任要素として位置づけられます。責任説では，違法性の意識そのものは必要ではなく，違法性の意識の可能性があれば非難可能であると考えます。責任説は，「違法性の意識をもつことができ，もつべきだったのに，自らの行為が違法であることを認識しなかった」ということも，非難の内容としますので，違法性の錯誤についての回避可能性を問題とするのです。責任説は，さらに誤想防衛（⇒(3)）の処理の仕方により，厳格責任説と制限責任説に分かれます。

(c) **「違法性」の内容**　違法性の意識でいう「違法性」とはどのような内容の違法性なのでしょうか。違法性の意識とは，①前法律的規範に違反することの認識であると解する説があります。つまり，法律以前の規範，たとえば，条理や国民的道義に反するものであるとの意識があれば，違法性の意識がある

ということになります。②法律違反ないし実定法違反の認識であるとする説は、たとえば、民法には違反しているが、刑法には違反していないと思ったという心理状態の場合にでも、（刑法上の）違法性の意識があると考えます。①の説および②の説に対しては、刑法以外の規範違反の認識をもって、刑事責任を基礎づけることはできないという批判が妥当するでしょう。

そこで、違法性の意識を③刑法違反の認識と考える説と④処罰されることの認識すなわち可罰的刑法違反の認識が必要であるとする説が主張されています。たとえば、他人の家庭菜園からきゅうり一本を盗むのは、窃盗罪には該当することは知っていたが、このような軽微な客体を盗んでも可罰的違法性がなく実際に処罰されることはないと思った場合や、従来の判例を信じて自分の行為は適法だと信じて行為を行ったところ、裁判では判例変更がなされて、その行為は違法だと解釈が変えられることになったような場合に、とくにいずれも錯誤に陥ってもやむを得なかったと考えられるのであれば、③説と④説の間で結論の違いが出てきます。

(d) **違法性の錯誤および錯誤の回避可能性**　自らの行為の違法性について錯誤がある場合は、どのように取り扱われるべきでしょうか。

〔事例8〕　被告人は、自分が行おうとしている行為が刑法違反になるかどうかを弁護士に相談した。弁護士は、それは処罰の対象になるはずがないと回答したために、被告人は安心してその行為を行った。しかし、それは弁護士自身の見解であり、裁判所は、その行為は違法だと判断した。

厳格故意説が違法性の意識そのものを必要とする説であるのに対して、制限故意説および責任説は、その可能性があれば足りるとします。すなわち、違法性の錯誤が回避しえたかどうかを問題とし、違法性についての誤信が回避できないものである場合には行為者を非難することができず、責任が阻却されます。したがって、〔事例8〕について、厳格故意説からは、故意が阻却され、過失犯処罰規定と行為者の過失がある限りで過失犯が成立することになります。制限故意説および責任説は、違法性の意識を欠くことが回避できたかどうかを問題とします。錯誤が回避できなかったことに「相当な理由」がある場合には、違法性の意識がないとして（制限故意説の場合には）故意または（責任説の場合には）責任が阻却されます。その判断は、具体的事例に即して行われますが、

一般に〔事例8〕のように，法曹資格をもつにせよ，弁護士のような私人の見解を盲信したような場合には，錯誤について相当な理由があったとはいえないと考えられます。

（3） 誤想防衛（正当化事情の事実的前提に関する錯誤）

〔事例9〕 Aは，夜道で強盗が襲ってきたものだと思って自分の身を守るため，強盗だと思ったBを殴り倒した。しかし，後になって，Bは強盗ではなく，単なる人相の悪い通行人だった。

誤想防衛とは，客観的には存在しない正当防衛状況をこれが存在するものと誤信して，自らは正当防衛のつもりで相手を攻撃した場合をいいます。これが，事実の錯誤か違法性の錯誤かが，まず問題となります。

(a) **違法性の錯誤と解する立場**　上述の責任説の内部で，厳格責任説は，故意を構成要件事実の認識と解することから，違法性に属する正当防衛状況は故意の認識対象ではなく，これに関する誤信は違法性の錯誤であるとします（したがって，直ちに故意を阻却するのではなく，錯誤の回避可能性が問題となります）。構成要件事実の認識（〔事例9〕でいえば，Bに暴行を加えるという故意）があれば，規範の問題に直面するのであり，行為者はその行為が許されるかどうかを慎重に検討すべきだというのです。

(b) **事実の錯誤と解する立場**　この説によれば，正当防衛状況は，評価の問題ではなく，事実に関する問題であるから，これを事実の錯誤と解すべきであり，誤想防衛については，錯誤の回避可能性を問題とすることなく，故意を阻却し，過失犯処罰規定がある限りで過失犯が成立します。(a)の説が主張するように，行為者が規範の問題に直面しているかについては，自らの行為が正当防衛であり許されていると誤信している行為者にとって，違法性の意識を喚起することはできないとして，行為者にはいまだ規範の問題は与えられていないというのです。

結局，通説判例は，誤想防衛の場合には，刑法38条1項にいう「罪を犯す意思」がないと考え，故意がないと考えるのです。しかし，さらにこの説の内部で，誤想防衛の処理の仕方については，①正当化事情も構成要件に含まれるという立場（消極的構成要件要素の理論）から，構成要件的故意が阻却されるとす

る説，②責任故意が阻却するとする説（制限責任説），③構成要件的故意は存在するが，責任または責任故意を阻却すると考える説（独自の錯誤説）に分かれます。

6 過失とは

（1） 過失の意義

　刑法上の過失とは，構成要件的結果を引き起こす原因となった不注意のことをいいます。単に，「故意がないこと」という意味ではなく，注意義務を尽くしても結果の発生を回避することができなかったとき，すなわち，無過失のときには結果の発生は行為者の責任とは無関係な不可抗力なのですから，過失犯は故意とも無過失とも区別されなければならないのです。

　「故意犯処罰の原則」により，過失犯は，過失致死罪や失火罪のような特別の過失犯処罰規定がある場合にのみ処罰されます。判例は，特別の規定がなくとも，「取締る事柄の本質に鑑み」規定の趣旨から過失犯を処罰する必要がある場合には，過失犯の成立を妨げるものではないとしています（最決昭28・3・5刑集7巻3号506頁）。しかし，学説上は，過失犯処罰規定が必要であるのにそれを定めなかったというのは，立法府の過誤であり，新たな立法という形で容易に手当てができるのですから，解釈という手法で裁判所が取締りの実効性を救済するのは，罪刑法定主義の観点から許されないとする否定説が多数説となっています。

（2） 過失の種類

　通説によれば，過失には「認識ある過失」と「認識なき過失」とがあることについてはすでに述べました（⇒第11章4（3））。

　現行刑法では，さらに，単純過失の他の犯罪類型として，業務上過失や重過失を特に定めた規定があります。例えば，刑法211条は，業務上過失致死傷および重過失致死傷罪を定めておりますが，過失致死罪の法定刑が50万円以下の罰金であるのに対して，業務上過失または重過失の場合の法定刑は，5年以下の懲役もしくは禁錮または50万円の罰金と格段に重くなります。業務者という身分が備わったときに業務上過失致死罪が適用されます。同罪における業務と

は，社会生活上の地位に基づいて反復継続して行われる行為であって，人の生命や身体に危険を及ぼすおそれのあるもののことをいいます。職業であることも，それにより収入を得るということも要件ではありませんし，反復継続する意思があれば，現実には初回の行為だったとしても業務性が肯定されます。そして，重過失とは，注意義務違反の程度が大きい過失のことです。なお，悪質な交通事犯を厳罰化するために平成13年に新設された危険運転致死傷罪（208条の2）ですと，これはアルコールまたは薬物の影響により正常な運転ができないことについては認識が必要ですから，実は純然たる過失犯とは異なる性質をもつ犯罪ですが，その法定刑は，人を負傷させたときには10年以下の懲役，死亡させたときは1年以上（15年以下）の懲役とさらに重いものとなっています。

　その他に，故意犯と過失犯の複合的形態の犯罪類型として，結果的加重犯があります。この例としては，傷害致死罪（205条）がよく挙げられます。傷害の故意をもって相手を殴ったところ，思いがけず打ち所が悪くて死なせてしまったというような場合です。基本犯は傷害罪という故意犯ですが，基本犯から重い結果が生じたときには重い刑罰が科せられます。判例は，この過剰結果について過失は不要であるとしています。しかし，これは犯罪の成立に故意・過失が必要であるとする責任主義とは調和しないのであり，過剰結果についても少なくとも過失を必要とすべきでしょう。

（3）　過失犯の構造

　過失犯はなぜ処罰することができるのでしょうか。過失の体系的な位置づけは，故意の場合と同様の議論がありますが，過失犯の場合には，単なる位置づけの問題を超えて，過失犯の処罰根拠である注意義務違反の内容も異なってくることになります。

　(a)　旧過失論　伝統的な考え方によれば，構成要件・違法性の段階では，過失行為は法益侵害行為として，故意犯と区別することはできませんが，故意・過失は責任に属し，行為者の内心の問題として，故意犯は結果の発生を認識していたのに犯罪行為を行ったことに対する非難可能性であり，他方，過失犯は結果の発生を予見すべきだったのに，予見することなく結果を発生させたことに対する非難可能性であるとします。結果の発生を予見していれば，行為

に出ないという反対動機を形成することができたのに，それを怠って結果を発生させたことに対する非難なのです。これは，過失犯の構造を，予見可能性を中核として構成する考え方です。

(b) **新過失論**　昭和30年代に入り，自動車の普及に伴い交通事故の件数も劇的に増大したということを社会的な背景とし，旧過失論では，被害者の死傷についての予見可能性は非常に広く肯定されることとなってしまい，過失が否定される場合がなくなってしまうと批判して，過失犯成立の範囲を適正に限定しようとする問題意識から，新しい過失構造論が主張されるようになりました。

新過失論によれば，予見可能性とは広がりをもつもので，つねにそれがあるともいえるのであって，この概念を用いて，過失犯の成立範囲を適切に限定することはできないとして旧過失論を批判し，過失犯の実行行為を故意犯のそれとはまったく別個のものとして把握します。すなわち，過失の内容は，予見可能性ではなく，社会生活上課されている注意義務を守ることなく結果を発生させたこと，つまり，結果回避義務に違反したことにあるとするのです。結果回避義務は，社会における一般人に課されるものであり，義務違反である過失行為は，違法要素となります。

現在では，旧過失論も新過失論も予見可能性の程度については，具体的でなければならないとしています（具体的予見可能性）。旧過失論からは，予見可能性を如何に具体化するかで直接的に処罰範囲が定まってきます。そして，新過失論からも具体的な結果回避措置を特定するために予見可能性は具体的なものでなければならないのです。かつては，予見可能性は，結果発生の危惧感（不安感）で足りるとする危惧感説（新新過失論）に立脚する判例（いわゆる森永ドライミルク事件徳島地判昭48・11・28判時721号7頁）および学説がありましたが，過失犯の成立範囲をあまりに広く認めすぎることになり，適切な処罰範囲の限定ができないものと考えられています。

(c) **信頼の原則**　行為者が行為を行うにあたり，被害者または第三者が適切な行動に出ることを信頼することができるのであり，その信頼に反してそれらの者が不適切な行動をとったために結果が発生したとしても行為者が責任を負うことはないとする原則を信頼の原則といいます。車を運転しているときには，歩行者が信号を守るということを信頼して適切な行動をとればよいので

あって，運転手は歩行者が信号を守らないことを想定して減速したり，クラクションをならしたりしなくてもよいのです。仮に，歩行者が赤信号なのに車の前に飛び出して，大怪我をしたとしても，信頼の原則により，過失がないと判断されることもあるのです。

過失構造論における信頼の原則の位置づけとして，旧過失論は，予見可能性を限定するものとして，信頼の原則に独立した地位を与えるのではなく，予見可能性判断に解消するのですが，新過失論では，信頼の原則は予見可能性とは別の問題であり，注意義務を軽減するものとして考慮されるという違いがあります。

(4) 管理・監督過失

最近，病院，ホテル，デパートなどの大規模火災で多数の死傷者を出したり，有害な食品や薬品などで多数の被害者を出したりするなどの事案において，法益侵害に直結する不適切な行為を行った現場の従業員だけでなく，たとえば，防火設備を整えていない，従業員に適切な指示を与えていなかったなどの不作為を理由として，それらに権限をもつ管理者や監督者の過失責任を問うという判例が相次いで出されました（最決平2・11・16刑集44巻8号744頁，最決平2・11・29刑集44巻8号871頁，最判平3・11・14刑集45巻8号221頁，最決平5・11・25刑集9号242頁など）。

たとえば，スプリンクラーを自らが経営するホテルに設置しなかった経営者は，いったん大規模火災が起きて多数の死傷者が出た場合に，刑事責任を負うことになるのでしょうか。管理・監督過失は，処罰拡大のための特別な法理なのではなく，過失犯成立の一領域に過ぎず，過失犯の一般的成立要件に従って，処罰しうるかどうかが検討されるのですが，判例では，消防法などの行政取締規則違反をもって容易に結果回避義務を肯定する傾向があることが指摘されています。とりわけ具体的予見可能性をめぐっては問題が多く，そもそも予見の対象として，具体的な被害者の死傷結果なのか，それとも，火事が起こるという結果に至るまでの中間項の予見可能性なのか，多数の人が出入りする場所で火災が起こるという程度の予見可能性で足りると考えるべきなのかどうかなど，過失犯の基本にかかわる問題が考察されなければなりません。

第12章 ■未　　遂

1　未遂とは

(1)　未遂を処罰することの意義

　刑法各則に規定されている個々の犯罪類型をみると，犯罪が成立するためには，通常，「人を殺した（殺人罪）」，「他人の財物を盗んだ（窃盗罪）」というように，実行行為により特定の結果が発生して犯罪が完成するに至った（こうした場合を「既遂（犯）」といいます）ことが必要とされています。こうした観点からは，刑法は既遂犯の処罰を原則としていることがわかるでしょう。しかし，刑法が守ろうとしている法益を手厚く保護しようとするなら，こうした既遂の場合のみを処罰するのでは充分とはいえません。たとえば，ピストルで人を殺そうと思って発砲したが弾丸が当たらなかった場合や，まさに発砲しようと引き金を引こうとしたところで行為者が取り押さえられた場合，狙われた人は生命の危険を感じるはずです。それだけでなく，相手を殺そうと心臓を狙って発砲したところ，被害者が動いたため弾丸がたまたま腕に当たった場合のように，既遂になるかどうかは偶然の事情により左右されることも少なくありません。こうした場合，刑法が既遂犯の処罰を原則としているからといって，既遂に至った場合のみを処罰し，たまたま既遂の結果が発生しなかった場合を不問に付すというのでは，一般常識からみても納得のいく結論とはいえず，不合理に感じられるはずです。人の生命という法益の重要性からすれば，実際に人が殺された場合（既遂）だけでなく，その危険が発生した場合，すなわち，実行行為は開始されたが既遂に至らなかった場合（未遂〔犯〕）をも処罰の対象としなければ不充分ですし，場合によっては，実行以前の準備段階の行為（予備・陰謀）をも処罰する必要があるといえるでしょう。

　こうした観点から，刑法は，既遂犯の処罰を原則としつつも，人の生命など

一定の重要な法益を侵害する行為については、「未遂」や「予備・陰謀」といった既遂以前の段階でも処罰されうることをみとめています。では、本章のテーマである「未遂」とは、いったいどのような場合に成立し、「既遂」や「予備・陰謀」と、それぞれどのように区別されるのでしょうか。この点につき、まず未遂に関する刑法43条の規定から見てみることにしましょう。

(2) 未遂犯の成立要件

刑法43条本文によれば、未遂とは、「犯罪の実行に着手してこれを遂げなかった」場合（すなわち、犯罪の実行行為は開始されたが既遂に至らなかった場合）をいい、①犯罪の「実行の着手」があったことと、②犯罪を「遂げなかった」こと、すなわち、（結果の発生による）犯罪の完成に至らなかったこと、の2つがその成立要件とされています。これによれば、未遂は、②の「犯罪が未完成に終わった」という点で既遂と区別されるとともに、①の「実行の着手」があるという点で、それ以前の準備段階である予備・陰謀と区別されることになります。別の言い方をすれば、①の「実行の着手」という要件は、未遂と予備・陰謀を区別する役割を果たすと同時に、他方では、行為が未遂として処罰される開始時点を示す基準にもなるわけです。

これらのうち、②の要件である犯罪の未完成（結果の不発生）という点は、比較的容易に判断できますが、①の「実行の着手」をどう理解するかは解釈に委ねられており、具体的事件で「実行の着手」の有無を判断する際には見解が分かれることも少なくありません。また、準備段階の行為にすぎない予備・陰謀を処罰する犯罪はごく少数であり、多くの犯罪は未遂以降の段階ではじめて処罰されるため、実行の着手の有無は、しばしば行為が処罰されるかどうかを左右する重要なポイントとなります。こうしたことから、「実行の着手」とは何かという点は、学説上も激しく争われており、未遂犯を論ずるうえで中心的な論点となっていることに注意すべきでしょう（3参照）。

予備・陰謀は、上述したように、実行の着手以前の行為である点で未遂と区別されます。陰謀とは、2人以上の者が一定の犯罪の実行を相談し合意に達することをいい、まだ心理的な準備行為にとどまることから、ごく例外的に、とくに重大な犯罪に限って処罰されるにすぎません（78条、88条、93条、破壊活動防止法39条、40条参照）。これに対して、予備とは、犯行に用いる道具や凶器を

準備したり，犯行現場の下見をするなど，実行の着手以前の物理的な準備行為をいい，刑法は，殺人や強盗，放火など，とくに重大な犯罪についてのみ予備を罰しています（78条，88条，93条，113条，153条，201条，228条の3，237条）。もっとも，準備行為といっても，たとえば工具や刃物を購入する場合のように，実際には，犯罪の準備行為なのか日常的で無害な行為なのかを見分けることが外見上困難なことも少なくありません。そのため刑法は，予備・陰謀を「目的犯」として規定しており，特定の犯罪の実現を目的とする場合に限って処罰することとしています（201条等参照）。

このように，予備・陰謀は，未遂以前の結果発生の危険性が低い行為であるため，ごく限られた場合にしか処罰されないことがわかるでしょう。同様に，刑法は，未遂の処罰についても例外的に個別の規定がある場合に限ると定めていますが（44条参照），実際にはその数はかなり多く，主な犯罪についてはほとんど未遂を処罰する規定がおかれていることに注意してください。

（3）未遂犯の類型とその処罰

未遂はまた，いくつかの類型に区別することができます。まず，行為が未遂にとどまったことが自己の意思によるものかどうかという観点からは，「中止未遂（中止犯）」と「障害未遂」の2つが区別されます。中止未遂とは，自己の意思により犯罪を中止した場合（43条ただし書）をいうのに対して，それ以外の通常の未遂は障害未遂とよばれ，自己の意思によらない何らかの事情が障害となって行為が未遂に終わった場合をすべて含みます。中止未遂は，自己の意思で犯罪結果の発生を阻止した点を考慮して，刑が必ず減軽または免除されるという有利な扱いを受けますが（「その刑を減軽し，又は免除する」〔43条ただし書〕），そうした事情のない障害未遂は，刑が減軽される可能性があるにすぎません（「その刑を減軽することができる」〔43条本文〕）。

つぎに，実行行為それ自体が終了しているかどうかという観点からは，「着手未遂」と「実行未遂」の2つが区別されます。たとえば，XがピストルでYを殺そうとしたが未遂に終わったという例を考えてみると，XがYに狙いを定め，引き金に手をかけたものの引かずに終わった場合のように，実行行為（上記の例ではピストルの発砲）それ自体が終了していない場合が「着手未遂」であり，Xがピストルを撃ったが弾丸はYに当たらず，あるいは当たったがYが死

亡しなかった場合のように，実行行為が終了している場合は「実行未遂」と呼ばれます（Xが殺人の故意をもって発砲している以上，Yが死なずに傷害を負った場合であっても，傷害罪ではなく殺人未遂罪となることに注意してください）。着手未遂と実行未遂の区別は，中止未遂と障害未遂の区別のように法的効果の違いを生むわけではありませんが，後で述べるように，中止未遂の成否を論ずるうえでは重要な意味をもちます。

（4） 犯罪実現のプロセスと未遂

　以上のような未遂，既遂，予備・陰謀の区別を，犯罪の実現プロセスという観点からながめると，下の図のように，行為者が犯行を決意してから，犯罪実現に向けた準備をし，次いで犯罪の実行に着手して，実行行為を終了し，既遂の結果を発生（犯罪を完成）させるという，一連の流れを考えることができます。

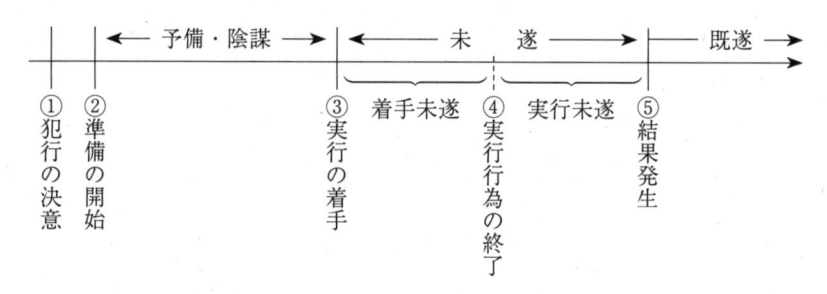

```
         ←―― 予備・陰謀 ――→ ←―― 未　　遂 ――→ ←― 既遂 →
    ┃       ┃            ┃         ┊          ┃
    ①       ②            ③         ④          ⑤
    犯       準            実         実          結
    行       備            行         行          果
    の       の            の         行          発
    決       開            着         為          生
    意       始            手         の
                                     終
                                     了
                            ←着手未遂→ ←実行未遂→
```

　まず，①の犯行の決意ですが，「何人も，思想のゆえに罰せられることはない」という近代刑法の基本原則がある以上，犯罪の実行の決意それ自体が罰せられることはなく，心理的な準備行為は上述したように②の陰謀の段階ではじめて，それもごく例外的に処罰されるにすぎません。②の段階で物理的な準備行為がなされれば，それが予備として処罰されることがあるのも，すでにみたとおりです（実際の事件では，予備・陰謀がなされない場合も多くみられます）。これに対して，③のようにいったん実行の着手がなされると，そこからは未遂として処罰される可能性が生じます（その場合，それ以前の予備・陰謀は独立に処罰されず，未遂罪に吸収されます）。着手未遂と実行未遂については，それぞれ時間的な幅がありうることにも注意してください（たとえば，殺人の目的で時限爆弾をセットする場合には，実行行為〔＝時限爆弾のセット〕の終了〔④〕後，

結果の発生まで時間があり、爆弾が爆発するまでは実行未遂となる可能性があります）。そして、⑤のように最終的に結果が発生すると、そこで犯罪は完成し、既遂として扱われることになるのです。

2 未遂犯の処罰根拠は何か

ところで、未遂犯はなぜ処罰されるのでしょうか。未遂犯を処罰することの意義については、本章の冒頭でも少しふれましたが、ここではより実質的に、既遂の結果が発生していないにもかかわらず、未遂犯がなぜ処罰されるのかという点を考えてみましょう。未遂犯は、主観的には犯罪の完成を意図しつつも、客観的には犯罪が未完成に終わった場合ですから、主観と客観のいずれを重視するかにより、未遂処罰の範囲と、未遂を既遂よりも軽く処罰すべきかという点につき、基本的な立場が大きく分かれることになります。この点をめぐっては、①犯罪の主観面を重視する考え方（主観的未遂論）と、②客観面を重視する考え方（客観的未遂論）の２つが対立しています。

①の考え方は、刑法の任務は何か、犯罪とは何かという問題に関する主観主義の犯罪論を前提に、犯罪を行う行為者の意思・性格の危険性に着目し、未遂犯では行為者のそうした危険な犯罪的意思・性格が実行行為にあらわれているから、社会防衛のために処罰する必要があるとします。この立場からは、外部にあらわれた行為者の行為は、意思や性格の危険性をあらわすものである点に意味がみとめられるにすぎず、結果が生じたか否かという点は決定的な意味をもたないことになります（未遂犯も既遂犯と同様に犯罪の完成を主観的には意図しており、犯罪の主観面に着目すれば、既遂犯と区別する理由はないと説明されます）。そして、未遂も既遂も意思・性格の危険性をあらわしている点では同等であるとして、すべての犯罪について未遂は既遂と同等に処罰されるべきだと考えるのです。しかし、この考え方が前提とする主観主義の立場は、犯罪の成立範囲を不当に拡大する恐れがあるため今日では支持されておらず、また未遂犯の成否について主観面を重視すると、後述するように実行の着手時期が不当に早くなりすぎるという問題があるため、通説は①の主観的未遂論の考え方を否定し、②の客観的未遂論の考え方をとっています。

②のような客観主義的な考え方を徹底させるならば、既遂の結果が発生していない場合である未遂犯の処罰は例外的にしかみとめられず、刑を必ず減軽すべきだということになります。この点につき現行刑法をみると、「未遂を罰する場合は、各本条で定める」（44条）として未遂処罰を例外的なものとしつつも、刑の減軽は裁量的なものとしており（43条本文）、未遂と既遂を同等に処罰する可能性を残していることから、折衷的な立場をとっているものといえるでしょう。

客観主義の犯罪論を前提とする上記②の客観的未遂論の考え方からは、行為者の意思や性格といった主観面ではなく、（既遂の）結果が発生する客観的な危険性という客観面が重視されるべきであり、未遂犯はこうした結果発生の危険性をもっているから処罰されるのだと説明されることになります。ただし、この「結果発生の危険性」のとらえ方については、②の考え方の内部でも立場が分かれており、未遂「行為」自体が一般的にもっている危険性として「行為」を基準に判断し、一般人・通常人の基準からみて危険な行為であることを重視する見解（違法性の本質に関する「行為無価値論」と結びつく立場です）と、未遂犯の「結果」として法益を侵害する切迫した危険が発生したかどうかという面を重視する見解（上記とは逆に、「結果無価値論」と結びつく立場です）の対立がみられます。

以上のような基本的な考え方の違いは、未遂犯をめぐる議論の全体に影響を及ぼしますが、とりわけ「実行の着手」や「不能犯」といった問題に関しては、立場の相違がきわめて鮮明にあらわれることになります。そこで以下では、これらのうち、まず、実行の着手をめぐる議論からみていくことにしましょう。

3　実行の着手とは

（1）　実行の着手についての基本的な考え方

未遂犯の最も重要な成立要件である「実行の着手」についても、先にみた未遂犯の処罰根拠についての考え方の相違に対応して、主観説と客観説という2つの異なるとらえ方が存在します。

かつて有力に唱えられていた、未遂犯の処罰根拠に関する主観的未遂論の立

場からは，行為者の危険な意思・性格が行為に表現され，その存在が外部からはっきりと認識できるに至れば実行の着手があるとする「主観説」が主張されます。すなわち，ここでは行為者の危険な意思・性格が未遂犯の処罰根拠とされ，「犯意の成立がその遂行的行為によって確定的にみとめられるとき」，あるいは，「行為者の犯罪的意思の存在が外部的行為によって確実に識別せられ得る状態に達したとき」に，実行の着手があるとするのです。しかしながら，すでに述べたように，この立場が前提とする主観主義の犯罪論それ自体が今日では支持されていないうえ，主観説をとった場合には，実行の着手が不当に早くみとめられ，未遂犯の成立範囲がひろがりすぎるとの疑問が提起されています。たとえば，行為者が他人の住居に侵入して現金を盗もうとした場合，主観説によれば，住居侵入の行為に窃盗の犯意が確定的にあらわれているとして，住居に侵入する時点ですでに窃盗罪についても実行の着手がみとめられる（したがって，この時点から行為は窃盗について未遂となる）可能性があります。同様に，放火の目的でガソリンやマッチなどを購入した場合には，購入という外部的行為自体に犯意がすでにあらわれているため，その時点で放火罪の実行の着手がみとめられることになるでしょう。けれども，住居に侵入した時点で窃盗未遂，ガソリンやマッチを購入しただけで放火未遂というのは，常識的にみても実行の着手を早くみとめすぎでしょうし，後者の例では，明らかに準備段階の行為（予備）にすぎないものが未遂とされる点でも疑問が残るように思われます。こうしたことから，主観説は今日では一般に否定され，未遂犯の処罰根拠に関する客観的未遂論の立場から，結果発生の客観的危険に着目して実行の着手を論じようとする「客観説」が，学説上ひろく支持されるに至っています。

　もっとも，ひとくちに客観説といっても，そこにはさまざまな内容のものがあることに注意しなければなりません。とりわけ重要なのは，結果発生の危険性を客観的にどう判断するかという点につき，これを形式的にとらえる「形式的客観説」と，実質的にとらえようとする「実質的客観説」という２つの立場の対立です。そして以下でみるように，この両説の対立は，個々の具体的な事案の解決に際して，重要な結論の相違となってあらわれるのです（次節参照）。

　なお，実行の着手については，主観説から出発しつつ，客観説的な要素も取り入れようとする折衷的見解として，行為者の「全体的企図」からみて保護客

体を直接危険にさらす行為のなかに犯意が明確にあらわれたときに実行の着手があるとする考え方（「主観的客観説」と呼ばれることがあります）も主張されています。しかし，結果発生の危険をもつ行為のなかに犯意が明確にあらわれたかどうかに着目する点で，この説には主観説と同様の問題があると思われますし，危険性判断の基礎として行為者の「全体的企図」（犯罪計画の全体）というあいまいな主観的要素を重視すると，危険性判断がきわめて不明確になり，客観的な結果発生の危険性がまだ低いにもかかわらず未遂犯の成立がみとめられてしまうとの疑問も提起されています。そのため，こうした考え方はひろく支持されるには至っていません。

（2） 形式的客観説と実質的客観説

実行の着手についてひろく支持されている客観説には，上述したように，「形式的客観説」と「実質的客観説」という2つの立場が存在します。かつては形式的客観説が通説でしたが，最近では実質的客観説が有力になっています。

形式的客観説は，犯罪構成要件を判断の基準とし，構成要件に該当する行為（あるいはその少なくとも一部分）が行われたことを「実行の着手」とみる見解です。これに対し，実質的客観説は，具体的な法益侵害の危険性を判断の基準とし，結果発生の切迫した危険が発生した時点で「実行の着手」があると考えます。両説の対立を別の形で表現すれば，形式的客観説が，未遂犯の処罰に必要な結果発生の危険を，構成要件という枠で形式的・抽象的に判断するアプローチであるのに対して，実質的客観説は，切迫した具体的な危険の発生を重視するアプローチであるといえるでしょう。

上述のように，形式的客観説からは，構成要件に該当する行為の少なくとも一部分が行われたことが「実行の着手」には必要であるとされます。したがって，こうした立場を厳格に徹底させるならば，窃盗未遂の成立には，何か盗む物はないかと物色したり，財物に近づいたりするだけでは足りず，「他人の財物を窃取」する行為の少なくとも一部分，たとえば，実際に財物を取る行為をするか，少なくとも財物に手を触れなければ実行の着手はなく，銃で人を殺そうとする殺人未遂の場合にも，銃の引き金を実際にひいたのでなければ「人を殺」す行為の一部分がなされたとはいえず，被害者に向かって銃の狙いを定めただけでは実行の着手があったとはいえないことになります。しかし，このよ

うに考えるならば，実行の着手が肯定される時点がかなり遅くなるため未遂犯がなかなか成立せず，法益保護の観点からは不都合な場合が生じうることも否定できないでしょう。そしてまさにこうした点が，学説上も批判の対象とされたのでした。そこで，形式的客観説の論者も「実行の着手」の基準を緩和し，「それじたいが構成要件的特徴を示さなくても，全体としてみて定型的に構成要件の内容をなすと解される行為」があれば足りる（団藤重光・刑法綱要総論〔第三版〕355頁注四）として，構成要件該当行為と直接関連する，あるいはそれに密接する行為があれば「実行の着手」をみとめてよいとするに至っています。そしてこのことは，とりもなおさず，個々具体的な考察を抜きに結果発生の危険を論ずることはできず，実質的観点が必要不可欠であることを示すものともいえるでしょう。そこで登場するのが，「実質的客観説」です。

　実質的客観説は，未遂犯の処罰根拠を，結果発生（法益侵害）の具体的で切迫した危険に求め，そうした危険の発生をもって「実行の着手」ありと考えます。実質的客観説によれば，未遂犯を処罰するのは，その行為が結果発生の具体的危険性を有しているからであり，「この危険性とは，行為者の性格の（主観的な）危険性ではなく，行為の持つ法益侵害の客観的な危険性である。未遂犯は抽象的危険犯ではなく具体的危険犯である。その危険が，切迫したものであるところに，未遂が予備から区別される実質的な理由がある」とされます（平野龍一・刑法総論Ⅱ313頁）。そして，判例が，この「切迫した危険」を明確に限定するために，「構成要件に該当する行為またはこれに接着した行為」であることを要件としているのは妥当であり（同・前掲書314頁），「構成要件の要素をなす行為あるいはこれに接着する行為で，結果発生の切迫した危険のある行為」がなされてはじめて「実行の着手」がみとめられると考えるのです（同・刑法概説108頁）。

　こうした「結果発生の切迫した危険」を判断する場合にも，結果発生の現実的危険性を含む行為が開始されただけで足りるか，それとも，行為により結果発生の危険性が一定程度以上に達したことが必要か，あるいは，危険判断の資料として行為者の主観（意思内容）をも考慮するか，等々，判断基準のたて方にはさまざまなものがありえます。そのため，具体的事案の解決に際しては，実質的客観説をとった場合にも結論が分かれる可能性があることに注意しなけ

ればなりません。実質的客観説の内部でとくに争いがあるのは、危険判断において行為者の主観をどこまで考慮するかという点であり、①行為者の犯罪計画をも考慮する見解（犯罪計画全体からみて結果発生の切迫した危険が生じた時点に実行の着手をみとめるもので、「折衷説」と呼ばれることもあります）、②犯罪計画は考慮しないが、行為者の故意は考慮に入れる見解、③行為者の意思内容を考慮しない見解、という3つの説が対立しています。

（3） 判例の態度

わが国の判例は、大審院時代から一貫して、かなり客観的に実行の着手を判断しており、実行の着手に関する基本的な考え方については、主観説ではなく客観説に立脚するものということができます。

古い判例には、構成要件該当行為の少なくとも一部分の実行を要求する厳格な意味での形式的客観説に従い、たとえば放火未遂の成立につき、火を放つ行為の一部である導火材料への点火の有無を基準に実行の着手を論ずるものがみられます（大判大3・10・2刑録20輯1789頁、大判昭7・4・30刑集11巻558頁）。しかし判例は、その後、判断基準を拡張ないし緩和する方向に転じ、①「他人の財物に対する事実上の支配を犯すにつき密接なる行為」を開始すれば窃盗の着手があるといえるから、窃盗の目的で住居に侵入し、金品物色のため、たんすに近寄る行為はこうした「密接なる行為」にあたり、実行の着手があるとし（大判昭9・10・19刑集13巻1473頁）、また、②スリが被害者のズボンの右尻ポケットから現金をすり取ろうとして同ポケットに手を差しのべ、その外側に触れた以上は、窃盗の実行の着手があるとしていますが（最決昭29・5・6刑集8巻5号634頁）、その一方で、③深夜、窃盗目的で二階の雨戸から侵入しただけで、金品を物色せずに終わった場合は窃盗の実行の着手はないとしているのが注目されます（東京高判昭24・12・10高刑集2巻3号292頁）。さらに、④深夜、電器店内に侵入して懐中電灯で店内を照らしたところ、電気器具類が積んであることが判ったが、なるべく金を盗りたいので現金が置いてあると思われる店内煙草売場の方に行きかけたという事実があれば、窃盗の実行の着手をみとめてよいとされ（最決昭40・3・9刑集19巻2号69頁）、放火未遂の成否についても、⑤ガソリンの強い引火性を考慮すると、木造家屋の密閉された室内全体にガソリンをまいた段階で放火の切迫した危険が生じたとみとめられるから実行

の着手があるとされ（横浜地判昭58・7・20判時1108号138頁），同様に，⑥被害者宅玄関前のたたきに灯油を散布した上で，新聞紙等の紙類を左手に持ち，右手で点火したライターをこれに近づけて着火した行為は，放火の具体的危険を発生させる行為の開始と評価できるから，実行の着手にあたるとされています（福岡地判平7・10・12判夕910号242頁）。

　これらの判例は，形式的客観説の判断基準を拡張ないし緩和した立場（拡張された形式的客観説）とみることもできれば，実質的客観説をとったものとみることもできますが，いずれにせよ，そこでは実質的基準が重視されることにより，結果発生の具体的で切迫した危険が認定されていることを確認できるように思われます。たとえば，上記④の判例の場合，財物のありそうな場所の方へ「行きかけた」というだけでは，まだ実行の着手をみとめるには早すぎるという見方もできそうですが，どこに何があるかわからない一般の住居とは異なり，商品や現金等の財物がすぐ目の前にある店舗内で，現金のありそうな煙草売場の方へ行きかけた以上，事態がそのまま進行すれば窃盗の結果が発生する危険はすでに充分にあるといえるはずです。すなわち，法益侵害に対する場所的・時間的な近接性や，占有侵害へ移行することが容易であるといった実質的な観点が，ここでは重要な意味をもつことになるのです。他の判例の事案においても，実行の着手の有無を論ずるに際して，現場の状況や犯行態様などの個々具体的な事実関係が，やはり重要な判断材料となりうることに注意すべきでしょう。

　もっとも，判例のなかには，実行の着手をみとめるのが早すぎるのではないかという疑問が残るものもないわけではありません。たとえば最高裁は，⑦XがYと共謀のうえ，夜間一人で通行中の女性Aを強姦しようと企て，必死に抵抗するAをダンプカーの運転席に引きずり込み，約5,800メートル離れた地点で交互に姦淫した事案につき，運転席に「引きずり込もうとした」段階で強姦罪の実行の着手があるとしています（最決昭45・7・28刑集24巻7号585頁）。ダンプカーが走り出せば脱出は困難となることからすれば，引きずり込み行為を被害者の反抗の抑圧につながる行為ととらえ，実質的に実行の着手ありとみることも，たしかに不可能ではないかもしれません。しかし，Aが姦淫されたのは，引きずり込み行為の直後ではなく，約5,800メートル離れた地点だったこ

とを考えれば，引きずり込んだ時点では強姦の危険が生じたとは即断できず，単に監禁の危険が生じたにすぎないとみることもできるはずです。このように考えれば，引きずり込み行為を強姦罪の手段としての暴行とみることは困難であり，本件で最高裁が強姦罪の実行の着手をみとめたことには疑問の余地があるといえるように思われます。

4 不能犯

(1) 不能犯とは何か

　不能犯とは，結果の発生を意図して行為がなされたものの，その行為は結果を発生させる危険性をもたず，結果の発生が不可能（＝不能）なため，未遂犯として処罰されない行為をいいます。たとえば，その例としては，人を呪い殺そうとする「丑の刻参り」や，砂糖で人を殺そうとする事例などがよく挙げられます。こうした例であれば，一見して危険はないと多くの人が思うでしょうが，人を殺そうとピストルの引き金を引いたところ，たまたま弾丸が入っていなかったため結果が発生しなかった場合や，毛布をかぶりベッドに寝ている人を殺す意図で発砲し，弾丸が命中したものの，後で確かめたら実はベッドは空で誰も寝ていなかったという場合はどうでしょうか。「空のピストルを撃ったり，誰もいないベッドに向け発砲したりしただけだ」という，客観的な事後判断を重視すれば，結果が発生する危険性のない行為といえそうですが，「弾丸が入っているように見える」ピストルを撃ったり，「被害者が寝ているように見える」ベッドに向け発砲したという，行為者ないし一般人を基準とする事前判断を重視すれば，上記のような行為はやはり危険だと感じる人も多いはずです。結果発生の危険性が依然としてみとめられる場合は，不能犯ではなく未遂犯として行為は可罰的となりますから，不能犯と未遂犯をどう区別するかが，ここでの議論のポイントとなるわけです。

　先にもふれたように，こうした不能犯の問題においては，未遂犯の処罰根拠に関する主観主義的な理解と客観主義的な理解との対立が，結論の相違として鮮明にあらわれてきます（上述の空ピストルの事例も，殺人の意図という主観面を重視すれば処罰すべき行為といえそうですが，実害は生じなかったという客観面を

重視すれば、処罰すべき行為ではないと考えることもできます)。そしてこうした対立は、行為無価値論と結果無価値論の対立という、犯罪の本質は何かという問題に関連する議論にもつながっていくことになるのです。

不能犯の問題が論じられる事例にはいくつかの類型がありますが、①客体の不能（上述の空ベッドの事例や、空のポケットに対するスリ行為などのように、客体が存在しなかったため結果が発生しなかった場合)、②方法（手段）の不能（上述の空ピストルの事例や、砂糖を毒薬と間違えた場合などのように、結果を発生させようとした方法や手段に欠陥があった場合)、③主体の不能（非公務員が自分を公務員であると思って賄賂を受け取った場合など、身分犯等の主体が限定されている犯罪につき、その身分や資格が欠ける場合)、という3つに分類されるのが一般的です。議論の対象となるのは、主として客体の不能と方法の不能のケースであり、いかなる基準で未遂犯と不能犯を区別するかが学説上争われています。

（2） 不能犯をめぐる学説

未遂犯と不能犯の区別をめぐる学説は、未遂犯の処罰根拠に関する議論の対立を反映して、主観主義的な立場と客観主義的な立場に大きく分かれます。主観主義的な立場からは、①純主観説、②抽象的危険説（主観的危険説）が主張されるのに対し、客観主義的な立場からは、③具体的危険説、④客観的危険説が主張されています。

主観主義的な立場のうち、①の純主観説は、犯罪的意思の危険性に着目し、行為者が危険な意思をもっていれば処罰すべきだとの見地から、行為者に犯意があり、かつ、その犯意を実現しようとする行為がある以上は、常に未遂犯が成立するとします。これに対し、②抽象的危険説（主観的客観説）と呼ばれる見解は、行為者の犯罪計画が法秩序に対する抽象的危険を有するかどうかに着目し、行為者の認識内容をもとに行為時を基準とする事前判断を行うもので、行為当時に行為者が認識していた事情がもし現実だったらと仮定して、一般人が抽象的に結果発生の危険を感じる場合を未遂犯、そうでない場合を不能犯と考えます。いずれの説も、前述した「丑の刻参り」のようないわゆる「迷信犯」の場合だけは不能犯になるとしますが、それ以外は未遂犯の成立する余地があり、たとえばXが砂糖を白い粉末状の毒薬だと誤認し、殺人の意図でYに飲ませた場合、①説からは人を殺す意思で行為している以上、殺人未遂となり、

②説によれば，もしXの認識どおり白い粉末が砂糖ではなく毒薬であったなら人が死ぬ危険性があると判断されるため，やはり殺人未遂が成立するという結論になります（これに対し，Xが砂糖で人を殺そうと考えたときは，①説では殺人未遂，②説では白い粉末が実際に砂糖だったとしても危険ではないので不能犯となります）。しかし，同じように結果を意欲している以上，本来であれば未遂犯と不能犯を主観で区別する理由はないはずですし，主観を処罰の根拠とすることそれ自体についても，処罰範囲を広げすぎるという根本的疑問があるため，これらの説は今日ではほとんど支持されていません。

　結果発生の危険性を重視する客観主義的な立場のうち，行為無価値論に立脚する考え方からは③の具体的危険説がとられるのに対し，結果無価値論に立脚する考え方からは④の客観的危険説が主張されており，③説が多数説となっています。まず③説によれば，行為の時点で（事前判断），行為者がとくに認識していた事情と，一般人ならば認識したであろう事情を基礎として，行為が一般人の目からみて具体的に結果発生の危険を感じさせれば未遂犯が成立し，そうでなければ不能犯にあたるとされます。行為者の認識内容は，抽象的危険説と同様にこの立場からも考慮されますが，それは，a）それが真実に合致していた場合か，b）一般人もそのように認識したであろう場合に限られます（③説はこの点で，抽象的危険説の考え方をより客観化する方向にあるものといえます）。したがって，上記a）からは，「砂糖」と書いてある容器に入っている（そのため一般人には砂糖に見える）白い粉末が実際には毒薬だと行為者Xが知っていた場合は，Xが知っていた毒薬であるという事情が判断の基礎とされ，一般人の目からみて「毒薬を飲ませれば人が死ぬかどうか」が問題とされますから，危険が肯定されて未遂犯が成立し，逆に，一般人にはわからなかったとしてもXがこれを砂糖だと知っていた場合には，Xが飲ませたのは砂糖であるという事情が判断の基礎とされ，危険はないと判断され不能犯となります。また，上記b）からは，たとえば「青酸カリ」と書いてある容器にたまたま砂糖が入っていた場合には，行為者はもちろん，一般人もこれを毒薬の青酸カリだと認識するので，（実際は砂糖であったとしても）青酸カリを飲ませたという事情が判断の基礎とされ，危険が肯定されて未遂犯が成立します。以上の各場合とは異なり，Xが白い粉末を毒薬だと誤認していたとしても一般人なら明らかにそれが

砂糖だとわかる場合は，行為者の認識内容は考慮されず，「砂糖を飲ませた」という一般人が認識しえた事情が判断の基礎とされますから，危険は否定され不能犯となるという結論になります。

　これに対し，④の客観的危険説は，「砂糖に見える粉末が実は毒薬であることを知っていたかどうかというような，事実の認識の有無によって危険判断が左右されるのは，本来客観的に決まるはずの『危険』概念を不合理に主観化するものである」として具体的危険説を批判し，行為者や一般人がどう認識したかではなく，客観的事情を基礎に危険性を判断すべきだとします。従来，この立場からは，結果発生がおよそ不可能な「絶対的不能」の場合を不能犯，それがたまたま不可能であったにすぎない「相対的不能」の場合を未遂犯とする考え方（「絶対的不能・相対的不能説」と呼ばれます）が主張されてきました。しかし，この説に対しては，その区別の基準が不明確であるとの批判が向けられていることに注意しなければなりません（たとえば，致死量に達しない毒薬を飲ませて人を殺そうとした場合，「およそ」致死量未満の毒薬で人を殺せるかを問えば絶対的不能になりますが，「およそ毒薬」で人が殺せるかを問い，「たまたま致死量に達しなかった」だけだと考えれば相対的不能とみることもできます）。そのため近時では，結果無価値論の客観主義の立場を徹底させる見地から，事後判断の形で，客観的に存在したすべての事情（鑑定等により事後的に判明した事実も含む）を考慮することにより，結果発生の危険性を科学的な経験法則に基づいて純客観的に論ずる見解が有力になっています。もっとも，この見解に対しても，事後的に科学的な結果発生の危険を純客観的な見地から考慮すると，結果が発生しなかった場合はおよそ危険をみとめることができなくなるとの批判が向けられているため，こうした批判にどう答えるかが問題とされねばなりません。すなわち，たとえば，人を殺す意図でピストルを撃ったが狙いがそれていて当らなかった場合，狙いがそれているピストルで人を撃ち殺すことは科学的にみれば不可能であるため不能犯となり，パトロール中の巡査からピストルを奪い，同巡査に向けて引き金を引いたが，たまたま弾丸が込められていなかったため結果が発生しなかったという場合（福岡高判昭28・11・10高刑判特26号58頁参照）も，空のピストルで人を殺すことは科学的には不可能なため，やはり不能犯ということになり，結局，すべての未遂犯は不能犯となると批判されるのです。

そこで最近では，このような客観的危険説を修正する考え方も主張されており，たとえば空ピストルの事例につき，パトロール中の巡査のピストルには弾丸が込められているのが通常だとすれば，上述の事例の場合も，弾丸が込められていることは充分にありうるから危険がみとめられて殺人未遂が成立するとして，（現実には存在しなかったが，もし存在していたとすれば）結果を発生させたであろう事実の存在がどの程度ありえたかという見地から危険判断を行う見解などもみられるのが注目されます。

(3) 判例の態度

　不能犯の問題に関して判例がとっている立場は，必ずしも統一されたものであるとはいえません。たとえば，判例は，①硫黄を飲食物等に混入して服用させ毒殺しようとした事案について，この方法では殺害が「絶対に不能」だから，殺人に関しては不能犯（傷害罪の成立を肯定）とし（大判大6・9・10刑録23輯999頁），②一般論として，「いわゆる不能犯とは犯罪行為の性質上結果発生の危険を絶対に不能ならしめるものを指す」と定義しているほか（最判昭25・8・31刑集4巻9号1593頁），③殺害目的で静脈内に30ccないし40ccの空気を注射した事案について，空気の量が致死量以下であっても，注射された被害者の身体的条件その他の事情のいかんによっては「死の結果発生の危険が絶対にないとはいえない」とした原判決を支持して殺人未遂の成立をみとめています（最判昭37・3・23刑集16巻3号305頁）。これに対して，④通行人の懐中物を強奪しようとしたが何もなかったという事案では，通行人が懐中物を所持することは普通予想しうる事実だから強盗未遂になるとされ（大判大3・7・24刑録20輯1546頁），⑤巡査からピストルを奪って同巡査に向けて発砲したが弾丸が込められていなかったという上述の空ピストルの事例でも，勤務中の警察官のピストルには常時弾丸が装てんされているべきものであることが「一般社会に認められている」から不能犯ではなく殺人未遂だとされ（前掲福岡高判昭28・11・10参照），さらに，⑥銃撃され倒れていた被害者にとどめをさそうと日本刀を突き刺したが，刺した時点における被害者の生死については専門家の鑑定意見も分かれていたという事案では，行為者が行為当時被害者の生存を信じていただけでなく，一般人もその死亡を知りえず，したがって行為により被害者が死亡する危険を感じるであろうことは当然であり，たとえ被害者がすでに死

亡していたとしても，行為の性質上結果発生の危険がないとはいえないとして，殺人未遂の成立がみとめられています（広島高判昭36・7・10高刑集14巻5号310頁）。上記①②③の判例が，客観的危険説に近い考え方を示しているのに対して，④⑤⑥の判例は，具体的危険説の考え方により接近したものといえるでしょう。このように，不能犯の成否について，判例は必ずしも統一的な基準により危険判断をおこなっているわけではなく，今後の動向がなお注目されるものといえます。

5 中止犯とは

(1) 中止犯はなぜ刑が減軽・免除されるのか

中止犯（中止未遂）とは，実行の着手後に行為者が「自己の意思により犯罪を中止した」ため，犯罪が完成に至らず未遂に終わった場合をいい，すでにみたように必ず刑が減軽または免除されます（43条ただし書参照）。通常の未遂（障害未遂）と異なり，中止犯の刑が必ず減軽または免除されるのはなぜなのでしょうか。この問題をめぐっては，古くから刑事政策説と法律説という2つの考え方が対立してきました。

刑事政策説によれば，中止犯の刑が減軽・免除されるのは，自己の意思により犯罪を中止したことに対する恩典ないし褒賞（すなわち，一種の「ほうび」）であり，中止犯の規定は，こうした褒賞を用意することにより，犯罪の実行に着手した者に犯罪の完遂を思いとどまらせようという，刑事政策的な考慮にもとづくものだと説明されます。「引き返すための黄金の橋」（リスト Franz von Liszt）という標語に端的に示されているように，中止犯の刑の減軽・免除は，犯罪の実行に着手した者にとって，犯行を中止して「引き返す」きっかけとなる魅力的な褒賞となりうる（その意味で「黄金の橋」である），という考え方がこの説の基本になっているといえるでしょう。しかし，こうした刑事政策説に対しては，大多数の国民が刑法の中止犯の規定を知らないであろうことからすれば，上述のような効果を期待するのは無理があるうえ，この説からは刑の減軽と免除を区別する基準（減軽の場合にはさらに，どの程度まで減軽するのかという基準）を引き出せず，さらには，犯罪成立要件とは無関係な刑事政策的考慮

を指摘するだけでは中止犯の法的効果を理論的に説明できないといった疑問が提起されたことから，違法や責任といった犯罪成立要件との関連で刑の減免の根拠をとらえようとする法律説が現在では一般に支持されています。

　法律説は，その内部でさらに2つに分かれます。まず，①責任減少説は，自己の意思により犯罪を中止したことにより行為者に対する非難の程度が軽くなり，責任が減少すると考えます。しかし，この考え方を一貫させるならば，既遂の結果が発生した場合も，真剣な中止行為があれば責任非難の減少があり，刑の減免がみとめられるはずです。けれども，現行法は中止犯をあくまで未遂犯の一種として規定しており，既遂になった場合に刑の減免が否定されることをこの見解では説明できないという問題があります。これに対し，②違法減少説は，犯罪の中止により法益に対する危険が消滅し，したがって違法性が減少すると主張します。この説に対しては，中止による刑の減免という効果が行為者本人にのみ及び，他の共犯者には及ばないことを，（関与者全員に連帯的に作用するはずの）客観的な違法性の減少と結びつけて説明できないという批判が向けられてきました。たしかにこの点は，客観的な違法評価を前提とする結果無価値論の立場からは説明が困難ですが，規範違反をした行為者が中止行為をした場合，その行為者の行為についてのみ，行為の反規範性が減少すると考える行為無価値論の立場からは，なお説明が可能であると思われます。しかし，こうした理解によったとしても，「自己の意思により」中止するという任意性の要件は，違法性よりもむしろ責任にかかわる要件であり，違法性の減少と関連づけるのは困難ではないかという疑問が残るほか，すでになされた未遂行為の違法・責任そのものが，中止行為により事後的にさかのぼって減少すると考えるのは困難であるという（責任減少説にも共通する）疑問点が指摘されていることに注意しなければなりません。

　このように，中止犯の刑の減免根拠については，刑事政策説，法律説のいずれによっても説明困難な点が残ることは否定できない面があります。そのため最近では，中止犯の刑の減免根拠を，上記のようないずれかひとつの考え方によってのみ説明するのではなく，たとえば違法と責任の双方が減少すると考えたり，法律説を補充する形で刑事政策説の考え方も取り入れるなど，複数の考え方を併用して説明しようとする立場（いわゆる「併用説」）も有力になってい

（2） 中止犯の成立要件

　中止犯が成立するには，ａ）「自己の意思により」，ｂ）「犯罪を中止した」ことが必要です。

　まず，ａ）の「自己の意思により」という「任意性」の要件については，その判断基準につき見解が分かれており，①外部的事情に影響されない，行為者の純然たる内部的動機に基づいて中止した場合にのみ任意性があるとする「内部的動機説」（こうした見解をとる判例として，大判大 2・11・18刑録19輯1212頁，大判昭12・3・6刑集16巻272頁参照），②中止の動機となった事情が，社会通念上（一般の経験上），犯罪の実現を妨げるものではないにもかかわらず中止した場合には任意性があるとする「客観説」，③外部的障害を認識して中止した場合には任意性がないとし，（たとえば，警察官が来たと認識して中止した場合は，実際に来たのが警察官でなくても任意性がないというように）行為者の主観的判断がどうであったかを基準に外部的障害の有無を論じる「主観説」（この立場からは，具体的基準として，「やろうと思えばやれたが，やらなかった」場合は任意性があり，「やろうと思ってもできなかった」場合は任意性なしとする「フランクの公式」がしばしば援用されます），④反省・悔悟，同情や哀れみなど，「広義の後悔」による中止にのみ任意性がみとめられるとする「限定主観説」（こうした考え方により任意性を肯定した下級審判例として，福岡高判昭29・5・29高刑判特26号93頁，東京地判平成 8・3・28判時1596号125頁等参照）の各説が対立しています。

　これらのうち，人間の意思や動機で何らかの外部的事情の影響を受けないものは考えにくいことからすれば，①説をとった場合には中止犯の成立が実際上ほとんどみとめられなくなり，妥当でないと思われます。次に，②説のような考え方は判例にもみられ，強姦犯人が被害者の出血を見て驚愕し，姦淫行為を中止した事例や（最判昭24・7・9刑集 3巻 8号1174頁），殺人の実行に着手後，被害者が頭部から血を流して痛みに苦しむのを見て驚愕・恐怖し，殺害行為を中止した事例（最決昭32・9・10刑集11巻 9号2202頁）では，犯罪の遂行・完成を妨げるような性質の事情があったと判断され，任意性が否定されています。しかし，「自己の意思により」中止したか否かを判断するのに，中止の動機となった外部的事情の性質を「一般の経験上」という観点から客観的に論じ，そ

うした事情が行為者の動機にどのような影響を与えたかを無視するのは疑問であるといえますし，たとえば流血を見たという事情が，そもそも「一般の経験上」犯罪を不完成に至らせるものかどうかも，決して簡単に決められる問題ではないはずです。こうした観点からは，行為者の主観に着目する必要があるといえますが，およそ「自己の意思」がみとめられさえすればよいというのでは広すぎるでしょうし，逆に，「広義の後悔」を強く要求すると，任意性がみとめられる範囲が狭くなりすぎます。したがって，犯行の中止が後悔・反省や同情等にもとづくことは必ずしも要せず，刑罰に対する怖れに発するものであってもよいと考えられますが，しかしそれは，中止犯の本質を支える自発的意思，すなわち，既遂に至る危険性をみずから除去しようという意味での自発的意思にもとづく必要があるというべきでしょう。こうした観点からは，「面倒くさくなったのでやめた」とか，「腹がへったのでやめた」という場合には任意性は肯定されず，また，風の音などの外部的刺激に「ふと我に返って犯行を中止した」という場合にも，既遂の危険性を除去する「危険回避意思」がそれ以後の行為（たとえば，強姦の実行に着手したが，被害者が老女であると知って犯行意欲を失ったという場合であれば，単に「中止」するだけでなく，被害者を介抱したり，安全な場所まで送り届けたりするなど）からうかがわれなければ，やはり任意性はみとめられないと考えることになります（以上につき，内田文昭・刑法概要中巻394～395頁参照）。

　中止犯成立の第2の要件は，b）「犯罪を中止した」ことです。この点については着手未遂の場合と実行未遂の場合が区別され，着手未遂の段階では，単にそれ以降の実行行為をやめるという不作為で中止行為がみとめられる（たとえば，ピストルによる殺人の場合，発砲前であれば単に撃つのをやめれば足りる）のに対し，実行未遂の場合には結果発生を積極的に防止するための作為（たとえば，救急車を呼んで，弾丸が当たった被害者を病院に連れて行くなど）が必要になると説明されるのが一般です。結果発生を回避するためには，必要な措置のすべてを，行為者が単独で講じなければならないわけではなく，他人の力を借りたりしてもかまいません。ただし，その場合にも他人まかせではなく，少なくとも，行為者がみずから既遂の危険性の除去に向けた行為をしたことが必要となります。判例は，被告人が「放火したからよろしく頼む」と叫びながら走

り去ったが，他人の消火行為により家屋が焼損を免れたという事案につき，みずから結果発生を防止する行為をしたのと同視するに足りる努力をつくしたことが必要であるとして，中止犯の成立を否定しています（大判昭12・6・25刑集16巻998頁）。

（3） 予備の中止

中止犯は未遂犯の一種として規定されているため，「実行の着手」後にしか成立しないと理解すれば，着手前の予備の段階で中止犯を論ずる余地はないことになります（こうした結論をとる判例として，最判昭29・1・20刑集8巻1号41頁）。しかし，実行の着手後の未遂段階まで進んでから中止すれば刑が必ず減軽・免除されるのに，それ以前の予備の段階では中止犯の成立が否定され，予備の刑がそのまま科されるというのでは，明らかに刑の均衡を失するといわねばなりません。そのため，多数説は，予備についても中止犯の規定の「準用」をみとめています。予備は未遂よりも危険性が低いことや，より早い段階で刑の減免をみとめて中止を促すほうが犯罪防止には有効であることからすれば，多数説の考え方をもって妥当とすべきでしょう。

第13章 ■共　犯　論

1　意　義

　共犯とは，複数の行為者が犯罪に関与した場合をいいます（最広義の共犯）。この最広義の共犯は，必要的共犯と任意的共犯に分けることができます。前者は，構成要件が，はじめから2人以上の者の関与を予定している場合をいい，後者は，単独犯による実現を予定している構成要件を，2人以上の者が関与して実現する場合をいい，刑法60条以下に規定されている共同正犯（60条），教唆犯（61条），幇助犯（62条・63条）にあてはまる場合にのみ犯罪が成立します。一般に共犯というときには，この任意的共犯である，共同正犯，教唆犯，幇助犯のことをいいます（広義の共犯）。さらに，共犯を正犯と対置する概念として用いる場合には，教唆犯と幇助犯だけがその中に入り，共同正犯は入りません（狭義の共犯）。

2　共犯の立法形式と正犯概念

　複数人が犯罪に関与した場合を処罰する立法形式にはさまざまなものがあります。

　外国の立法例には，犯罪関与者は区別なく全て正犯として処罰するという規定方法もあり，このような考え方を「統一的正犯概念」といいます。

　これに対して，正犯と共犯を区別して定め，処罰も軽重を設けるという規定方法もあります。我が国の刑法が共同正犯・教唆犯・幇助犯をそれぞれ規定しているのもその例です。

　もっとも，正犯と共犯を区別して定める場合，その正犯と（狭義の）共犯の関係については2つの考え方があります。1つの考え方は「拡張的正犯概念」

で，上の統一的正犯概念と同様の考え方に立って，犯罪関与者は原則的に全て正犯であり，教唆・幇助も本来は正犯であるが，とくに軽い処罰が定められたものにすぎないとするものです。そこでは教唆・幇助は処罰縮小事由ということになります。これに対してもう１つの考え方は「限縮的正犯概念」で，本来処罰に値するのは正犯だけであり，教唆・幇助は正犯ではないところ，これをとくに処罰するための刑罰拡張事由だとするものです。

統一的正犯概念を採れば，正犯・共犯の区別基準の問題や，処罰の間隙の問題は生じません。また，拡張的正犯概念を採れば，共犯のみを定義・区別すれば，それ以外は全て正犯として事足ります。しかしいずれも，処罰範囲の広汎性・不明確性など刑法の基本原則に関わる問題性が生じます。

他方，限縮的正犯概念は，処罰範囲の限定性・明確性を志向する点で基本的に妥当といえます。しかし，以下に述べるように，共犯の処罰根拠の問題が生じますし，間接正犯・共謀共同正犯をどのように扱うかなどを巡って正犯・共犯の区別基準，正犯性の実質の問題が深刻化することになります。

3　正犯と共犯との区別

この区別の基準については，以下のような見解があります。
(1)　主 観 説
正犯と共犯とは，行為者の意思によって区別され，正犯意思を以て関与した者が正犯であり，共犯意思をもって関与した者が共犯であるとする見解です。これによれば，自ら人を殺害した者でも共犯意思しかないときには共犯となり，他方その際にささいな援助的行為しかしなかった者でも正犯意思があれば正犯となることになりますが，このように関与行為の客観面を度外視することは，正犯・共犯の罪責の相違を責任非難の程度に求めるもので，不当といえます。
(2)　客 観 説
正犯と共犯の区別を客観的観点から行おうとする見解です。これには，形式的客観説と実質的客観説とがあります。

前者は，構成要件を基準として，それに該当する行為（実行行為）を自ら行った者が正犯であり，それ以外の行為によって関与した者が共犯であるとす

る見解です。この見解に対しては，間接正犯や共謀共同正犯が正犯の中に入らないことになってしまい，正犯の範囲が狭すぎるという批判がなされました。そこで，この見解の論者は，たとえば間接正犯につき，ピストル等物理的な道具を用いて人を殺す行為が殺人の実行行為であるのと同様，正犯が成立しない直接的行為者の行為を道具のように利用して犯罪を行う場合も，その利用行為に実行行為性が認められるとして，構成要件該当行為（実行行為）の規範的解釈の問題として対応することになります。

これに対し，後者は，実質的な観点から正犯と共犯を区別し，犯罪の実現について重要な役割を果した者が正犯であり，単に付随的な役割を果したにすぎない者が共犯であるとする見解です。けれども，重要な役割とそうでない役割をどのように区別するかという基準の問題があります。

（3） 行為支配説

当該犯罪実現を支配していた者が正犯であり，支配以外の関与をした者が共犯であるとする見解です。しかし，これにも，その行為支配の判断基準の問題があります。関与者の主観面を基準とすれば上述の主観説に接近することになり，他方何らかの客観的な基準を立てようとすれば，実質的客観説と同様の難点をかかえることになります。

4 共犯の処罰根拠

共犯，特に狭義の共犯の処罰根拠をめぐって，以下のような見解が対立しています。

（1） 責任共犯論

共犯の処罰根拠を，他人（正犯者）を堕落させ，犯罪と罪責に陥れた点に求める見解です。しかし，この見解は，他人を堕落させたという，行為者の反倫理性に共犯の処罰根拠を求める点で妥当ではなく，また，制限従属性説が通説化し，正犯者に最終的に犯罪が成立しなくとも共犯の成立が認められている現在では，支持しうるものではありません。

（2） 因果的共犯論（惹起説）

共犯も，正犯と同じく，法益侵害・危険という結果を因果的に惹起したから

処罰されるとする見解です。この見解は，さらに，純粋惹起説と修正惹起説とに分けられます。

　前者は，共犯の成立には結果につき事実上正犯者の行為を通じて因果的惹起があれば足りるとしています。そのため，違法判断は関与者ごとに相対化され，正犯者の行為が適法でも共犯者の行為は違法である場合もありうることになり，後述の「共犯の従属性」の問題における最小従属性説に近づくことになります。さらには，正犯者の行為に構成要件該当性さえも不要となり，「正犯なき共犯」の成立もありうることになります。

　これに対し，後者は，共犯が処罰されるのは，正犯により惹起された違法な結果をその行為を通じて共に因果的に惹起したからであるとし，共犯の違法性は，正犯の違法性から導かれるとする見解です。これが現在の多数説といえます。これによれば，正犯者の行為に構成要件該当性とともに違法性も具備されなければ共犯の成立もないことになり，制限従属性が導かれることになります。

5　共犯の基礎理論

（1）　行為共同説・犯罪共同説

　これは，共犯の本質，特に共同正犯の本質をどのように理解するかについての見解の対立をいいます。前者は，共同正犯は，単に行為を共同して各自の犯罪を実現するものであるとする立場です。この見解によると，放火罪と殺人罪のように全く罪質の異なる犯罪の間であっても，共同正犯の成立が認められることになります。

　これに対し，後者は，共同正犯は，特定の犯罪を共同して実現するものであるとする立場です。これには，さらに，①完全犯罪共同説と②部分的犯罪共同説とがあります。①は，共同正犯は1個の犯罪を共同実現するものであるとします。これによれば，共同正犯は同一罪名の限度でしか成立しえず，殺人罪と傷害致死罪のような異なる構成要件間においては，共同正犯の成立は認められないということになります。これに対し，②は，異なる構成要件の間でも，それらが重なり合う限度で共同正犯の成立が認められるとする見解です。これによると，殺人罪と傷害致死罪との間にも共同正犯の成立が肯定されることにな

ります。②が現在の通説的見解です。

　なお，同じことは狭義の共犯にも妥当します。たとえば窃盗を教唆したところ被教唆者が強盗を行ったという場合，教唆者は窃盗の限度で強盗正犯者と共犯関係が認められ，窃盗教唆が成立します。

　以上のような問題は，「罪名従属性」の問題といわれることもあります。

（2）　共犯独立性説・共犯従属性説

　これは，狭義の共犯の成立には，少なくとも正犯による未遂の成立（実行の着手）を要するか否かをめぐる見解の対立です。前者は，正犯に犯行を教唆すれば，まだ正犯による実行の着手がなくとも，すでに教唆未遂として可罰的であるとしています。

　これに対し，後者は，狭義の共犯が成立するためには，正犯者が少なくとも実行の着手に出たことが必要であるとする立場です。共犯独立性説は，共犯も自己の行為に基づく固有の罪責によって処罰されるもので，他人の行為の有無により処罰が左右されるべきではないとの発想に立つ点は正当といえますが，処罰拡張事由である共犯の成立時期をあまりにも早く認めることになり，それは行為者の悪い意思，危険な性格に犯罪の処罰根拠を求め，そのような悪い意思・危険な性格が外部に表れ出れば，犯罪の成立を認めることができるとする主観主義の立場を前提とする見解であり，現在では支持を失っています。共犯従属性説が現在の通説といえます。

　なお，以上の問題は，「実行従属性」の問題といわれることもあります。

（3）　共犯の要素従属性

　共犯の成立には少なくとも正犯者による実行の着手が必要となるとする共犯従属性説の中で，さらに，その正犯者の行為はどの程度の犯罪成立要件を具備する必要があるかについて，見解が分かれています。これが共犯の「要素従属性」の問題です。①正犯者の行為が構成要件に該当すれば，狭義の共犯の成立が認められるとする立場（最小従属性説），②正犯者の行為が構成要件に該当し，違法である場合に，狭義の共犯の成立が認められるとする立場（制限従属性説），③正犯者の行為が責任まで具備していることが必要であるとする立場（極端従属性説），④さらに正犯者の行為が処罰条件まで具備していることが必要であるとする立場（誇張従属性説）などが主張されていますが，「違法の連帯性，責

任の個別性」という観点から，②が通説的見解となっています。

6 共同正犯

（1）意　　義
　共同正犯とは，2人以上の者が共同して犯罪を実行した場合をいいます（60条）。共同正犯が成立する場合には，その関与者は「すべて正犯」とされます。たとえば，AとBとが強盗を行う意思の連絡の下に，C宅に押し入り，AがCに暴行を加えている間に，Bが現金を盗んだという場合，AとBそれぞれ強盗行為の一部しか分担していませんが，共同して強盗罪を実現しているので，ともに強盗罪の共同正犯となります。このことを「一部実行全部責任の原則」といいます。これは，AとBとがお互いに相手を利用しあうことにより，犯罪を実現しているからです。すなわち，両者の間に物理的共同とともに，相互に心理的影響を及ぼしあって，犯罪を実現していると考えられるからです。

（2）要　　件
　共同正犯が成立するためには，①共同実行の事実と②共同実行の意思とが必要になります。

　(a) 共同実行の事実　これは，2人以上の者が共同して犯罪を実行することです。問題は，2人以上の者が犯罪を実行することについて共謀し，実行に出るのはそのうちの一部の者である場合，実行に出ない共謀者にも共同正犯の成立を認めることができるかということで，これが「共謀共同正犯」の問題です。正犯と共犯の区別について，形式的客観説を徹底させる見解によると，実際に実行行為を行っていない者には共同「正犯」の成立はいっさい認められず，共謀者には狭義の共犯の成立しか認められないということになります。しかし，たとえば，親分であるAが子分であるBに窃盗を命じ，BはただAの言うとおりに行動したという場合，法益侵害という結果の発生に対する関与の程度は，むしろAのほうが大きいといわざるをえません。また，このような上下主従関係ではなく対等な関係にある者同士の場合でも，Aは詳細な計画立案や資金提供など実行以外の必要部分を分担し，Bは実際の実行を分担したというように，AのBの関与がBのそれに劣らず重要な場合もあります。そこで，現在の学説にお

いては，共同正犯の成立要件である，実行行為の共同を実質的に理解し，「共謀共同正犯」の成立を肯定する見解が有力となっています。もっとも，その根拠については，①共謀により共同意思主体が形成され，それが主体となって犯罪が実現されるのであるから共同意思主体を形成する共謀者も正犯となるとする共同意思主体説，②共同正犯の正犯性を狭義の共犯を超える強い相互的な心理的拘束力に求める立場を前提として共謀者の正犯性を基礎づける間接正犯類似説，③実行行為者を支配し，あるいはそれに対して優越的な支配関係がある場合には共謀者を正犯とすることができるとする行為支配説などがあります。

判例は一貫して共謀共同正犯を肯定しており，共謀共同正犯の成立が認められるためには単なる共謀があるだけでは不十分で，2人以上の者が特定の犯罪を行うため，共同意思の下に一体となって互いに他人の行為を利用し，各自の意思を実行に移すことを内容とする謀議をし，よって犯罪を実行した事実が認められることが必要であるとしています（最判昭33・5・28刑集28巻8号1718頁）。

次に，Aが犯罪の実行に着手し，実行行為の一部を行った後に，BがAと意思を疎通して協力して実行行為を行ったという場合，Bはどの範囲で責任を負うかが問題となります。これが「承継的共同正犯」の問題です。この点について，監禁罪のような継続犯の場合には，Bにも監禁罪の共同正犯が成立することに問題はありません。

これに対し，たとえば，Aが被害者に暴行・脅迫を加えて傷害を負わせた後に，Bが来て財物を盗ることを協力したという場合については，①BにはAがすでに行った行為をも含めてその犯罪全体について共同正犯の成立が認められるとする見解，②Bには自分が加わった後の行為についてしか共同正犯の成立は認められないとする見解，③Aが行った行為の効果をBが積極的に利用したと認められる場合には，共同正犯の成立が認められるとする見解が対立しています。①は，共犯者間の罪名はつねに同じでなければならないとする完全犯罪共同説をその根拠としています。判例にも①の立場を採用して，Bに強盗致傷罪の共同正犯の成立を認めたものがあります（札幌高判昭28・6・30高刑集6巻7号859頁）。しかし，学説においては，③が有力です。また，最近の判例にも，BがAの行為を自己の犯罪遂行の手段として積極的に利用した場合にのみ承継的共同正犯の成立が認められるとしたものがあります（大阪高判昭62・7・10

高刑集40巻3号720頁)。

(b) **共同実行の意思**　これは, 行為者が互いに相手の行為を利用し補充して犯罪を実現する意思のことをいいます。この点について, 過失犯においても, 共同実行の意思が認められるという問題があります。これが「過失の共同正犯」の問題です。学説には, 肯定説と否定説があります。肯定説は行為共同説の立場から主張されています。その立場では, 共同実行の意思とは, 前構成要件的・自然的な行為を共同して行う意思で足りるから, 過失犯の共同正犯も認められることになります。

これに対し, 犯罪共同説の立場からは否定説が主張されています。この立場では, 共同実行の意思とは特定の犯罪を共同して行う意思でなければならず, 共同正犯は故意犯についてのみ成立することになります。もっとも, 近時, 犯罪共同説の立場からも, 過失犯の共同正犯の成立を認める見解が有力となっています。結果発生の危険を有する過失の実行行為を共同して行う意思とその事実があれば, 過失の共同正犯の成立が認められるとしています。また判例は, 過失の共同正犯の成立を肯定しています（最判昭28・1・23刑集7巻1号30頁）。

これに関連して, 結果的加重犯の共同正犯を肯定することができるかという問題があります。過失の共同正犯を肯定する立場からは, これも肯定されていますが, 否定説の立場からは, 故意で共同した基本犯についてのみ共同正犯の成立が認められるとしています。判例は, 結果的加重犯の重い結果について過失は必要ないとする立場により, 結果的加重犯の共同正犯も肯定しています（最判昭26・3・27刑集5巻4号686頁）。

次に,「片面的共同正犯」の成立が認められるという問題があります。片面的共同正犯とは, たとえば, Xも被害者を押さえつけていたのでYが強姦できたが, YはXの協力を知らなかったというように, 客観的に共同実行の事実は認められるが, 一方の者にしか共同実行の意思がない場合をいいます。通説・判例は, 共同正犯の成立に相互利用補充の意思が必要であり, 相互に意思の連絡が存しない場合には, 共同正犯の成立を認めることはできないとして, これを否定しています。もっとも, 通説・判例も, 幇助者は幇助の故意をもって行為を行ったが, 被幇助者はそのことを知らずに犯罪を実行したという片面的幇助については, これを肯定しています。

7　間接正犯

(1)　意　　義
　間接正犯とは，他人を道具として利用して犯罪を実現することをいいます。たとえば，医師が情を知らない看護婦を利用して，患者に毒の入った注射を打たせて，患者を死亡させたという場合です。

(2)　間接正犯の類型
　間接正犯の成否が問題となる類型としては，①責任無能力者を利用する場合，②故意のない者の行為を利用する場合，③故意のある者の行為を利用する場合，④他人の適法行為を利用する場合などがあります。まず，①については，間接正犯の成立が認められるとされています。たとえば，幼児や高度の精神障害者に物を盗んでこさせた場合です。②についても，一般に間接正犯の成立が肯定されています。たとえば，前述した医師の場合です。この場合，看護婦に過失があった場合が問題となりますが，その場合でも，通説は，医師には間接正犯の成立が認められるとしています。彼の行為には，直接正犯と同じような現実的な危険性が認められるからです。③には，さらに，ⓐ目的なき故意ある道具を利用した場合と，ⓑ身分なき故意ある道具を利用した場合とがあります。前者は，学校で教材に使うと嘘を言って，印刷業者に偽札を作らせるという場合です。通説は，この場合，利用者に間接正犯の成立が認められるとしています。後者は，たとえば，公務員がその妻に事情を話して，賄賂を収受させた場合です。この場合，従来の見解は，公務員には間接正犯の成立が認められるとする見解が有力でしたが，近時においては，間接正犯ではなく，公務員と妻に共同正犯の成立が認められるとする見解が有力です。④は，利用者が被利用者の法令行為，正当防衛行為などを利用する場合です。この場合にも，通説は，利用者に間接正犯の成立を認めています。

8　教　唆　犯

(1)　意　　義

教唆犯とは，他人を教唆して，犯罪を実行させる場合です（61条1項）。
（2）要　　件
　まず，教唆犯が成立するためには，教唆行為が必要です。これは，他人をそそのかして，彼に特定の犯罪の実行を決意させることです。したがって，すでに相手が犯罪の実行を決意していた場合には，教唆にはならず，せいぜい（無形的）幇助犯の成立しか問題となりません。なお，過失犯に対する教唆犯の成立が認められるかという問題があります。これについて，通説は，その成立を否定しています。その理由は，過失犯の場合には，他人に犯罪の実行を決意させたとはいえないからです。
　教唆犯が成立するためには，教唆された者が当該犯罪を実行したことが必要です（共犯従属性説）。したがって，正犯が既遂になった場合には，教唆犯も既遂として処罰され，正犯が未遂であった場合には，教唆犯も未遂の限度で処罰されることになります。
　教唆犯が成立するためには，主観的要件として教唆の故意が必要です。この点について，教唆の故意としては，被教唆者が単に実行行為に出ることを認識していれば足りるのか，それとも被教唆者が実現する結果まで認識していることが必要かという問題があります。この点で問題となるのが，教唆者が被教唆者の実行行為をはじめから未遂に終わらせる意思で教唆した「未遂の教唆」を処罰できるかどうかです。
　学説には，肯定説と否定説がありますが，前者は，被教唆者が実行に着手した以上，教唆犯の成立が認められるとしています。これに対し，後者は，単独犯の未遂の故意の内容が結果発生の認識である以上，共犯についても同様に考えるべきであるとしています。また，教唆者には，侵害結果を発生させるつもりはなかったが，その意図に反して結果が発生した場合が問題となります。この点については，未遂の教唆を肯定する見解によれば，客観的に実現された構成要件と，教唆者が主観的に認識した構成要件とが重なり合う未遂犯の限度で処罰を肯定することになります。これに対し，否定説からは，結果について過失が肯定される場合には，過失犯の成立が問題となるにすぎません。
　「過失による教唆」の成立は認められるかという問題があります。通説は，これは，他人をそそのかして犯罪の実行する決意を生じさせるという教唆の概

念に反しているという理由で，それを否定しています。

また，「片面的教唆」の成立は認められるかという問題もありますが，これについては，前述したように，多数説は，片面的共同正犯の成立を否定していますが，片面的教唆の成立は認めています。教唆の場合には，相互に意思の連絡は不要であり，被教唆者が教唆されたことを認識していなくてもよいというのがその理由です。

（3）処　　罰

教唆犯には正犯の刑が科されます（61条1項）。これは教唆犯は正犯に適用される法定刑で処罰されるという意味です。ただし，拘留または科料のみに処すべき罪の教唆者は，特別の規定がなければ処罰されません（64条）。

9　幇 助 犯

（1）意　　義

「幇助犯」とは，正犯を幇助した者をいいます（62条1項）。

（2）要　　件

幇助犯が成立するためには，まず，正犯を幇助すること，すなわち，正犯の犯罪の実行を容易にすることが必要です。幇助行為の態様には，物理的幇助と心理的幇助があります。前者は，正犯者に凶器などを提供する場合のように，物理的に援助することをいいます。後者は，正犯者を激励するなど，心理的に援助することをいいます。また，幇助行為には，正犯が実行行為に出る前に行われる予備的幇助と，正犯の実行行為に随伴して行われる随伴的幇助とがあります。これに対し，正犯が実行行為を終了した後の幇助，すなわち事後的幇助はありえません。それは，別罪，たとえば，盗品に関する罪（256条以下）として処罰されることになるからです。

また，幇助犯が成立するためには，正犯が犯罪の実行に出たことが必要です（共犯従属性説）。幇助行為と正犯が犯罪を実現したこととの間には，間接的な寄与という関係がなければなりません。これを幇助の因果性といいます。学説においては，幇助犯を抽象的危険犯と解し，幇助行為と正犯の犯罪の実行との

間には，客観的な因果関係は必要ではなく，主観的な因果関係があれば足りるとする見解もあります。しかし，通説は，両者の間に客観的な因果関係が必要であるとしています。幇助の因果関係としては，どの程度のものが必要かということが問題になるわけです。この点については，幇助犯は，すでに当該犯罪を決意している正犯に対して行われるものですから，正犯の実行行為を促進するものであれば足り，幇助行為がなかったならば正犯の実行行為もなかったであろうという厳密な条件関係までは必要ではないと解する見解が有力です。判例もそのような立場を採用しています（大判大2・7・9刑録19輯771頁，最判昭24・10・1刑集3巻10号1629頁など）。

いわゆる「見張り行為」は，共同正犯になるのか，それとも幇助犯になるのかという問題があります。この点については，正犯と共犯との区別に関する形式的客観説の立場からは，見張り行為は人を殺す・他人の財物を盗むなどの構成要件に該当する行為とはいえないため，正犯性が否定されることになります。これに対し，実質的客観説の立場からは，正犯と共犯との区別は「重要な役割」を果したか否かによることになりますから，一律に決めることはできず，具体的な事案に応じて決められることになります。

Aが特定の犯罪行為の一部を終了した後で，Bがその後の実行に加担したという場合について，「承継的幇助」の成立が問題となります。たとえば，Aが金を取るために被害者を殺害した後で，Bが来て金を盗ることに協力したという場合です。この場合，判例は，Bに強盗殺人罪の幇助犯の成立を認めています（大判昭13・11・18刑集17巻839頁）。これに対し，学説においては，この場合，Bは被害者の殺害については何ら影響を与えていないわけですから，強盗罪についてのみ幇助犯の成立を認めるべきであるとする見解が有力になっています。

幇助犯の主観的要件としては，幇助の故意，すなわち，正犯の実行を容易にすることの認識が必要です。「過失による幇助」の成立が認められるかという問題もありますが，多数説は，過失による教唆が否定されるのと同じ理由により，過失による幇助も否定しています。これに対し，「片面的幇助」は，片面的教唆が認められるのと同じ理由により，その成立を肯定するのが多数説といえましょう。

(3) 処罰

幇助犯は正犯に適用される法定刑を減軽して処罰されます（62条）。ただし，教唆犯と同じく，拘留または科料のみに処すべき罪の幇助者は特別の規定がなければ処罰されません（64条）。

10 共犯と身分

(1) 問題の所在

身分犯について，身分者と非身分者とが共犯関係になった場合，どのように処理するかが問題となります。この点ついて，65条は，「犯人の身分によって構成すべき犯罪行為に加功したときは，身分のない者であっても，共犯とする」（1項），「身分によって特に刑の軽重があるときは，身分のない者には通常の刑を科する」（2項）と規定しています（なお，判例によれば，身分とは男女の性別や公務員たる資格などに限られず「総て一定の犯罪行為に関する犯人の人的関係である特殊の地位又は状態」を指す広い概念であり〔最判昭27・9・19刑集6巻8号1083頁〕，麻薬輸入罪における「営利の目的」も身分に当たるということになります〔最判昭42・3・7刑集21巻2号417頁〕）。この規定は，一見すると矛盾しているように見えます。なぜならば，1項では，身分のある者とない者との間において，身分が連帯的に作用する規定されているのに対し，2項は，両者の間で身分は個別的に作用すると規定されているからです。そこで，学説においては，この規定をどのように解釈するかについて見解の対立が存在しています。

(2) 65条1項と2項の関係

この点について，第1説は，完全犯罪共同説の立場から，1項は，真正身分犯だけではなく，不真正身分犯についても，つねに同じ犯罪が成立することを定めた規定であり，2項は，とくに不真正身分犯について，刑を科すうえでは本来の刑により処断される旨を定めたものであると解する立場です。しかし，この見解に対しては，不真正身分犯の場合，なぜ重い身分犯の成立を認めながら，刑は軽い本来の犯罪のそれを科すことになるのかを理論的に説明できないという批判があります。

第2説は，1項の身分が連帯的に作用し，2項の身分が個別的に作用すると

いうことに着目して，1項の身分は共犯者間で連帯的に作用する違法性に関する身分について規定したものであり，2項は，個別的に作用する責任に関する身分について定めたものであると解する立場です。この見解によれば，たとえば，収賄罪における公務員という身分は違法性に関する身分なので，公務員にその身分を有しない者が協力した場合には，後者にも収賄罪の成立が認められますが，常習賭博罪の常習性という身分は責任に関する身分なので，常習性を有する者にそれを有しない者が協力した場合には，後者には単純賭博罪の成立が認められることになります。しかし，この見解には，違法性に関する身分でも，刑の軽重にかかわる加減的身分もあれば，責任に関する身分でも，その身分があることにより初めて犯罪の成立が認められる構成的身分と考えられるものもあるため，この見解は65条の文言と必ずしも一致しないのではないかという疑問が提起されています。

　第3説は，構成的身分，加減的身分という区別を否定して，65条1項は違法身分の連帯性を規定したものであり，2項は責任身分の個別性を規定したものであるとする見解です。これは，制限従属性説を徹底した考え方であり，近時の有力な見解となっています。

　第4説は，現在の通説・判例の立場ですが，1項は，真正身分犯についての規定であり，2項は，不真正身分犯についての規定であると解する立場です。これによれば，収賄罪における公務員という身分は，真正身分なので，公務員にそうでない者が協力した場合には，後者にも1項により収賄罪の成立が認められるのに対し，常習賭博罪における常習性という身分は，不真正身分なので，その身分を有する者にそうでない者が協力した場合には，2項により，後者には単純賭博罪の成立が認められるということになります。この説の長所は，1項と2項の適用が明快であるという点にあります。しかし，この見解には，なぜ真正身分は連帯的に作用し，不真正身分は個別的に作用するのか，その実質的根拠が明らかではないという問題が残されています。

　学説の中には，65条1項の「共犯」には，教唆犯，幇助犯という狭義の共犯だけが含まれ，共同正犯は含まれないという見解もあります。真正身分犯については，身分のない者はおよそ犯罪の主体にはなり得ないから，共同して犯罪を実行する共同正犯にもなり得ないというのがその理由です。しかし，身分の

ない者であっても、身分者の行為を通じて法益を侵害・危殆化することができるわけですから、非身分者が身分者と共同して行為を行っている限り、共同正犯の成立を否定する理由はありません。そこで、通説・判例は、65条1項の共犯には、教唆犯、幇助犯だけではなく、共同正犯も含まれると解しています。

前述したように、通説によれば、65条2項は、不真正身分犯についての規定ですが、これについて、身分者が非身分者の犯罪行為に加功した場合、どのように処理されるのかが問題になります。たとえば、賭博の常習性を有しているAが、常習性を有していないBの賭博行為に関与したという場合です。この点について、通説・判例は、Aには常習という身分があるので、その身分に応じて、常習賭博罪の幇助犯の成立を認めるべきであるとしています。65条2項は、それぞれの身分に応じて個別的に犯罪が成立する旨を規定したものであるというわけです。これに対し、学説には、共犯従属性説の立場によるなら、共犯は正犯に従属する以上、Aには単純賭博罪の幇助の成立を認めるべきであるとする有力な見解もあります。

11 共犯の中止と離脱

(1) 共犯の中止

共犯の場合にも、その行為を「自己の意思により」、「止めた」場合には、中止犯の規定が適用されることになります。問題となるのは、「止めた」という要件について、共犯のうちの一部の者が中止しようとしたが、他の者の行為によって結果が発生した場合、その中止行為を行った者に、中止犯の成立を認めることができるかということです。この点について、通説・判例は、中止犯が成立するためには、自己の行為から結果が発生するのを防止するだけでは足りず、他の者の行為から結果が発生するのも防止しなければならず、このように、他の者の行為により結果が発生し、既遂に達した以上中止犯の成立を認めることはできないとしています。

(2) 共犯からの離脱

共犯からの離脱とは、共犯のうちの一部の者が犯罪の完成に至るまでの間に犯意を放棄し、自己の行為を中止し、その後の犯罪行為に関与しない場合をい

います。これにつき，その者が自己がはじめに与えていた法益侵害への因果的影響を完全に断ち切ったと認められる場合には，たとえその後にその他の者が勝手に犯罪を続行し，結果を発生させた場合であっても，その後の部分については処罰されないとする見解が一般的となっています。このような共犯からの離脱が認められるためには，離脱者の離脱前の行為と他の共同者による離脱後の行為・結果との間の因果関係を切断することが必要であると解されています。この点について，実行行為に着手する前の離脱と着手後の離脱とを分けて考える必要があります。前者の場合には，共同関係を形成しているのは共謀だけですから，共謀関係から離脱する意思が他の者によって了承されれば，共謀による物理的影響力，心理的影響力が切断されるので，共犯からの離脱が認められると解されています。これに対し，着手後の離脱の場合には，離脱の意思が他の者に了承されただけでは足りず，離脱後の行為・結果に対する因果関係を切断したといえるためには，共謀にもとづく行為・結果をも消滅させることが必要であると考えられています。

12 共犯と錯誤

(1) 問題の所在

共犯者のうち，ある者が認識した犯罪事実と，他の者が実現した犯罪事実とがくい違ってしまった場合，どの範囲で処罰が認められるかという問題があり，これが「共犯と錯誤」の問題です。これについては，錯誤の形態を分けて考察する必要があります。

(2) 具体的事実の錯誤

法定的符合説をとる場合には，客体の錯誤の場合でも，方法の錯誤の場合でも，共犯者の故意は阻却されないことになります。問題は，客体の錯誤と方法の錯誤との取扱いを異にする具体的符合説をとった場合です。この説では，客体の錯誤と方法の錯誤の区別が問題になります。たとえば，AがBにCを殺せと教唆し，BがCをねらってピストルを撃ったところ，手元が狂って，Cから離れたところにいたDに当たり死亡したという場合，Bにとっては方法の錯誤ですが，Aにとっても方法の錯誤ということになります。したがって，単独犯

と同じように処理されることになります。

　これに対し，AがBにCを殺せと教唆したところ，BはDのことをCだと間違えて，Dを撃ち殺したという場合が問題となります。この場合，具体的符合説の中でも，見解の対立があります。すなわち，この場合，直接実行を行ったBにとって客体の錯誤なのですから，その背後のAにとっても客体の錯誤であるとする立場と，この場合，たしかにBにとっては客体の錯誤であるが，背後のAにとっては，自分が撃った弾がはずれたのと同じであるから，方法の錯誤であるとする見解とが対立することになります。

（3）　抽象的事実の錯誤

　この場合にも，単独犯の場合と同じように，実質的に構成要件が重なり合う限度において故意犯の成立が認められるというのが，通説・判例となっています（判例として，最判昭25・7・11刑集4巻7号1261頁，最決昭54・4・13刑集33巻3号179頁）。

（4）　共犯形式の錯誤

　共犯形式の錯誤とは，たとえば，相手に教唆をするつもりでいたところ，相手は既に犯罪を決意していて，単にその決意が強められたにすぎなかったという場合です。この場合，教唆を行う意思で，客観的には，幇助を実現したということになります。このような共犯形式の錯誤についても，共犯そのものの構成要件の重なり合いを基準として，その重なり合いが認められる限度で犯罪の成立を考えればよいと解されています。すなわち，共犯においては，共同正犯，教唆犯，幇助犯の順で関与の度合いが大きいと考えられ，共同正犯，教唆犯，幇助犯の構成要件は，それぞれその順序により，その重なり合いが考えられています。したがって，重い共犯形式の認識で軽い共犯形式を実現したときには，軽い共犯形式の限度で処罰され，また，軽い共犯形式の認識で重い共犯形式を実現した場合には，認識した軽い共犯形式の限度で処罰されるということになります。またこのことは，間接正犯と狭義の共犯との間にも妥当することになります。間接正犯は正犯ですから，狭義の共犯よりも重い犯罪形式であると考えられています。したがって間接正犯を行う意思で軽い狭義の共犯を実現した場合には，後者の限度で処罰され，また軽い狭義の共犯の意思で間接正犯を実現した場合には，認識した軽い狭義の共犯の限度で処罰されることになります。

第14章 □罪　数　論

1　罪数論の基礎知識

　「罪数論」ときいて，何のことだかすぐに思い当たるという方は，おそらくあまりいないでしょう。刑法の教科書を見ても，多くの場合には，背表紙からそう遠くないあたりに10数ページ程度の分量で触れられているにすぎません（本書もそうです）。罪数論について一度も講義を聴かないまま卒業する法学部生も，毎年かなりの数に上っているものと思われます。

　このように，アカデミックな領域では，罪数論をやらなくても学生は無事に卒業でき，教員は刑法総論の講義を終えることができるのですが，他方，実務の領域，特に被告人の行為に法令を適用し，これを処断する場面では，罪数論は，しばしば，昔の関所のような，これを避けては目的地（判決等）にたどり着けない問題となります。

　罪数論で取り扱われる問題をひとことでいえば，①ある行為に関して成立が認められる犯罪の個数はいくつかという問題と，②これが複数である場合に，これをどう処理すべきかという問題です。「罪数」という言葉からは，成立する犯罪の数だけを取り扱うのが罪数論だと思われるかも知れません。しかし，現実には，成立する犯罪の個数が同じなら同じように扱えばよい，ということはなく，たとえば，同じく2個の犯罪が成立する場合であっても，その行為態様の違いに応じて，異なる取り扱いがふさわしい場合も存在します。このため，罪数論は，成立する犯罪の個数はいくつかという問題（①）のみでなく，その取り扱い方法に関する問題（②）をも含んでいるのです。

　とはいえ，このようにいわれても，罪数論がどのようなものなのかさっぱりイメージがわかないという読者の方も少なくないでしょう。では，以下のような例ではいかがでしょうか。

たとえば、Xが散弾銃を1回発射してAを故意に殺害したとします。多くの読者は、ここでは、1つの殺人罪が成立するから、刑法199条を適用し、Xを、死刑または無期もしくは3年以上の懲役に処すればよいと考えるでしょう。これは実際、正しい結論ではあるのですが、考えてみれば、この場合、Aが裸でいたのでない限り、Aの衣服や所持品も損壊されているのが通常でしょう。衣服等の損壊が単独で行われたなら器物損壊罪（刑261条）が成立するのに、殺人行為に付随して行われれば罪の成立が認められないのは、一体なぜでしょうか（「包括一罪」で取り上げます）。また、散弾銃を発射したのは1回だけれど、殺害されたのがA、Bの2人だった場合には、どうすればよいでしょうか。銃撃の回数に着目して、1回の銃撃で衣服等を損壊しAを死亡させた上の例と同様に扱えばよいのでしょうか。それとも、被害者の数に着目して、1回目の銃撃でAを、2回目の銃撃でBを殺害した場合（「併合罪」で取り上げます）と同様に扱うべきなのでしょうか。あるいは、これらいずれとも異なる取り扱いをすべきなのでしょうか（「観念的競合」で取り上げます）。さらに、設定を少し変えて、シカ狩りに来ていた狩猟歴5年のXが、キノコ狩りに来ていた村人Aを重過失により誤って撃ち、死亡させてしまったという場合、業務上過失致死（211条）、過失致死（210条）のいずれの罰条も適用可能に見えます。そうすると、ここでは、これら2つの罪の成立を認めるべきなのでしょうか。それとも、これはやはりおかしくて、いずれか一方の罪だけが成立するとすべきなのでしょうか（「法条競合」で取り上げます）。罪数論は、以上のような問題を取り扱うわけです。

2　法条競合

(1)　法条競合の基礎知識

　本章では、一般の教科書の例にならって、まず、「法条競合」を取り上げることにしましょう。これもまた、一般の方には馴染みのない用語でしょう。とはいえ、馴染みが薄いというのは、本章で登場してくるほぼすべての用語に共通する特徴です。違和感があってどうも集中できないという方は、思い切って、一種の外国語だと思って接してみて下さい。

まず，法条競合とは何か，です。これは，一見すると複数の刑罰法規が適用可能に見えるものの，実際にはこれが許されず，1つの刑罰法規だけが適用される場合のことです。たとえば，読者のみなさんには当分関係のないことかも知れませんが，60歳は還暦です。そうすると，60歳の誕生日には，還暦のお祝いと誕生日のお祝いの両方をしてもよいように思われます。しかし，実際は，還暦のお祝いしかしないのが普通でしょう。これは，お祝いの対象が60回目の誕生日という単一のものである以上，これを二重に祝うのはおかしいという考慮が働いているためだと思われます。法条競合も，基本的にはこれと同じことです。ただ，還暦の場合には，二重に祝うのはおかしいというだけで不可能ではないのに対して，法条競合の場合には，2つの罰条を適用するのは不当であり許されないという違いがあります（なお，議論はありますが，このように理解した場合，法条競合において成立する犯罪は1つであり，適用可能に見える罰条の数だけ犯罪が成立するわけではない，ということになります）。

法条競合には，いくつかの類型があるとされますが，分類については，意見が統一されていません。以下では，これを，「包摂関係」，「交差関係」に分けて見ていくことにしましょう。

（2）包摂関係

包摂関係を図式的にいえば，構成要件として，「A＋a」を規定する刑罰法規①と，「A」を規定する刑罰法規②との関係のことです。ここでは，①の構成要件が②のそれを含んでいるため，「包摂関係」と呼ばれるわけです。

包摂関係の例としては，業務上横領罪（253条）と単純横領罪（252条），殺人罪（199条）と承諾殺人罪（202条），現住／非現住建造物等放火罪（108条・109条）と建造物等以外放火罪（110条）などを挙げるのが一般です。これらを，上の，「A＋a」流にいうならば，業務上横領罪の構成要件は，「単純横領罪の構成要件＋占有の業務性」ですし，承諾殺人罪の構成要件は，「殺人罪の構成要件＋被害者の承諾」，現住／非現住建造物等放火罪の構成要件は，「建造物等以外放火罪の構成要件＋客体の，現住／非現住建造物等であるという属性」，ということになります。

包摂関係にある複数の刑罰法規が存在する場合には，そのいずれを適用すべきかを解釈によって決定しなければなりません。このようにいわれると，どん

なややこしい話が始まるのかと身構えてしまう方もおられるかも知れませんが，ここでの考え方は，刑法には珍しく（?），一般の人の感覚からしても，当然のこととして受け入れられるようなものです。たとえば，業務上の占有者が他人の物を横領した場合に，業務上横領罪ではなく単純横領罪が成立すると考える人はいないでしょう。これは，そのようなことをすれば，業務上横領罪が適用される余地がなくなり，これを立法した意味が失われてしまうからです。同じ理由から，承諾を得て被害者を殺害した場合に普通殺人罪が，また，現住／非現住建造物等に放火した場合に，建造物等以外放火罪が成立すると考える人もいないと思われます。ここから分かるように，包摂関係においては，適用すべき刑罰法規が何であるかは，かなり明らかです。「複数の刑罰法規が適用可能に見える」，というのは，あるいは，言われて初めて気づくことかも知れません。ちなみに，上に挙げた3つの例のうち，業務上横領罪＝単純横領罪，承諾殺人罪＝殺人罪タイプの関係を「特別関係」といいます。この名称は，業務上横領罪は，横領罪のなかで重く処罰する必要があるものを特別に取り出した規定であり，承諾殺人罪は，殺人罪の中で軽く処罰する必要があるものを特別に取り出した規定であるというところに由来します。また，最後の，現住／非現住建造物等放火罪＝建造物等以外放火罪タイプの関係のことは，「補充関係」といいます。これは，建造物等以外放火罪は，現住／非現住建造物等放火罪が処罰する主要部分以外について，補充的に処罰する規定であるというところに由来します。なお，これに関連して，「特別法は基本法に優先する」，「基本法は補充法に優先する」という，工事現場のスローガンのようなものを目にする機会があるかも知れません。これらは，その逆のことをすれば立法の意味が失われてしまうという，上に述べた考慮を標語的に言い換えたものです。

（3）交差関係

交差関係は，構成要件の一部が重なっている複数の刑罰法規の関係のことをいいます。これを図式的にいえば，構成要件として，「A＋B」を規定する刑罰法規①と，「B＋C」を規定する刑罰法規②との関係ということになります。このような関係に立つ刑罰法規が存在すると，行為が，「A＋B＋C」という要素を有している場合に，①を適用すべきか，②を適用すべきかが問題になるわけです。

たとえば、未成年者誘拐罪（224条）と営利目的誘拐罪（225条）とについてこれを見ましょう。ここでは、未成年者誘拐罪＝「未成年（A）＋誘拐（B）」、営利目的誘拐罪＝「誘拐（B）＋営利目的（C）」ですから、犯人が未成年者（A）を誘拐したが（B）、営利目的もあった（C）という場合には、いずれの罪の構成要件も満たしているように見えます。では、いずれの刑罰法規を適用すべきでしょうか。少々困るのは、上に見た包摂関係の場合とは異なって、ここでは、罪名だけを眺めていても判断がつかないということです。これは、包摂関係が、映画の指定席料金（または、前売り料金）と普通料金に似た関係であったのに対して、交差関係が、いわば、レディースデイ割引料金とレイトショウ割引料金に似た関係にあることに起因します。前者では、ある人が指定席（または前売り）を選択した場合に、その料金を適用すべきことは自明ですが、後者では、女性がレディースデイにレイトショウを見に来た場合、どちらの料金を適用すべきかは、必ずしも自明ではないのです。とはいえ、この場合に、どちらの料金が安いかを知ればどちらの料金が適用されるべきかを判断できるのと同じように、未成年者誘拐罪と営利目的誘拐罪については、六法をもっていれば、いずれの罪の成立を認めるべきかは判断できます。前者の法定刑は、3月以上5年以下の懲役、後者のそれは、1年以上10年以下の懲役ですから、ここでは、より重く処罰されている後者の罪の成立を認めるべきでしょう。なお、交差関係に立つ罪として、ほかに、横領罪と背任罪とがあり、ここでは、横領罪が成立します。

3 包括一罪

（1） 包括一罪の基礎知識

罪数論で登場する他の用語に似て、包括一罪も、分かるようで分からない用語かも知れません。これを簡単にいえば、複数の被害が生じているにもかかわらず、犯罪が1つしか成立していないとされる場合のことです。このようにいうと、被害が複数なら成立する犯罪も複数でなければおかしいのではないか、と思われた方もいらっしゃるかも知れません。確かに、被害の数と成立する犯罪の数とが一致する場合も多く存在します。たとえば、XがAとBを殺害した

場合には2つの殺人罪が成立します。また，Cからは名画を，Dからは名車をだまし取った場合には2つの詐欺罪が成立します。しかし，たとえば，Xがチケット屋からテレホンカード1万枚を盗んだときはどうでしょうか。中には，1万個の窃盗罪が成立すると考える人もいるかも知れませんが，多くの人は，おそらく直感的に，ここでは1つの窃盗罪が成立するにすぎないと考えるでしょう。この直感的判断の背後にあるのは，このケースにおける法益侵害の一体性（人が複数殺害された場合とは異なり，被害を一括できる）と責任の一体性（高額小切手1枚を盗むのと比較して，より悪質だとはいえない）だということができます。包括一罪にはいくつかのタイプがありますが，いずれも，これらの理由から，複数の被害が生じているにもかかわらず，1つの犯罪の成立だけが認められる場合なのです。以下では，「吸収一罪」と「接続犯」とについて見ていきましょう。

(2) 吸収一罪

　吸収一罪は，法益侵害Aと法益侵害Bとが生じているところで，法益侵害Aに関するA罪のみが成立するとされる場合のことです。単独で犯されたならその成立が認められるはずの犯罪Bが，犯罪Aとともに犯されることによって成立しなくなることから，「吸収」一罪と呼ばれます。これもまた，初めて聞くと，なぜそんなことになってるのだろうと疑問に思われるところかも知れません。しかし，たとえば，刑事ドラマで，殺人事件の被害者がシャツを血に染めて倒れているシーンを見て，「なるほど。きょうの事件は殺人と器物損壊か」，と思う方はあまりいないと思われます。多くの方は，これは，全体が1つの殺人だと考えるでしょう。本章の冒頭でも述べましたが，殺人が犯される場合に衣服や所持品等の汚損や破壊（このような行為を，「随伴行為」といいます）が行われないのは，むしろ例外的なケースであると考えられます。このような場合に，全体が包括され，殺人罪の一罪とされるのは，（下手な例で恐縮ですが）スーパーの「ウナギの蒲焼」にタレのパックが付いていても，それが，全体としてひとつの「ウナギの蒲焼」として売られ，誰もそれに文句を付けないのと似ています。もっとも，このことは，器物損壊の事実を殺人罪の量刑上考慮することを妨げるものではありません。「タレ」のコストを考慮しつつ「蒲焼」の値段を付けるのが不当だとはいえないでしょう。ただ，上の例では，人の生

命と比較してシャツの価値があまりに低いので，シャツの汚損が，目に見える形で量刑に影響を与えることはなさそうです。

なお，吸収一罪のその他の類型として，不可罰的（または共罰的）事前行為，不可罰的（または共罰的）事後行為と呼ばれるものもあります。前者は，例えば，XがAに対する殺人の準備をし，その後に殺人を実行した場合に，殺人予備罪と殺人罪ではなく，殺人罪の一罪が成立するとされる場合のことで，後者は，XがAのスケッチブックを盗んできて，全ページを下手くそな絵で埋め尽くした場合に，窃盗罪と器物損壊罪ではなく，窃盗罪の一罪が成立するとされる場合のことです。

（3）接続犯

接続犯は，同じ犯罪が接続して行われた場合のことで，ここでも，全体が一罪とされます。たとえば，Aと口論していたXが，我慢できなくなってAを2回続けて殴り，1回目で右目の上に，2回目で左目の上にこぶを作ったような場合です。2回の殴打が，たとえば，盆と正月とに分けて行われていれば，2つの傷害罪が成立するのですが，上のように，両者が接続して行われた場合には，1つの傷害罪が成立するとされるのです。

このような異なる取り扱いがどのような理由から正当化されるのかは，考えてみるとなかなか面白い問題です。つまり，上の例で，包括して一罪が成立するということは，一般的にいえば，2回に分けて殴るよりも軽く処罰されるということです。しかし，Aが受けた傷害は，どちらの場合もこぶが2個ですから，法益侵害には，一見，違いがないようにも見えます。また，2回に分けて殴るのが，続けて2回殴るのよりも悪質なのかも，自明というほどではなさそうです。にもかかわらず，なぜ一罪とすべきなのか。みなさんも，ぜひ，考えてみて下さい。

なお，包括一罪には，以上にお話しした「吸収一罪」，「接続犯」以外に，「集合犯」というものもあります。これは，法益侵害行為の反復を想定している犯罪構成要件（代表例は，常習犯と営業犯です）に該当する犯罪行為のことです。たとえば，賭博の常習者Xが大晦日に賭博をして大負けし，これを取り返そうと元旦にも賭博をして，負けた上に捕まった，という場合がこれにあたります。ここでは，2個の常習賭博罪（186条）ではなく，包括して1つの常習

賭博罪が成立することになるわけです。

4　科刑上一罪

（1）　科刑上一罪の基礎知識

　科刑上一罪は，読んで字のごとく，刑を科す上での一罪です。もう少し詳しくいうと，犯罪の成立という観点からは一罪ではないけれど，刑を科す上では一罪として扱われる犯罪行為のことです。

　刑を科す上で一罪として扱われるというのは，具体的には，「その最も重い刑で処断する」(54条1項) ということです。たとえば，A罪に該当する法益侵害とB罪に該当する法益侵害が生じ，A罪の法定刑が（「最も重い刑」を判断するには，法定刑どうしを比較するというのが判例です），「死刑又は無期若しくは3年以上の懲役」，B罪の法定刑が，「3年以下の懲役又は10万円以下の罰金」だとすると，「最も重い刑」であるA罪の法定刑が用いられることになります。

　とはいえ，これは，A罪，B罪，いずれか一方の刑を，そっくりそのまま用いなくてはならないという意味ではありません。法定刑の上限はA罪の方が重いけれど，下限はB罪の方が重いという場合には，A罪の罰条を適用しつつも，B罪の下限を下回って処断することは許されないというのが判例・通説です。たとえば，傷害罪（A罪）と公務執行妨害罪（B罪）とについて見ると，傷害罪の法定刑は，「10年以下の懲役又は30万円以下の罰金」(204条)で，公務執行妨害罪のそれは，「3年以下の懲役又は禁錮」(95条)ですので，上は傷害罪が重いですが，下は公務執行妨害罪の方が重くなっています。判例・通説によれば，この場合に，被告人を罰金刑に処することはできないわけです。ここにも，科刑上一罪があくまでも科刑上の一罪であって，犯罪成立上の一罪ではない（B罪がおよそ成立していないわけではない）ことが現れています。

（2）　観念的競合

　観念的競合は，「1個の行為が2個以上の罪名に触れ」(54条1項) る場合のことです。たとえば，Aにフラれたのを逆恨みしたXが，Aとその恋人Bが並んで歩いているところに自転車で突っ込み，2人に打撲傷を負わせた場合がこ

れにあたります。すでに見たように，観念的競合においては，最も重い刑によって処断されるのですが，ここでは，A，Bともに傷害を負わされていますので，いずれにせよ，傷害罪の刑によって処断されることになります。

ところで，後に見るように，同じく2人に傷害を負わせたのだとしても，これが観念的競合ではなく，併合罪とされる場合には，懲役の上限が15年になります（「最も重い罪について定めた刑の長期にその2分の1を加えたものを長期とする」(47条))。上の例のように，2人にまとめてぶつければ，2人がどんなに大けがをしても，(他の加重事由がない限り)懲役10年を超えることができませんが，最初にAにぶつけ，別の機会にBにぶつけたのであれば，最長15年の懲役が可能になるわけです。これは，どのような理由に基づくのでしょうか。

結論からいえば，これは，2回に分けて実行した場合の方が，Xの責任が重い（1回で実行した方が軽い，ということも可能です）ことによると考えられます。たとえば，読者のみなさんが，何らかの事情で，ニワトリを2羽シメなければならないという事態に陥ったとします。ここで，ある程度の冷静さを保っている人は，1度に2羽のニワトリをシメられる方法はないかと考えるのではないでしょうか。これは，もちろん，1度にやってしまった方が気が楽だからですが，このことは，シメるニワトリの数が同じであっても，行為が1個であるか2個であるかによって，シメる行為を思いとどまらせる生理的障害の力が異なるということを示しています。ニワトリの場合には，異なるのは生理的障害ですから，小細工を弄せず，2個の行為で2羽のニワトリをシメた人は，1個の行為でシメた人よりも，その剛胆さにおいてより多くの賞賛を受けるかも知れません。しかし，これが，ニワトリではなく刑法上の法益である場合には，異なるのは規範的障害です。ここでは，彼の剛胆さは，一転して，より強い非難を受ける理由となり，1個の行為でこれを侵害した場合（観念的競合）との間に，取り扱いの差違が生じる契機となるわけです。

ところで，観念的競合とされるための条件は，上に見たように，行為が「1個」であることですが，この判断は，必ずしも簡単ではありません。みなさんも，無免許運転と酒酔い運転，酒酔い運転と業務上過失致死，ひき逃げの際の救護義務違反と報告義務違反とが，観念的競合になるか否かについて考えてみて下さい（ちなみに，判例は，「1個の行為とは，法的評価を離れ構成要件的観点を

捨象した自然的観察のもとで，行為者の動態が社会的見解上1個のものとの評価をうける場合をいう」としており（最判昭49・5・29・刑集28巻4号114頁），上の各ケースについては，順に，観念的競合，併合罪，観念的競合としています）。

（3）牽連犯

牽連犯は，「犯罪の手段若しくは結果である行為が他の罪名に触れるとき」です。たとえば，XがAの住居に侵入して窃盗を犯した場合や，Aの住居に侵入して殺人を犯した場合がこれにあたり，観念的競合の場合と同じく，「その最も重い刑により」処断されます（54条1項。なお，判例は，牽連犯の条件として，「犯人が主観的にその一方を他方の手段又は結果の関係において実行したというだけでは足りず，その数罪間にその罪質上通例手段結果の関係が存在す」ることが必要だとしています（最判昭24・12・21刑集3巻12号2048頁））。

ところで，牽連犯が，併合罪と比較して軽く処罰される理由は何でしょうか。この点については議論がありますが，結論からいえば，観念的競合の場合と同じく，責任の軽さ（あくまでも，併合罪の場合と比較しての話ですが）がその理由ではないかと思われます。例えば，窃盗や殺人を決意している者にとっては，その手段である住居侵入を思いとどまる規範的障害のハードルが，そうでない場合よりも低くなっているのが一般でしょう。また，当初は窃盗や殺人の計画がなかった場合でも，すでに住居侵入をしてしまった者にとっては，窃盗や殺人を思いとどまる規範的障害のハードルが，そうでない場合よりも低くなっているといえるでしょう。

5 併合罪

（1）併合罪の基礎知識

併合罪とは，「確定裁判を経ていない2個以上の罪」（45条前段）のことです。禁錮以上の確定裁判があった場合には，その罪と，その確定裁判以前に犯された罪だけが併合罪とされます（同条後段）。たとえば，A，Bの2罪が，A罪（1月1日），B罪（6月1日）の順で犯されたなら，A罪に確定裁判（執行猶予付きのものを含みます）がない以上，両罪は併合罪です。これにさらに，C罪（12月1日）が加わった場合は，A罪，B罪のいずれにも確定裁判が存在しな

い場合に，3罪は併合罪です。他方，3罪が犯された場合で，B罪についてのみ10月1日に禁錮以上の裁判の確定があれば，A・B罪のみが併合罪となり，C罪は，併合罪関係から排除されます（併合罪の処理を受けたA・B罪の刑と，C罪の刑とが科される［「併科」といいます］ことになります）。

とはいえ，このような併合罪が，一体どのような理由に基づいているのかは，よく分からないところかも知れません。たとえば，上記のA・B・C罪が，露出癖のあるXによる公然わいせつ罪（174条。法定刑は，懲役に関しては「6月以下」）だとします。ここでは，①3罪が併合罪である場合には，懲役の上限は，3事件まとめても，6ヶ月×1.5＝9ヶ月です（47条。併合罪の処理の仕方は後述します）。他方，②A・B罪のみが併合罪なら，計算上は，A・B罪についての6ヶ月×1.5＝9ヶ月と，C罪についての6ヶ月，合計15ヶ月が上限となります。さらに，③3罪の間に併合罪関係がなければ，同じく，6ヶ月×3＝18ヶ月の懲役が上限となるわけです。やったこと（法益侵害）が同じなのにこのような差が生じるのは，一体，どのような理由に基づくのでしょうか。

実は，これについても議論があるのですが，とりあえずは，確定裁判を経ていない時期に行われた複数の罪は，これを経た後に行われた罪よりは責任が軽い（ここでも，あくまでも比較の話ですが）ことがその理由だと理解していただければよいと思います。たとえば，みなさんの家の飼いネコが，みなさんが可愛がっている金魚を，朝，昼，夕方に1匹ずつ食べてしまったとします。ここで，①′夕方，3匹やられたことにまとめて気づいた時の制裁，②′「昼，2匹やられたことに気づいた時の制裁」＋「夕方，さらに1匹やられたことに気づいた時の制裁」，③′「朝，1匹やられたことに気づいた時の制裁」＋「昼，さらに1匹やられたことに気づいた時の制裁」＋「夕方，さらに1匹やられたことに気づいた時の制裁」では，おそらく，①′＜②′＜③′の関係があるでしょう。ここでの制裁の程度の差は，単に情緒的なものではなく，すでに制裁を受けているのにまたやったという，ネコの「責任」の重さを反映した実質的なものであると考えられます。刑法が併合罪を設けて，上記の①＜②＜③のような取り扱いを定めている理由も，おそらくは，これと同質であると思われるのです。

（2） 併合罪の処断方法

併合罪の処断方法におけるキーワードのひとつは，すでに述べたように

「1.5倍」です。たとえば，Xが犯した2件の住居侵入罪（130条）が併合罪である場合で，いずれの罪についても懲役刑を選択した場合には，住居侵入罪における懲役刑の長期である3年の1.5倍，つまり，4年6月が，ここでの懲役刑の上限となります（47条）。とはいえ，この「1.5倍」には，併合罪関係に立つ各罪の刑の上限の合計を超えてはいけないという制限があります。たとえば，住居侵入罪と公然わいせつ罪とが併合罪である場合，前者の罪の刑の上限を単純に1.5倍すると4年6月になりますが，これは，前者の上限である3年と後者の上限である6月との合計を超えています。このような場合には，3年6月が上限となるわけです（47条ただし書）。

　以上は，併合罪関係に立つ各罪について懲役刑・禁錮刑を選択した場合の話ですが，たとえばA罪について懲役刑を，B罪について罰金刑を選択した場合には，単純に，これらを併科します（48条1項）。また，両罪について罰金刑を選択した場合には，上限は，各罪について定められた罰金額の上限の合計となります（同条2項）。

　また，併合罪関係に立つ数罪のうち，1つについて死刑を選択した場合には，没収以外の刑は科されません（46条1項）。無期懲役または無期禁錮を選択した場合には，罰金，科料，没収以外の刑は科されなくなります（同条2項）。この制限は，併科が不可能であるか（死刑＋懲役10年など），過酷である（無期懲役＋懲役15年など）という理由に基づいて定められているものです。

第15章　□刑　罰　論

　構成要件に該当する，違法で，有責な行為の存在が確認されますと，最後に罪数が検討され，犯罪論が終わります。たとえば，AがBを射殺したという事例の場合，刑法199条の構成要件該当性，違法性の存在，すなわち，違法性阻却事由の不存在，続いて，この成立した一個あるいは数個の犯罪に対してどのような種類の刑罰をどの程度またはどのように科すべきかを問題にする刑罰論が登場することになります。

1　刑罰とは

（1）　刑罰の定義
　刑罰とは，形式的に定義すれば，犯罪に対する法的効果として，国家によって犯罪者に科せられる一定の法益の剥奪です。また，その実質的意義は，後述しますが，併合主義によって，犯罪に対する国家的・道義的応報であると同時に，一般予防と特別予防を目的とするものであると理解されています。

（2）　刑　罰　権
　この意味での刑罰を科する国家の権能を刑罰権といいます。この刑罰権には，およそ犯罪に対しては刑罰を科することができるという一般的刑罰権と，その犯罪についてその犯罪者を処罰することができるという個別的刑罰権があります。そして，この個別的刑罰権からは，犯罪者の刑罰受忍義務，すなわち，刑罰を甘受するという義務が発生し，国家と犯罪者との間に刑罰法律関係が生まれることになります。
　この刑罰権は，犯罪の成立と同時に発生するのが原則ですが，犯罪によっては，例外的に，刑罰権の発生が他の条件によって規制されている場合があります。たとえば，刑法197条2項事前収賄罪において，公務員または仲裁人になったことが，それに当たります。これは，客観的処罰条件と呼ばれます。こ

れに対して，たとえば，刑法244条1項の一定の親族関係のように，それがあることによって犯罪は成立するが，刑罰が阻却される場合があります。これは，一身的刑罰阻却事由と呼ばれます。

2 刑罰の正当化根拠とは

では，何故このような国民からの法益の剥奪を意味する刑罰を科すことが許されるのでしょうか。この刑罰の正当化根拠をめぐっては，古くから応報刑論・贖罪刑論と目的刑論・教育刑論の対立があります。まず，応報刑論は，刑罰を犯罪に対する報いであるとする応報の原理によって説明します。その内，刑罰は犯罪に対する償いであるとする点を強調するのが，贖罪刑論です。

これに対して，刑罰はそれ自体に意味があるのではなく，一定の目的，たとえば，社会の保護あるいは犯人の改善を追求するものであるとするのが，目的刑論です。目的を社会の保護に求める立場が保護刑論で，犯人の教育・改善に求める立場が教育刑論です。

そして，応報刑論・贖罪刑論は，刑罰それ自体に他の目的を超えた絶対的意義を認めることから絶対主義とも呼ばれています。また，目的刑論・教育刑論は，刑罰を一定の目的を達成するための手段と理解するために，相対主義とも呼ばれます。さらに，刑罰相対主義は，刑罰によって社会人一般を犯罪から遠ざけるように威嚇するとする一般予防主義と，刑罰によって犯罪者自身を再び犯罪を行わないように威嚇するとする特別予防主義に区別されます。

では，これらの刑罰の正当化根拠についての見解の対立は，どのように理解されるべきでしょうか。刑罰を，刑罰の法定，刑罰の量定および刑罰の執行と発展的に理解し，それぞれの段階ごとに応報，法の確証および目的刑が対応するものとする分配主義も主張されていますが，現在の通説は，併合主義の立場に立っています。すなわち，刑罰は絶対主義的であると同時に相対的でもある，刑罰は応報であると同時に一定の目的を追求するための手段でもあるとしているのです。

3 刑罰の種類にはどのようなものがあるか

（1） 刑罰は，種々の観点から分類されていますが，その内で，生命刑・身体刑・自由刑・名誉刑・財産刑の区別と，主刑・付加刑の区別が重要です。前者は，刑罰によって国民から剥奪される法益の種類による分類で，後者は，それ自体独立に科されうる刑罰か，付加的にのみ科されうる刑罰かによる分類です。

では，前者から説明します。生命刑とは，生命の剥奪を内容とする刑罰で，現行法上には死刑があります。身体刑とは，身体を傷つける刑罰で，現行法上にはこれに当たる刑罰はありません。自由刑とは，受刑者の自由を奪う刑罰で，現行法上には，懲役・禁錮・拘留があります。名誉刑とは，旧刑法に規定されていた剥奪公権のように，官吏になる権利等の受刑者の公権を奪う刑罰ですが，現行法には規定されていません。しかし，公職選挙法の公民権停止の制度は，これに類似しています。最後に，財産刑ですが，これは受刑者から財産を奪う刑罰で，現行法は，罰金・科料および没収・追徴を規定しています。このように現行法は，生命刑，自由刑および財産刑を認めています。

この内，刑法9条によれば，死刑，懲役，禁錮，罰金，拘留および科料が主刑とされ，没収・追徴を付加刑とされています。

（2） 続いて，個々の刑罰について説明することにします。まずは，①死刑です。

死刑は，受刑者の生命を剥奪する刑罰，すなわち，生命刑です。刑法11条1項によれば，死刑は，監獄内において絞首という方法で執行されます。

しかし，死刑については，憲法36条が「公務員による拷問及び残虐な刑罰は，絶対にこれを禁ずる。」と規定していることから，残虐な刑罰に当たるのではないかとの疑問が提起されています。何をもって残虐であるとするのかの基準については，種々ありうると考えられますが，その内容あるいは執行方法が，たとえば，火焙り，八つ裂き等のように国民感情に一般的に反するような，反文化的あるいは反人道的であると考えることができるでしょう。このような基準から考える限り，現行の絞首による執行は，通説・判例によって，時代的，環境的にみて，残虐刑には当たらないとされています（最大判昭23・3・12刑

集2巻3号191頁）。

　また，この点にも関連して，死刑制度についてはその存廃論も活発に議論されています。廃止論の論拠としては，死刑の残酷性，誤判の可能性，死刑が執行された場合の回復不可能性，国が殺人を犯すことの自己撞着，威嚇力に対する疑問等が主張されています。そのため，死刑制度を廃止している国もドイツ，イタリア，スイス，オランダ，イギリス，フランス等，多数にのぼります。しかし，刑罰の本質から応報・贖罪の観念を払拭できず，また，被害者の感情，威嚇力の有効性，あるいは，人を殺した者は当然に自らの命で償わなければならないとの国民の法的確信を総合的に考慮するとき，死刑は依然として有効な刑罰制度といわなければならないでしょう。しかも，凶悪犯罪が多発している昨今の情況は，存置論を後押ししています。とはいえ，安易にこれを認めることは，許されるべきではありません。そのために，立法者も，現行法上，殺人罪（199条），強盗致死罪（240条），現住建造物等放火罪（108条），激発物破裂罪（117条1項）等，11の犯罪について死刑を規定しているにすぎませんし，裁判実務の場でも，慎重に死刑判決の言渡しがなされています。

　次は，②懲役です。懲役は，受刑者を監獄に収監し，その自由を剥奪する刑罰で，その意味で自由刑に分類されます。刑法12条1項によれば，懲役には期間の定めのない無期懲役と期間の定めのある有期懲役とがあります。また，同条2項によれば，監獄内での一定の作業が義務となっています。この内，有期懲役の期間は，1月以上15年以下ですが，これを加重する場合には20年にまで上げることができますし，これを減軽する場合は1月未満に下げることもできます（13条・14条）。

　この無期懲役についても，死刑に対するのと同様に，憲法36条の禁止する「残虐な刑」に当たるのではないかとの批判がなされています。しかし，通説・判例は，いずれもこれを否定しています（最大判昭24・12・21刑集3巻12号248頁）。このような結論は，無期懲役に対する実務の対応を見てみると納得がいくと思います。現在，無期懲役に処せられた者も，改悛の状があるときは10年を経過した後に，地方更生保護委員会の判断によって仮出獄が許されると規定する刑法28条が有効に運用されているため，不当に長い間自由を奪う非人道的な刑罰であるとの批判は，当を得ていないといえるでしょう。

続いて，③禁錮ですが，これも，懲役と同様に，受刑者を監獄に収監し，その自由を剥奪する自由刑です（13条2項）。懲役との違いは，労役が課せられていない点にあります。また，この点を根拠に，懲役刑の科せられた犯罪を破廉恥罪と，禁錮刑の科せられている犯罪を非破廉恥罪と呼ぶことがあります。その理由は，次のように考えられています。すなわち，禁錮刑が科せられているのは，内乱罪（77条），公務執行妨害罪（95条），騒乱罪（106条），公務員職権濫用罪（193条），名誉毀損罪（230条）等，20カ条ですが，これらはすべて，敬意を表すべき動機，たとえば，政治的信念によって犯される場合も予想される犯罪です。そこで，立法者は，このような非破廉恥的な動機に基づいた犯罪者を労役から解放することによって，他の犯罪者より優遇しようという，政治犯に対する名誉拘禁の思想にも通ずる意図で，禁錮刑を科すことで非破廉恥罪を破廉恥罪から区別しようとしたと考えられています。しかし，現在，この区別は，犯罪に尊敬すべき動機などはないとか，労役による差別は時代錯誤の労働蔑視の思想である等という批判が加えられ，自由刑を単一化しようという主張に論拠を与えることになっています。

なお，これにも有期禁錮と無期禁錮の区別があり，有期禁錮は長期15年から短期1月ですが，加重するときは20年まで減軽するときは1月未満に下げることが許されています（13条1項・14条）。

④拘留とは，懲役・禁錮と同様，自由の剥奪を内容とする自由刑です。しかし，懲役・禁錮とは，まず，刑期が1日以上30日未満である点，および，刑が拘留場において執行される点で区別されます（16条）。この拘留については，短期自由刑の弊害が指摘されています。すなわち，受刑者の改善に役立たないどころか，一般予防の効果も期待できないというのです。そのため，罰金刑への代替，執行猶予制度の活用等種々の改善策が提案されています。

⑤罰金は，一定の金額を受刑者から略奪する財産刑です。刑法15条によれば，一万円以上の金額を科することができます。また，ただし書によれば，一万円以下に減軽することもできます。

また，⑥科料も，一千円以上一万円未満の金額を受刑者から奪うことのできる財産刑です（17条）。

なお，これら罰金および科料を完納することができない者には，換刑処分と

しての労役場留置の制度が設けられています。罰金を完納することができない場合の留置期間は、1日以上2年以下で（18条1項）、科料の場合には、1日以上30日以下です（同条2項）。ただし、罰金を併科した場合または罰金と科料を併科した場合には、留置期間は、3年を超えることができませんし、科料を併科した場合には、60日を超えることができません（同条3項）。その他、罰金および科料の言渡しは、これらを完納することができない場合の留置期間を定めて言い渡さなければなりません（同条4項）。また、罰金について、その裁判確定後30日以内に留置の執行を行う場合、科料について、その裁判確定後10日以内に執行する場合には、本人の承諾が必要です（同条5項）。なお、罰金または科料の一部納付の場合の留置期間は、罰金または科料の全額と留置の日数との割合に従って、納付した金額に相当する日数を控除して執行されます（同条6項）。これは、留置執行中に一部が納付された場合にも同じです（同条7項）。ただし、留置一日に満たない金額は、納付できません（同条8項）。

⑦付加刑とは、前述のように、主刑の言渡しの際に付加的にのみ科すことのできる刑罰ですが、これには没収と追徴があります（9条）。

⑦没収とは、物の所有権を剥奪し、それを国庫に帰属させる処分です。刑法19条1項は、没収の対象物を次のように定めています。

まず、犯罪行為を組成した物（同条1項1号）で、たとえば、賄賂罪における賄賂のように、その犯罪行為にとって不可欠の要素である物です。

次に、犯罪行為の用に供し、または供しようとした物（2号）で、たとえば、住居侵入窃盗犯人が住居侵入の際に用いた鉄棒、またはそのために準備していた鉄棒が、これに当たります。

第3に、犯罪行為によって生じ、もしくはこれによって得た物または犯罪行為の報酬として得た物（3号）です。たとえば、通貨偽造罪における偽造通貨は、犯罪行為によって生じた物で、偽造通貨を使って買った洋服は、これによって得た物で、そして通貨を偽造したことの分け前として得た報酬金は、犯罪行為の報酬として得た物です。

最後は、3号に規定されている物の対価として得た物（4号）で、これには、たとえば、盗品を売って得た金が当たります。

ただし、没収には、限界があります。すなわち、原則として没収できるのは、

上記1号から4号に記載された物自体です。したがって，その物がなくなったり，その物との同一性が失われたときには，没収はできません。たとえば，賄賂として受け取った反物で単衣の着物を作った場合には，同一性が失われないので没収できます（大判大6・3・2刑録23輯139頁）が，その反物を表地として使用して，すなわち，他の反物と合わせて着物を作ったときには，新たな着物が作られたことになって同一性が失われ，没収ができません（大判大6・6・28刑録23輯737頁）。また，没収できるのは，犯人以外の者に属さない物に限ります（19条2項）。したがって，たとえば，犯人が殺人の際に使用した第三者所有のナイフを没収することは，できません。ただし，犯人以外の者に属する物であっても，犯罪後にその者が情を知って取得した物であるときは，没収できます（同項ただし書）。すなわち，犯人が窃盗した花瓶は，その後に事情を知った上で第三者が購入しているような場合，没収できることになります。さらに，刑法20条によれば，拘留または科料のみに当たる罪については，特別の規定がなければ，没収を科すことができませんが，刑法19条1項1号に掲げる物については，この限りではないとされています。

④追徴とは，没収することができない場合に，それに代えて一定の金額を国庫に納付すべきことを命ずる処分です。刑法19条の2は，19条1項3号または4号に掲げる物の全部または一部を没収することができないときは，その価額を追徴することができると規定しています。「没収することができない」とは，犯人がその物を損壊したり，善意の第三者に譲渡したりして，事実上また法律上，没収し得ない状態になっていることをいいます。また，その「価額」は，犯行時の，その物についての客観的に適正な価格と理解されています。なお，没収・追徴は，原則として，任意的ですが，197条の5あるいは特別刑罰法規のように，必要的とされている場合があることに注意する必要があります。

4　保安処分とは

（1）　保安処分とは，行為者の社会的危険性から社会を守ると同時に，本人の改善・治療を目指す国家の処分です。犯罪と刑罰の本質について，近代学派の立場から主張された社会的責任論と目的刑論が，その基礎にあります。すな

わち，社会的責任論によれば，社会に対する危険性を持っている者には，彼が社会内に生存している限り，当然に社会を防衛するために刑罰が科せられ，その刑罰によって，この行為者を改善・治療し，その危険性を除去するという目的が追求されることになるというのです。たとえば，しばしば新聞紙上を賑わす，責任無能力者による犯罪について考えて見ましょう。通説・判例の立場である道義的責任論の立場からは，善悪の判別能力あるいは行為の制御能力を全く欠く責任無能力者の行為を非難することはできません。しかし，この無能力者をそのまま社会に放置していたのでは，何時また犯罪が行われるか判りません。そこで，このような者から社会を守るために何らかの処分をすることが必要になります。これが，保安処分で，その意味で，刑罰を代替し，補充する役割を担うことになります。

したがって，このような保安処分は，刑法上の違法行為が行われたことを前提にして，将来違法行為を繰り返すかもしれないという再犯の危険性がある場合に，刑事裁判所で言渡されることになります。

この処分と刑罰の関係については，一元主義と二元主義の対立があります。一元主義は，刑罰を社会的責任に基づく目的刑と考える近代学派の立場から主張される主義です。それは，このような前提からは，刑罰と保安処分の間に質的差異が認められないことになるからです。他方，刑罰を犯された犯罪に対する道義的非難に基づく応報刑であるとする古典学派の立場からは，刑罰と保安処分との間には質的差異があることになり，二元主義が採られることになります。そして，二元主義が採られた場合，たとえば，限定責任能力者の犯罪に対しての様に，刑罰と保安処分とが同時に言い渡されるということも考えられますが，その場合には，併科主義ではなく，自由の剥奪を内容とする保安処分のあること考慮して，代替主義によるべきでしょう。

わが国における通説・判例は，古典学派にあると考えられますので，二元主義がとられることになると思われます。何故「思われる」と表現したかといいますと，厳格な意味での保安処分は，わが国においては刑法上まだ認められていないからです。ただし，改正刑法仮案および改正刑法草案には，監護処分，強制処分，労作処分および予防処分等が認められていたのですが，日の目を見ることができませんでした。

したがって，各国の採用している保安処分を参考にしてみると，次のような保安処分があります。たとえば，自由剥奪を伴う処分としては，責任無能力者および限定責任能力者の治療・監護施設への収容，酒癖者・麻薬常習者等の治療・禁絶施設への収容，労働嫌忌者，乞食・浮浪者等の労働施設への収容，危険な常習犯人の保安監置，精神病質者の社会治療施設への収容等です。また，自由剥奪を伴わない処分としては，職業の禁止，居住の制限・禁止，外国人の国外追放，保護観察，行状監督，善行保証，飲酒店立入禁止，運転免許の取消し等があります。これらの対人的保安処分の外に，没収，営業所閉鎖および法人の解散または業務停止等の対物的処分もあります。

（2）現行法上の保安処分

　上述のように，現行刑法典上に保安処分の規定はありませんが，特別法に以下のような保安処分があります。たとえば，

　(a) 売春婦に対する補導処分　売春婦に対する補導処分は，現行法上唯一の自由剥奪を伴う保安処分で，売春防止法5条の各号に規定された売春の勧誘等の罪を犯した20歳以上の女子に対して，懲役または禁錮の執行を猶予する場合に言い渡される処分です。同法1条の「性行または環境に照らして売春を行うおそれのある女子に対する補導処分および保護更生の措置を講ずることによって，売春の防止を図ることを目的とする。」との規定からも判るように，「人としての尊厳を害し，性道徳に反し，社会の善良の風俗をみだす」反社会的な行為から社会を防衛するための処分です。処分は，婦人補導院に収容し，規律ある生活のもとで，社会生活に適応させるために必要な生活指導および職業の補導を行い，また，その更生の妨げとなる心身の障害に対する医療を行います（売春防止法17条，婦人補導院法2条1項）。処分の期間は，6月で（売春防止法18条），その期間中は保護処分に付されませんが（売春防止法19条），地方更生保護委員会によって仮退院が許された場合には，残余期間中は保護処分に付されます。

　(b) 保護観察　保護観察とは，執行猶予保護観察法および犯罪者予防更生法に規定されている制度で，自律改善の努力をしようとしている以下に挙げられる対象者について善行を保持するよう指導監督し，補導援助することによって，一般社会のなかで，その者の改善更生を図ることを目的とするものです。

その意味で，自由の制限を伴う保安処分といえます。対象者は，刑法25条の2第1項により保護観察に付された者（保護観察法1条），少年法24条1項1号の保護処分を受けた者，少年院から仮退院を許されている者，仮出獄を許されている者（以上，更生法33条），婦人補導院より仮退院を許された者（売春防止法26条）です。保護観察を司るのは，これらの者の居住地を管轄する保護観察所で，実際の指導監督等は，保護観察官または保護司が行います。

(c) **精神障害者・覚せい剤の慢性中毒患者に対する入院措置**　精神障害者・覚せい剤の慢性中毒患者に対する入院措置とは，精神衛生法29条に規定されている措置で，都道府県知事は，精神障害者を精神病院または指定病院へ入院させることができます。その条件は，指定医の診察によって精神障害者と診断され，医療および保護のために入院させなければ，精神障害のために自身を傷つけたり，他人に害を加えたりする虞があると認定されたことです（精神衛生法29条1項）。この場合，本人および関係者の同意は必要ではありません。

(d) **麻薬中毒者に対する入院措置**　麻薬中毒者に対する入院措置とは，麻薬取締法58条の8に規定されている措置で，都道府県知事は，麻薬中毒者を麻薬中毒者医療施設に入院させ，必要な医療を受けさせることができます。その条件は，精神保健指定医の診察によって麻薬中毒者と診断され，その者の症状，性行および環境に照らして，麻薬，大麻またはあへんの施用を繰り返す虞が著しいことです（麻薬取締法58条の81項）。

(e) **暴力主義的破壊活動を行った団体に対する規制処分**　暴力主義的破壊活動を行った団体に対する規制処分とは，破壊活動防止法5条に規定されている措置で，公安審査委員会は，団体の活動として暴力的破壊活動を行った団体に対してその活動を規制したり，場合によっては解散の指定を行うことができます。その条件は，その団体が，将来，継続または反復して暴力主義的破壊活動を行うことが明らかであると認められる十分な理由があることです（破壊活動防止法5条1項）。規制の内容は，6月を超えない期間を定めての，①指定された地域での集団示威運動，集団行進または公開の集会の禁止，②機関紙の印刷または頒布の禁止，および③特定の役職員または構成員による団体のための行為の禁止です。また，解散の指定は，これらの規制の効果がなく，さらに将来，反復・継続した暴力的破壊活動を行うことが明らかであると認めるに足り

る十分な理由がある場合です（7条）。これらの規制は，公安調査庁長官が事前に団体の弁明を聞いた上で，その請求により，公安審査委員会が決定します（11条）。なお，それに不服がある場合には，裁判所に訴えを提起することができます（25条2項）。

5　保護処分とは

（1）　少年に対する保護処分

少年に対する保護処分とは，少年法24条以下に規定されている，罪を犯した少年等を保護観察に付したり，児童自立支援施設・児童養護施設あるいは少年院に送致する処分です。この処分は，従来，通説によって保安処分の一種と考えられてきましたが，ここでは，少年の保護，すなわち，少年を成人の刑罰ないし社会から守るという少年防衛の思想が強く示されており，自由の剥奪・制限による改善・更生と社会防衛を中心に据えた保安処分とは一線を画するものがあるために，保護処分という新たな分類が適当であると考えられています。

保護処分の対象となるのは，①罪を犯した犯罪少年，②14歳未満で刑罰法令に触れる行為をした触法少年，③その性格または環境に照らして，将来，罪を犯し，または刑罰法令に触れるおそれのある虞犯少年です。

この処分の決定は，家庭裁判所による非公開の審判を経て下されます。この決定には，たとえば，保護処分不必要の決定，必要のある場合の，保護観察所の保護観察に付する旨の決定，児童自立支援施設・児童養護施設への送致および少年院への送致の決定，児童福祉法による措置が相当と考えられる場合は事件を都道府県知事または児童相談所長に送致する決定（18条），審判に付することが不相当と認められる場合の審判不開始の決定（19条1項），本人が20歳以上である場合および送致時に16歳以上で，懲役，禁錮にあたる罪の事件で，刑事処分相当と認めるときの，検察官送致の決定（19条2項・20条）があります。

（2）　更生緊急保護

更生緊急保護とは，自律更生・改善の条件および環境が整わない一定の者のために，本人の申し出により，緊急に，帰住を斡旋したり，金品を供与したり

するなどの保護をし，または，一定の施設に収容し，訓練等を施して就職を助けるなどの援助をして，本人が進んで善良な社会人となるよう援護する制度です（予防更生48条の2第1項・4項）。この制度も，一般には保安処分に分類されているのですが，自由の剥奪・制限が本人の申出によるものであり，強制的な保安処分とは性質を異にするといえます。保護処分に分類するのが，適当でしょう。

　その「一定の者」とは，①自由刑の執行を終ったか，または，その執行の免除を得た者，②自由刑につき執行猶予の言渡を受け，その裁判が確定するまでの者，③自由刑につき執行猶予の言渡を受け，保護観察に付されなかった者，④婦人補導院から退院した者および補導処分の執行を受け終わった者，および，⑤起訴猶予の処分を受け，刑事上の手続による身体の拘束を解かれた後，親類，縁者あるいは公共の施設等の保護を受けられないか，あるいは，これらの保護を受けられても，これだけでは更生できないと認められる者です。本人の申出により，身体の拘束を解かれてから6月を超えない期間で，保護観察所の所長自らによって行われます（予防更生法48条の2第3項）。

事 項 索 引

あ行

安楽死 ………………………… 133, 156
違警罪 ……………………………………52
意思自由 …………………………………161
一元主義 …………………………………240
一故意犯説 ………………………………172
一括消去説 …………………………………89
一身的刑罰阻却事由 ……………………234
一般予防 ……………………………14, 233
違法一元論 ………………………………128
違法性 ……………………………… 11, 46
　　──の意識 …………………………175
　　──の錯誤 …………………………177
違法性推定機能 ……………………………70
違法・責任類型説 …………………………67
違法阻却事由 ………………………………47
違法多元論（違法相対性）……………128
違法の連帯性 ……………………………208
違法類型説 …………………………………67
違法論 ………………………………………11
岩教組学力調査事件 ………………………27
因果関係 …………………………… 76, 80
　　──の錯誤 …………………………173
　　──の断絶 …………………………… 88
因果的共犯論（惹起説）………………206
因果的行為論（有意的行為論）………60
インフォームド・コンセント ………132
陰　謀 ……………………………………184
丑の刻参り ………………………… 194, 195
大阪南港事件 ………………………………99

か行

概括的故意 ………………………………170
外国判決の効力 ……………………………41
回避可能性説 ………………………………89
確定的故意 ………………………………170
科刑上一罪 ………………………………228
過失による教唆 …………………………214
過剰避難 …………………………………151
過剰防衛 …………………………………142
仮想的因果経過 ……………………………88
可罰的違法性 ……………………………123
　　──の理論 …………………………132
可罰的行為 …………………………………66
仮出獄 ……………………………………236
科　料 ………………………………………4
過　料 ………………………………………4
カルネアデスの板 ………………………144
慣習刑法の禁止 ……………………………20
間接正犯 …………………………………212
間接正犯類似説 …………………………210
間接的安楽死 ……………………………157
消極的安楽死 ……………………………156
完全犯罪共同説 …………………………207
カント ………………………………………6
観念的競合 ……………………… 222, 228, 229
管理・監督過失 …………………………182
旗国主義 ……………………………………37
記述的構成要件要素 ………………………78
既　遂 ……………………………………183
起訴猶予 …………………………………124

期待可能性	144, 145, 160	京踏切事件	90
──の理論	160	共謀共同正犯	210
規範違反説	119	業務上過失	179
規範的構成要件要素	79, 169	業務上の特別義務者	150
規範的責任論	160	極端従属性説	208
義務の衝突	135	挙動犯	74
客体の錯誤	172	緊急救助	139
客観主義の刑法理論	16	緊急避難の法的性質	144
客観説	205	近代刑法の基本原理	17
客観的違法論	116	近代派	14
客観的危険説	196, 197	具体的危険説	196
客観的未遂論	187	具体的事実の錯誤	171, 219
客観的帰属論	100	傾向犯	78
客観的構成要件要素	71	軽罪	52
客観的処罰条件	233	刑事学（犯罪学）	9
旧過失論	180	形式的意義における犯罪（形式的犯罪概念）	45
吸収一罪	226	形式的違法	116
急迫	137	形式的客観説	190
急迫不正の侵害	137	刑事政策	9
旧派の刑法理論	16	刑事政策説	199
教育刑	15	刑事未成年者	164
狭義の相当性	97	継続犯	75
教唆犯	204, 212	刑罰権	233
共同意思主体説	210	刑罰法規適正の原則	24
共同実行の意思	210	刑罰法規明確性の原則	22
共同実行の事実	209	結果	73
共同正犯	204, 209	──の記述	92
共犯	204, 216, 219	結果的加重犯	74, 82
──の処罰根拠	206	結果犯	74, 82
──の中止	218	結果無（反）価値論	119, 188, 195
共犯からの離脱	218	決定論	13
共犯形式の錯誤	220	原因説	94
共犯従属性説	208, 214	原因において違法な行為の理論	
共犯独立性説	208		

……………………………142, 150
原因において自由な行為 ……………165
厳格故意説 ……………………………176
厳格責任説 ……………………………178
現在の危難 ……………………………146
限時法 ……………………………………35
　──の理論 ……………………………35
権　利 ……………………………………6
権利侵害 …………………………………7
権利侵害説 ……………………………49
牽連犯 …………………………………230
故　意 …………………………………168
故意規制機能 …………………………70
公安条例 …………………………………3
公安審査委員会 ………………………242
行　為 ……………………46, 58, 73
　──の客体 ……………………………72
行為共同説 ……………………………207
行為支配説 …………………206, 210
行為主義 …………………………………46
行為無（反）価値論 ………119, 188, 195
行為類型説 ……………………………67
広義の相当性 …………………………97
合憲限定解釈 …………………………127
交差関係 ……………………224, 225
構成要件 ……………………………46, 66
構成要件該当性 ………………………11
構成要件該当性判断 …………………11
構成要件的故意・過失 ………………77
構成要件要素 …………………………71
構成要件論 ……………………………11
合法則的条件説 ………………………91
国内犯 …………………………………36
国民以外の者の国外犯 ………………39

国民主権主義 …………………………19
個人的法益 ……………………………51
誤想過剰避難 …………………………152
誤想過剰防衛 …………………………143
誤想避難 ………………………………151
誤想防衛 ……………………142, 178
国家権力 ………………………………19
国家忠誠説 ……………………………39
国家的法益 ……………………………51
古典派 …………………………………14

さ行

罪刑専断主義 …………………………17
罪刑法定主義 …………………17, 46
罪刑法定主義機能 ……………………69
最小従属性説 …………………………208
罪数論 …………………………………221
罪名従属性 ……………………………208
作為義務 ………………………………106
作為犯 ……………………………59, 103
錯　誤 ………………………171, 219
残虐な刑罰 ……………………………235
三段階テストの犯罪論 ………………11
時間的適用範囲 ………………………31
自救行為 ……………………132, 152
事後法の禁止 …………………19, 25
自己保存の本能 ………………………137
事実の錯誤 ……………………………171
自招危難 ………………………………149
自然犯（刑事犯） ……………………53
実行行為 ……………………183, 185
実行従属性 ……………………………208
実行の着手 …………………184, 188
実行未遂 ………………………………185

執行猶予保護観察法	241	状態犯	75
実質的意義における犯罪（実質的犯罪概念）	45	承諾の有効性	154
		条約による国外犯	41
実質的違法性	118	条　例	21
実質的客観説	190, 191	職務行為	130
社会的行為論	63	処罰条件	48
社会的相当性	120	処罰阻却事由	49
社会的法益	51	白地刑罰法規	20
自由意思論	13	侵害犯（実害犯）	74
重過失	179	人格的行為論	63
自由刑の単一化	237	新過失論	181
集合犯	227	人権宣言	18
重　罪	52	親告罪	53
自由主義	19	心神耗弱	164
重畳的競合	89	心神喪失	163
修正された構成要件	68	真性不作為犯	104, 107
修正惹起説	207	人的適用範囲	42
柔道整復師事件	99	信頼の原則	181
主観主義	187	心理強制説	13
──の刑法理論	16	心理的責任論	160
主観説	205	推定的承諾	156
主観的違法論	116	随伴行為	226
主観的構成要件要素	76	数故意犯説	172
主観的未遂論	187	スキューバーダイビング事件	99
主観的要件	213	すべての者の国外犯	39
取材活動	133	スポーツ行為	133
純粋惹起説	207	制限故意説	176
障害未遂	185	制限従属性説	208
消極的属人主義	40	制限責任説	179
承継的共同正犯	210	政治犯	53
承継的幇助	215	性転換手術	132
条件関係	84, 86	正当業務行為	130
条件説	87	正当行為	131, 137
常習賭博罪の常習性	217	正当防衛の正当化根拠	137

正　犯	205
生来犯罪人説	15
世界主義	41
責　任	47, 159
責任共犯論	206
責任主義	30, 47
責任（有責）性	11
責任説	176
責任阻却事由	48
責任能力	163
責任論	11
積極的安楽死	156
積極的加害意思	140
接続犯	227
絶対主義	234
絶対的応報主義	13
絶対的不定期刑の禁止	24
絶対的不能・相対的不能説	197
専断的治療行為	132
相対主義	234
相対的応報刑主義	14
相対的不定期刑	24
相当性	140, 148
相当説	94
遡及処罰禁止	32
――の原則	26
属人主義	39
即成犯	75
属地主義	36
損害賠償	8
損害賠償責任	8
尊厳死	158
存廃論	236

た行

対物防衛	138
代理処罰説	39
択一的競合	89
択一的故意	170
他行為可能性	160
短期自由刑の弊害	237
地方更生保護委員会	236
着手未遂	185
中止犯	199
中止未遂（中止犯）	185
抽象的事実の錯誤	174, 220
中断論	94
挑発防衛	141
超法規的違法性阻却事由	136
治療行為	132
付け加え禁止説	88
ディーバージョン	124
等価説	87
当罰的行為	66
盗犯等防止法	143
都教組事件	27
特定委任	20
特別関係	224
特別刑法	3
特別予防	14
都道府県知事	242

な行

二元主義	240
二分説	145
日本人の国外犯	39
認識ある過失	170

認識なき過失 ……………………170

は行

売春防止法 …………………………4
罰　則 …………………………20, 21
破廉恥罪 ……………………………237
犯　罪 ………………………………45
犯罪共同説 …………………………207
犯罪個別化機能 ……………………70
犯罪者予防更生法 …………………241
犯罪論体系 …………………………54
判断基底 ……………………………95
被害者の承諾 ……………132, 153
微罪処分 ……………………………124
非親告罪 ……………………………53
非難可能性 …………………………160
非破廉恥罪 …………………………237
表現犯 ………………………………78
開かれた構成要件 …………………68
フォイエルバッハ …………………6, 49
不確定的故意 ………………………170
不可罰的事後行為 …………………227
不可罰的事前行為 …………………227
不作為 ………………………………62
不作為犯 ………………………59, 103
不真正身分犯 ………………………216
婦人補導院 …………………………241
不正の侵害 …………………………138
普通刑法 ……………………………3
普通犯 ………………………………53
不能犯 ………………………………194
部分的責任能力 ……………………165
部分的犯罪共同説 …………………207
不法行為 ……………………………8

フランクの公式 ……………………201
フランス刑法 ………………………18
分配主義 ……………………………234
併合罪 ……………………222, 230, 231
併合罪関係 …………………………232
併合主義 ……………………………233
米兵ひき逃げ事件 …………………98
ベーリング ……………………11, 56
弁護活動 ……………………………133
遍在説 ………………………………37
片面的教唆 …………………………214
防衛行為の必要性 …………………140
防衛の意思 …………………………139
法　益 …………………………5, 49
法益衡量 ……………………………147
法益侵害 ……………………………8
　――の軽微性 ……………………124
法益侵害説 ……………………49, 119
法益保護 ……………………………105
　――の原則 ……………………28, 47
法確証の原理 ………………………137
包括一罪 ……………………222, 225
忘却犯 ……………………………60, 62
防御的緊急避難 ……………138, 147
法条競合 ……………………………222
幇助の因果関係 ……………………215
幇助犯 ……………………………204, 214
　――の主観的要件 ………………215
法人の犯罪能力 ……………………72
包摂関係 ……………………………223, 225
法定的符合説 ………………………171
法定犯（行政犯）…………………53
方法の錯誤 …………………………172
法律主義 ……………………………19

法律説 …………………………199
法令行為 ………………………130
保護主義 …………………………40
保護処分 ………………………243
保護の客体 ………………………72
補充関係 ………………………224
保証者（人）……………………106

ま行

未　遂 …………………………184
　　——の教唆 …………………213
未必の故意 ……………………170
身　分 …………………………216
身分犯 ……………………………71
迷信犯 …………………………195
名誉刑 …………………………235
命　令 ……………………………20
目的行為論 ………………………61
目的犯 ……………………………78

や行

やくざの指つめ ………………155
やむを得ずした行為 ……140, 146
有責性 ……………………………47
許された危険 …………………121
予測可能性の保護 ………………32
予　備 …………………………184
　　——の中止 …………………203

ら行

利益衡量 …………………120, 147
利益主体 ………………………120
利権行為 ………………………131
リスト …………………………14, 49
類推解釈の禁止 …………………27
労役留置 ………………………238
労働争議行為 …………………131
ロンブローゾ ……………………14

判 例 索 引

大判明43・10・11刑録16輯1620頁 …125
大判大2・1・31刑録19輯151頁 ……34
大判大2・7・9刑録19輯771頁 …215
大判大2・11・18刑録19輯1212頁 …201
大判大3・7・24刑録20輯1546頁 …198
大判大3・9・25刑録20輯1648頁 …141
大判大3・10・2刑録20輯1789頁 …192
大判大4・2・10刑録21輯90頁 ……113
大判大6・9・10刑録23輯999頁 …198
大判大7・12・18刑録24輯1558頁 …114
大判大13・8・5刑集3巻611頁……175
大判大13・12・12刑集3巻867頁……150
大判昭4・3・7刑集8巻107頁……109
大判昭4・4・11新聞3006号15頁……90
大判昭4・6・17刑集8巻357頁 ……37
大判昭6・12・3刑集10巻682頁……164
大判昭7・4・30刑集11巻558頁……192
大判昭8・9・27刑集12巻1654頁 …146
大判昭9・10・19刑集13巻1473頁 …192
大判昭12・3・6刑集16巻272頁……201
大判昭12・6・25刑集16巻998頁……203
大判昭13・3・11刑集17巻237頁
　………………………………109, 114
大判昭13・11・18刑集17巻839頁……215
大判昭15・8・22刑集19巻540頁 ……28
大判昭16・7・17刑集20巻425頁…25, 34
最判昭23・6・22刑集2巻7号694頁
　…………………………………………25
最判昭23・6・23刑集2巻7号722頁
　…………………………………………20
最判昭24・5・18刑集3巻6号772頁

　………………………………………146
最判昭24・5・18刑集3巻6号772頁
　………………………………………146
最判昭24・7・9刑集3巻8号1174頁
　………………………………………201
最大判昭24・7・22刑集3巻8号1363
　頁……………………………………154
最判昭24・8・18刑集3巻9号1465頁
　………………………………………146
最判昭24・10・1刑集3巻10号1629頁
　………………………………………215
東京高判昭24・12・10高刑集2巻3号
　292頁………………………………192
最判昭25・2・1刑集4巻2号73頁…20
最判昭25・2・24刑集4巻2号255頁
　…………………………………………76
最判昭25・7・11刑集4巻7号1261頁
　………………………………………220
最判昭25・8・31刑集4巻9号1593頁
　………………………………………198
最判昭25・11・28刑集4巻12号2463頁
　………………………………………175
最判昭26・3・27刑集5巻4号686頁
　………………………………………211
最判昭26・9・20刑集5巻10号1937頁
　…………………………………………74
最決昭27・2・21刑集6巻2号275頁
　………………………………………154
最判昭27・9・19刑集6巻8号1083頁
　……………………………………72, 216
東京高判昭27・12・26高刑集5巻13号

2645頁 ……………………………175
最判昭28・1・23刑集7巻1号30頁
　………………………………211
最決昭28・3・5刑集7巻3号506頁
　………………………………179
東京高判昭28・6・26東高時報4巻3
　号69頁………………………34
札幌高判昭28・6・30高刑集6巻7号
　859頁………………………210
最大判昭28・7・22刑集7巻7号1621
　頁……………………………42
福岡高判昭28・11・10高刑判特26号58
　頁………………………197, 198
最判昭29・1・20刑集8巻1号41頁
　………………………………203
最決昭29・5・6刑集8巻5号634頁
　………………………………192
福岡高判昭29・5・29高刑判特26号93
　頁……………………………201
最判昭30・3・1刑集9巻3号381頁
　………………………………28
東京高判昭31・5・8高刑集9巻5号
　425頁………………………136
最判昭32・9・10刑集11巻9号2202頁
　………………………………201
最判昭33・4・3裁判集刑124巻31頁
　………………………………131
最判昭33・5・28刑集28巻8号1718頁
　………………………………210
最判昭33・9・9刑集12巻13号2882頁
　………………………………114
最判昭34・7・24刑集13巻8号1163頁
　………………………………114
最判昭35・1・27刑集1号33頁………29

最判昭35・1・27刑集14巻1号33頁…29
東京高判昭35・12・27刑集18巻10号
　909頁………………………136
広島高判昭36・7・10高刑集14巻5号
　310頁………………………199
最判昭37・3・23刑集16巻3号305頁
　………………………………198
横浜地判昭37・5・30下刑集4巻5＝
　6号499頁…………………113
最大判昭37・5・30刑集16巻5号577
　頁……………………………21
大阪地判昭37・7・24下刑集4巻7＝
　8号696頁…………………64
名古屋高判昭37・12・22高刑集15巻9
　号674頁……………………157
最判昭38・3・15刑集17巻2号23頁
　………………………………127
最決昭38・4・18刑集17巻3号248頁
　………………………………84
大阪高判昭39・3・29判例集未登載…64
最決昭40・3・9刑集19巻2号69頁
　………………………………192
最判昭40・3・26刑集19巻2号83頁…72
東京地判昭40・9・30下刑集7巻9号
　1828頁………………………113
最大判昭41・10・26刑集20巻8号901
　頁……………………………127
最判昭42・3・7刑集21巻2号417頁
　………………………………216
最決昭42・10・24刑集21巻8号1116頁
　………………………………98
大阪高判昭43・3・12高刑集21巻2号
　126頁………………………34
名古屋地岡崎支判昭43・5・30下刑集

10巻5号580頁……………113
最大判昭44・4・2刑集16巻1620頁
　……………………………127
最判昭44・12・4刑集23巻12号1573頁
　……………………………141
最判昭45・1・29刑集24巻1号1頁…78
福岡高判昭45・2・14高刑集23巻1号
　156頁………………………153
最決昭45・7・28刑集24巻7号585頁
　……………………………193
東京高判昭46・3・4判タ265号220頁
　……………………………113
福岡地久留米支判昭46・3・8判タ
　264号403頁…………………113
最判昭46・7・30刑集25巻5号756頁
　……………………………153
前橋地高崎支判昭46・9・17判時646
　号105頁……………………113
最判昭46・11・16刑集25巻8号996頁
　…………………………137, 140
最大判昭48・4・25刑集27巻3号418
　頁……………………………127
徳島地判昭48・11・28判時721号7頁
　……………………………181
最大判昭49・11・6刑集28巻9号393
　頁…………………………20, 25
最判昭50・11・28刑集29巻10号983頁
　……………………………140
最決昭51・3・23刑集30巻2号229頁
　……………………………134
最大判昭51・5・21刑集30巻5号1178
　頁……………………………128
最大判昭52・5・4刑集31巻3号1828
　頁……………………………128

最決昭52・7・21刑集31巻4号747頁
　……………………………138
最決昭53・5・11刑集32巻3号457頁
　……………………………134
最決昭54・4・13刑集33巻3号179頁
　……………………………220
最決昭55・11・13刑集34巻6号396頁
　……………………………154
東京高判昭56・4・1刑月13巻4＝5
　号341頁……………………131
東京地判昭57・7・28判時1073号159
　頁……………………………38
最判昭57・9・28刑集36巻8号787頁
　……………………………29
東京高判昭57・11・29刑月14巻11＝12
　号804頁……………………152
東京地判昭57・12・22判タ494号142頁
　……………………………113
横浜地判昭58・7・20判時1108号138
　頁……………………………193
最決昭58・10・26刑集37巻8号1228頁
　……………………………37
千葉地判昭59・2・7判時1127号159
　頁……………………………142
最判昭59・7・3刑集38巻8号2783頁
　……………………………165
最大判昭60・10・23刑集39巻6号413
　頁…………………………23, 25
最判昭61・6・9判時1198号157頁…175
最決昭61・6・24刑集40巻4号292頁
　……………………………129
仙台地石巻支判昭62・2・18判時1249
　号145頁……………………155
大阪地判昭62・4・21判時1238号160

頁……………………………133
大阪高判昭62・7・10高刑集40巻3号
　720頁……………………………210
最決昭62・7・16刑集41巻5号237頁
　…………………………………175
名古屋高判昭63・2・19高刑集41巻1
　号75頁……………………………38
最決昭63・5・11刑集42巻5号807頁
　……………………………………99
最決平元・12・15刑集43巻13号879頁
　…………………………………107
最決平2・11・16刑集44巻8号744頁
　…………………………………182
最決平2・11・20刑集44巻8号837頁
　……………………………………99
最決平2・11・29刑集44巻8号871頁
　…………………………………182
最判平3・11・14刑集45巻8号221頁
　…………………………………182

最決平4・12・17刑集46巻9号683頁
　…………………………………100
最決平5・11・25刑集47巻9号242頁
　…………………………………182
横浜地判平7・3・28判時1530号28頁
　…………………………………157
福岡地判平7・10・12判タ910号242頁
　…………………………………193
最判平8・2・8刑集50巻2号221頁
　……………………………………28
東京地判平8・3・28判時1596号125
　頁…………………………………201
最判平8・11・18刑集50巻10号745頁
　……………………………………26
最判平9・6・16刑集51巻5号435頁
　…………………………………141
大阪高判平10・6・24高刑集51巻2号
　116頁……………………………152

編者 内田　文昭
　　　山本　輝之

〔執筆者〕　　　　　　　　　　　　　　　　　　　　〔執筆分担〕

内田　文昭（神奈川大学名誉教授，北陸大学客員教授）　　第1章
山本　輝之（名古屋大学大学院法学研究科教授）　　　　　第2章，第13章
清水　一成（琉球大学大学院法務研究科教授）　　　　　　第3章
城下　裕二（明治学院大学教授）　　　　　　　　　　　　第4章
本間　一也（新潟大学大学院実務法学研究科教授）　　　　第5章
松原　久利（京都産業大学大学院法務研究科教授）　　　　第6章
内田　浩　（岩手大学助教授）　　　　　　　　　　　　　第7章
島岡　まな（大阪大学大学院高等司法研究科助教授）　　　第8章
小田　直樹（広島大学大学院法務研究科教授）　　　　　　第9章
小名木明宏（北海道大学大学院法務研究科教授）　　　　　第10章
岡上　雅美（筑波大学大学院助教授）　　　　　　　　　　第11章
丹羽　正夫（新潟大学大学院実務法学研究科教授）　　　　第12章
臼木　豊　（駒澤大学教授）　　　　　　　　　　　　　　第13章
近藤　和哉（神奈川大学大学院法務研究科助教授）　　　　第14章
吉田　宣之（桐蔭横浜大学大学院法務研究科教授）　　　　第15章

―――――――――――――――――――――――――――
みぢかな刑法（総論）

2004年5月20日　第1版第1刷発行

編　者　内田　文昭
　　　　山本　輝之

発　行　不磨書房
〒113-0033　東京都文京区本郷6-2-9-302
TEL(03)3813-7199／FAX(03)3813-7104

発　売　㈱信山社
〒113-0033　東京都文京区本郷6-2-9-102
TEL(03)3818-1019／FAX(03)3818-0344

制作／編集工房INABA　　　印刷・製本／松澤印刷
Ⓒ著者, 2004, Printed in Japan

ISBN4-7972-9275-X　C3332

―――― 講説　シリーズ ――――

◆講説民法シリーズ（全5巻）◆

講説　民　法　総　則　　9081-1　■ 2,800 円（税別）

久々湊晴夫（北海道医療大学）／木幡文徳（専修大学）／高橋敏（国士舘大学）／田口文夫（専修大学）
野口昌宏（大東文化大学）／山口康夫（流通経済大学）／江口幸治（埼玉大学）

講説　物　権　法　　9085-4　■ 2,800 円（税別）

野口昌宏（大東文化大学）／庄菊博（専修大学）／小野憲昭（北九州市立大学）
山口康夫（流通経済大学）／後藤泰一（信州大学）／加藤輝夫（日本文化大学）

講説　民　法（債権各論）　　9208-3　■ 3,600 円（税別）

山口康夫（流通経済大学）／野口昌宏（大東文化大学）／加藤輝夫（日本文化大学）
菅原静夫（帝京大学）／後藤泰一（信州大学）／吉川日出男（札幌学院大学）／田口文夫（専修大学）

講説　民　法（親族法・相続法）【改訂第2版】　9251-2　■ 3,000 円（税別）

落合福司（新潟経営大学）／小野憲昭（北九州市立大学）／久々湊晴夫（北海道医療大学）
木幡文徳（専修大学）／桜井弘晃（埼玉短期大学）／椎名規子（茨城女子短期大学）
高橋敏（国士舘大学）／宗村和広（信州大学）

講説　民　法（債権総論）　　9210-5　■ 2,600 円（税別）

吉川日出男（札幌学院大学）／野口昌宏（大東文化大学）／木幡文徳（専修大学）／山口康夫（流通経済大学）
後藤泰一（信州大学）／庄菊博（専修大学）／田口文夫（専修大学）／久々湊晴夫（北海道医療大学）

講説　民　事　訴　訟　法【第3版】　　9098-3　■ 3,400 円（税別）

遠藤功（日本大学）＝文字浩（神戸海星女子学院大学）編著
安達栄司（成城大学）／荒木隆男（亜細亜大学）／大内義三（亜細亜大学）／角森正雄（神戸学院大学）
片山克行（拓殖大学）／金子宏直（東京工業大学）／小松良正（駒澤大学）／佐野裕志（鹿児島大学）
高地茂世（明治大学）／田中ひとみ（成城大学）／野村秀敏（横浜国立大学）
松本幸一（日本大学）／元永和彦（筑波大学）

講説　商　法（総則・商行為法）　　9250-4　■ 2,400 円（税別）

加藤徹（関西学院大学）／吉本健一（大阪大学）／金田充広（関東学園大学）／清弘正子（和歌山大学）

不磨書房

不磨書房

◆ ファンダメンタル 法学講座 ◆

民　　　法　〈民法 全5巻 刊行予定〉

1 総則　草野元己(関西学院大学)／岸上晴志(中京大学)／中山知己(桐蔭横浜大学)　9242-3
　　　　清原泰司(桃山学院大学)／鹿野菜穂子(立命館大学)　　本体 2,800 円 (税別)

2 物権　清原泰司／岸上晴志／中山知己／鹿野菜穂子　9243-1
　　　　草野元己／鶴井俊吉(駒澤大学)　　★近刊

商　　　法　〈商法 全3巻 刊行予定〉

1 総則・商行為法　9234-2　　定価：本体 2,800 円 (税別)
　　今泉邦子(南山大学)／受川環大(国士舘大学)／酒巻俊之(日本大学)／永田均(青森中央学院大学)
　　中村信男(早稲田大学)／増尾均(松商学園短期大学)／松岡啓祐(専修大学)

民事訴訟法　9249-0　　定価：本体 2,800 円 (税別)
　　中山幸二(明治大学)／小松良正(駒澤大学)／近藤隆司(白鷗大学)／山本研(国士舘大学)

国　際　法　9257-1　　定価：本体 2,800 円 (税別)
　　水上千之(明治学院大学)／臼杵知史(同志社大学)／吉井淳(明治学院大学) 編
　　山本良(埼玉大学)／吉田脩(筑波大学)／高村ゆかり(静岡大学)／高田映(東海大学)
　　加藤信行(北海学園大学)／池島大策(同志社女子大学)／熊谷卓(新潟国際情報大学)

～～～～～～～～～～～　導入対話　シリーズ　～～～～～～～～～～～

導入対話による**民法講義（総則）【新版】**　9070-6　■ 2,900 円 (税別)
導入対話による**民法講義（物権法）【新版】**　9104-4　■ 2,900 円 (税別)
導入対話による**民法講義（債権総論）**　9213-X　■ 2,600 円 (税別)
導入対話による**刑法講義（総論）【第2版】**　9083-8　■ 2,800 円 (税別)
導入対話による**刑法講義（各論）**　★近刊　9262-8　予価 2,800 円 (税別)
導入対話による**刑事政策講義**　土井政和ほか　9218-0　予価 2,800 円 (税別)
導入対話による**商法講義**(総則・商行為法)**【第2版】**　9084-6　■ 2,800 円 (税別)
導入対話による**国際法講義【第2版】**　廣部・荒木　9091-9　■ 3,200 円 (税別)
導入対話による**医事法講義**　佐藤司ほか　9269-5　■ 2,700 円 (税別)
導入対話による**ジェンダー法学**　浅倉むつ子監修　9268-7　■ 2,400 円 (税別)

不磨書房

戒能民江 著（お茶の水女子大学教授）　　山川菊栄賞受賞
ドメスティック・バイオレンス
本体 3,200 円（税別）

導入対話による **ジェンダー法学**　　浅倉むつ子 監修（早稲田大学法科大学院教授）
戒能民江・阿部浩己・武田万里子ほか　　9268-7 ■ 2,400 円（税別）

キャサリン・マッキノン／ポルノ・買春問題研究会編
マッキノンと語る ◆ポルノグラフィと売買春
性差別と人権侵害、その闘いと実践の中から　9064-1　四六変　■ 1,500 円（税別）

横田洋三 著（中央大学法科大学院教授／国連大学学長特別顧問）
日本の人権／世界の人権
9299-7　四六変　■ 1,600 円（税別）

◆女性執筆陣による法学へのいざない◆
Invitation 法学入門【新版】
9082-x ■ 2,800 円（税別）
岡上雅美（筑波大学）／門広乃里子（國學院大学）／船尾章子（神戸市立外国語大学）
降矢順子（玉川大学）／松田聰子（桃山学院大学）／田村陽子（山形大学）

これからの **家 族 の 法**（2分冊）奥山恭子 著（横浜市立大学教授）
1　親族法編 9233-4　2　相続法編 9296-2　■各巻 1,600 円（税別）

法 学 講 義〔第2版〕　新里光代 編著（北海道教育大学名誉教授）
篠田優（北海道教育大学旭川校）／浅利祐一（同釧路校）／寺島壽一（同札幌校）
永盛恒男（函館大学）／土井勝久（札幌大学）　9086-2　■ 2,600円（税別）

◆　市民カレッジ シリーズ　◆
1　知っておきたい **市民社会の法**　金子 晃（慶應義塾大学名誉教授）編 ■ 2,400 円（税別）
2　市民社会における **紛争解決と法**　宗田親彦（弁護士）編 ■ 2,500 円（税別）
3　市民社会における **行　政　と　法**　園部逸夫（弁護士）編 ■ 2,400 円（税別）
4　市民社会と **公　益　学**　小松隆二・公益学研究会 編 ■ 2,500 円（税別）

不磨書房

憲法　ポイントを押さえた分りやすい基本書 9090-0　■ 2,900 円（税別）
工藤達朗（中央大学法科大学院）／畑尻剛（中央大学）／橋本基弘（中央大学）

講義 国際組織入門　家　正治（姫路獨協大学）編著　■本体 2,900 円
城山正幸（高岡法科大学）／戸田五郎（京都産業大学）／山形英郎（立命館大学）
中井伊都子（甲南大学）／末吉洋文（帝塚山大学）／西村智朗（三重大学）

民法 総則　Step Up シリーズ　9235-0
尾島茂樹（金沢大学）／関　武志（青山学院大学）
野澤正充（立教大学）／渡辺達徳（中央大学）　■本体 2,500 円（税別）

刑事訴訟法講義　渡辺咲子 著（明治学院大学）
法科大学院未修者の実力養成／基礎と実務　9078-7　■本体 3,400 円（税別）

損害賠償法　9283-0　橋本恭宏 著（中京大学）
◇新たな出発点を提示する◇　フロム・ナウシリーズ　■本体 2,000 円（税別）

刑法総論　小松　進 著（大東文化大学）　9079-X　■本体 2,200 円（税別）

ＡＤＲの基本的視座　◇ＡＤＲ基本法へのパースペクティブ◇
早川吉尚（立教大学）／山田文（京都大学）／濱野亮（立教大学）編著◆　［近刊］
長谷部由起子（学習院大学）／谷口安平（東京経済大学）／小島武司（中央大学）
垣内秀介（東京大学）／和田仁孝（早稲田大学）／中村芳彦（弁護士）　9298-9

労働法　近刊 9288-1　毛塚勝利（中央大学）／島田陽一（早稲田大学）
青野覚（明治大学）／石井保雄（獨協大学）／浜村彰（法政大学）／山田省三（中央大学）

近代憲法における団体と個人　橋本基弘著（中央大学）
◇結社の自由概念の再定義をめぐって◇　9100-1　［近刊］

初学者にやさしく、わかりやすい、法律の基礎知識
―― 石川明先生のみぢかな法律シリーズ ――

みぢかな法学入門【第3版】　慶應義塾大学名誉教授　石川　明 編

有澤知子（大阪学院大学）／神尾真知子（尚美学園大学）／越山和広（関西大学）　　9103-6
島岡まな（大阪大学）／鈴木貴博（東北文化学園大学）／田村泰俊（明治学院大学）　■ 2,500 円（税別）
中村壽宏（神奈川大学）／西山由美（東海大学）／長谷川貞之（獨協大学）
松尾知子（京都産業大学）／松山忠造（山陽学園短期大学）／山田美枝子（大妻女子大学）
渡邊眞男（慶應義塾大学）／渡辺森児（平成国際大学）／石川毅（LEC東京リーガルマインド大学）

みぢかな民事訴訟法【第2版】　慶應義塾大学名誉教授　石川　明 編

小田敬美（松山大学）／小野寺忍（山梨学院大学）／河村好彦（明海大学）／木川裕一郎（東海大学）
草鹿晋一（香川大学）／越山和広（関西大学）／近藤隆司（白鷗大学）／坂本恵三（獨協大学）
椎橋邦雄（山梨学院大学）／中村壽宏（神奈川大学）／二羽和彦（中央大学）／福山達夫（関東学院大学）
山本浩美（東亜大学）／渡辺森児（平成国際大学）　　9278-4　　■ 2,800 円（税別）

みぢかな倒産法　慶應義塾大学名誉教授　石川　明 編

岡伸浩（弁護士）／田村陽子（山形大学）／山本研（国士舘大学）／草鹿晋一（香川大学）
近藤隆司（白鷗大学）／栗田陸雄（杏林大学）／宮里節子（琉球大学）／本田耕一（関東学院大学）
波多野雅子（金沢大学）／芳賀雅顯（明治大学）　　9295-4　　■ 2,800 円（税別）

みぢかな商法入門　酒巻俊雄（元早稲田大学）＝石山卓磨（日本大学）編

秋坂朝則（日本大学）／受川環大（国士舘大学）／王子田誠（東亜大学）／金子勲（東海大学）
後藤幸康（京都学園大学）／酒巻俊之（日本大学）／長島弘（産能短期大学）
福田弥夫（武蔵野女子大学）／藤村知己（徳島大学）／藤原祥二（明海大学）／増尾均（松商学園短期大学）
松崎良（東日本国際大学）／山城将美（沖縄国際大学）　　9224-5　　■ 2,800 円（税別）

みぢかな刑事訴訟法　河上和雄（駿河台大学）編

近藤和哉（神奈川大学）／上田信太郎（岡山大学）／津田重憲（明治大学）／新屋達之（立正大学）
辻脇葉子（明治大学）／吉田宣之（桐蔭横浜大学）／内田浩（岩手大学）／臼木豊（駒澤大学）
吉弘光男（久留米大学）／新保佳宏（京都学園大学）　　9225-3　　■ 2,600 円（税別）

みぢかな刑法（総論）　内田文昭（北陸大学）＝山本輝之（名古屋大学）編

清水一成（琉球大学）／城下裕二（明治学院大学）／本間一也（新潟大学）／松原久利（京都産業大学）
内田浩（岩手大学）／島岡まな（大阪大学）／小田直樹（広島大学）／小名木明宏（北海道大学）
岡上雅美（筑波大学）／丹羽正夫（新潟大学）／近藤和哉（神奈川大学）
吉田宣之（桐蔭横浜大学）　　9275-X　　■予価 2,600 円（税別）

みぢかな国際法入門　松田幹夫（獨協大学名誉教授）編

松田幹夫（獨協大学名誉教授）／鈴木淳一（獨協大学）／安保公人（拓殖大学）
中村恵（日本大学）／一ノ瀬高博（獨協大学）　　9077-3　　■ 2,400 円（税別）

不磨書房